货币迷局

——当代信用货币论

蔡定创 著

中国科学技术出版社

·北 京·

图书在版编目(CIP)数据

货币迷局/蔡定创著. —北京:中国科学技术出版社,2010.1
(2011.10 重印)
ISBN 978-7-5046-5558-5

Ⅰ.货…　Ⅱ.蔡…　Ⅲ.国际金融-研究　Ⅳ.F831

中国版本图书馆 CIP 数据核字(2009)第 225663 号

书　　名	货币迷局——当代信用货币论	
著作权人	蔡定创	
责任编辑	王明东　余　君	
装帧设计	王震宇	
责任校对	林　华	
责任印制	王　沛	
出　　版	中国科学技术出版社	
发　　行	科学普及出版社发行部发行	
地　　址	北京市海淀区中关村南大街 16 号	
邮政编码	100081	
电　　话	010－62173865	
传　　真	010－62179148	
网　　址	www.cspbooks.com.cn	
印　　刷	北京玥实印刷有限公司印刷	
开　　本	787 毫米×1092 毫米　1/16	
印　　张	14	
字　　数	250 千字	
版　　次	2010 年 1 月第 1 版	
印　　次	2010 年 10 月第 2 次印刷	
印　　数	5 001－7 000 册	
定　　价	39.00 元	
标准书号	ISBN 978-7-5046-5558-5/F·680	

序　言

　　货币的身影我们是那样的熟悉,但它却并不那么好把握。货币与财富相连,每一个人一生从始至终都离不开它。你看得见它,想抓住而又总是抓不住,它常常从你的指缝中溜走!这是为什么?因为你持有的货币观念是完全错误的,而你并不自知。人们渴望着了解货币,历代众多经济学家、思想家探索过它,它是理论经济学中的皇冠。然而,没有几个人真正理解它。

　　米尔顿·弗里德曼(Milton Friedman,1912~2006),世界著名的货币大师,1976年因货币供应理论而获诺贝尔经济学奖。然而,本次国际金融危机已证明以其为代表的西方货币理论彻底破产了。由于对国际货币知识的欠缺,《货币战争》在国人中又散布了太多低级别对货币的错误观念,如恢复金本位制、"阴谋论"等,使你沉浸在那些早已过时又不着边际的、金本位制时期的货币概念中,使你对当代正在发生的、现实的、以信用货币为特点的金融争战中失去正确的方向,以致更加远离财富。

　　当前国际金融危机起源于错误的货币理论。本次国际金融危机暴发以来,学界已从金融监管、金融政策、经济运行中的矛盾激化、国际金融关系等各方面及多角度分析其暴发的原因。这些分析当然会从不同侧面揭露出一定的事实真相。但是,金融大国的美国靠金融立国60年(指美元国际货币体系建立以来),多少次化险为夷,为什么像格林斯潘(Alan Greenspan,1926~)这样世界级的金融大师都会出错?对我国,国际金融危机的影响本来仅是部分出口的减少,在GDP总值里最多影响几个百分点。我国在拥有最大外汇储备和最大潜在消费能力的情况下,为何实体经济会先于危机中心的美国加速直线下滑?下滑的速率和绝对空间反而远大于美国?我们已经看到,虽然我国有近两万亿美元外汇储备使得金融系统免受此次金融风暴的冲击,但是我国同样也在正确与错误的货币政策之间不断地摇摆。西方货币理论对我国造成的不良影响实际上远大于西方国家自己。从本次美国对抗次贷危机的手法来看,美国人自己并没有太多受到那些已经过时了的、错误的货币理论的束缚。反而是我国不少人将那些理论奉为经典,不明就里地照搬这些理论,时有紧缩的货币政策人为地制造危机。从来就不懂得利用当代信用货币的价值原理增进国民福利,利用其特点推动国民经济快速发展。2009年6月10日,诺贝尔经济学获奖者保罗·克鲁格曼(Paul Krugman,1953—)教授在伦敦经济学院发表罗宾斯纪念演讲中说:"过去的30年来,宏观经济学说得好点是毫无用途;说难听点是贻害无穷!国际金融危机也是西方经济学,或说是盎格鲁—撒克逊经济学的重大危机"。缺乏对事物本质深刻理解的,以经验为依据的西方纯实证经济学理论,虽然总是披着一套数理分析的华丽外衣,但它总是被设计得太"特殊"了,在高速发展的社会经济这个应策系统面前早已捉襟见肘。这种理论上的深刻危机,西方智识们已经深刻地感受到了,我国的智识者是否也应有所反映?

宏观经济学的错误源于货币理论的错误,而货币理论的错误源于对货币本质——信用货币认识的错误。西方传统经济学对货币的认识仍停留在商品货币论或"无价值"货币的错误观念上,没有认识到货币是价值属性与交换媒介属性的矛盾对立统一体。忽视信用货币是对商品货币发展了的现实。正是因为这种货币形态的发展,产生了信用货币与原商品货币相比较,有着许多完全不同的运行规律,并产生了货币发行价值新概念,也因此而对宏观经济产生了一系列重大而深刻的影响。西方经济学对货币认识上的错误还导致对货币分层、货币派生乘数、货币流通速度等认识上的混乱。现代股市作为比央行发行货币更重要的价值发生器,竟然从来也没有进入过西方货币数量理论的视野,因而致使西方宏观经济学连对最基本的当代经济由实体经济与虚拟经济"双轮经济"驱动的原理,都缺乏最起码的认识。而正是因为理论的缺失,才导致此次前所未有的国际金融危机的暴发。

资本经济是以利润为主导的经济,资本的货币循环是其主线。商品是研究自由资本主义的开始,货币是研究金融资本主义的开始。资本的流通不是商品流通,而是货币流通。货币这个从商品中走出来的曾经充满活力的年轻人已异化为人们从事一切经济活动的统治者,已成为国民财富的源泉、宏观调控的核心。而货币运动的每一刻都在产生着财富,也在毁灭着财富。正确把握货币,其诀窍、其精髓就在于把握投资货币与消费货币之间的均衡。通过投资货币与消费货币均衡理论的创建,笔者发现并第一次揭示了当代经济现实中已客观存在的货币的两大规律:货币放大规律和印钱消费规律。这两大规律的发现并广泛应用,必将促进世界经济最终走向大同。

当今世界发达国家的资本主义已全面进入到垄断金融资本主义时代,国际垄断金融资本已通过虚拟经济、金融衍生品交易,控制、主导着各国的生产资本和经济过程,主导着国际财富的流向。货币理论已不再仅仅是个人、组织、国家实现财富的工具,更是国际金融争战的工具、建立金融霸权的工具。在这个层面上从理论到实践的把握,关系着国家的命运和前途。人们的认识总是遵循着由必然王国到自由王国的过程,对客观世界当能把握时就是规律,不能把握时就借助"阴谋"、"上帝"来解释。庆幸的是,由于西方传统货币理论存在着严重的缺陷,虽然国际垄断资本集团在国际金融争战中高人一着,但也未能实现对信用货币这个怪物的完全把握。国际金融危机对实体经济造成巨大冲击，同时也给国际金融垄断财团以毁灭性的打击。就中国哲学观点看，"祸兮福所倚，福兮祸所伏"，危机也同时为我们提供了巨大的机遇。

没有正确的理论体系的指导，就不会有伟大的实践。把握正确的理论不仅能帮个人获得财富、避免危机，更重要的是助国家抓住机遇促进发展。当前，在国际金融资本强势挤压下，我国的经济发展，更需要我们自己的正确的理论体系。唯此，才能在强手林立的金融世界中争霸称雄，没有自己正确的理论体系，只能永远沦为三流国家。

本书不同于偏重实证、经验的西方传统经济理论，那样会只见树木不见森林，而是更重视宏观总体的把握、逻辑的思辨。本书从货币这个构成当代金融资本社会生产的基础开始，依据历史的和现实的逻辑，揭示货币本质属性、运动过程、生存条件、运行规律、社会财富依货币而生长的规律、由货币事件所引起的各经济关系发生过程，解开国家如何通过货币政策而生长财富的秘密。

第一章　主要通过货币发展的历史过程的考察，揭示"金本位制"为何必然体解，回答为什么黄金用作货币的信用也不够，货币的本质到底是什么，信用货币的功能已发生了哪些变化。

第二章　通过对国家信用创造价值的原理分析，揭示货币的价值发行原理，回答怎样发行货币才会创造价值，货币发行窗口有什么区别，为什么我国两万亿美元外汇储备会产生双倍于两万亿美元的损失。

第三章　通过对商业银行信用性质的考察，揭示商业银行派生的货币与央行发行的货币不同，货币乘数实质是什么，从而揭示本次金融危机的根源，回答金融危机时的货币去了哪里，为什么伯南克需要开着直升机"撒钱"而不会发生通货膨胀。

第四章　通过股市价值原理分析，前所未有地揭示出有市场需求的生产能力也能通过交易创生价值，发现客观存在的"货币放大"规律，从而解答一系列的传统经济理论所不能解释的问题，使货币理论与经济现实得以贯通。

第五章　揭示现代经济过程对货币并不仅仅是交换媒介的需求，而是有三大货币需求，从而完满地解答了为什么经济的增长总是与货币数量的增长相关，为什么紧缩货币会引发危机等一系列问题。

第六章　揭示货币不仅有央行的外供给，更重要的是货币的内供给机制，内供给产生了投资货币与消费货币的不平衡，使货币的内循环出现困难。货币的外供给也不仅仅是央行的发行，股市的财富效应也成为货币供给源。进而解释诸多现实中十分令人困惑的问题，例如，汇率、币值的变化问题，美元的涨跌同道琼斯指数负相关这一世界性难题。

第七章　通过社会再生产运行模型在不同条件下的运行演绎,揭示增长与发展对投资货币与消费货币分配比例均衡的依赖关系,解密经济增长的内动因。

第八章　通过对消费需求补缺口的分析,发现当代经济客观存在的"印钱消费"规律,从而回答了凯恩斯主义后美国经济依赖美元国际货币地位所发展出来的一种畸形的发展模式为什么能够生存,也回答了为什么美国有天文数字的巨量债务而美元仍然不倒,为什么我们有两万亿美元外汇储备反而更穷,我们能不能印钱消费等等人们百思不解的难题。

第九章　揭示当代经济由实体经济与虚拟经济"双轮驱动"的特点、经济的自激规律、经济危机产生的根源、预防危机的办法,揭示了当代金融争战的方向与制高点。

第十章　为圆我民富国强之梦,在当代经济特点的基础上,提出一些关于国家发展问题的建言。

为了叙述的简要,本书沿用了马克思《资本论》中已被马克思详细论证了的一些已有的概念和范畴,由此而省略了很多对概念基本原理的论述。

发展了的现实,你每日生活在其中。书中所论述的一切对一个积极生活者来说,都是那么的熟悉,本书只不过将事物的本质的内在的逻辑联系展现给你。虽然这是一部解释当今最顶尖、最抽象的货币理论问题的书,但我相信你可以很容易地阅读它,对一些不懂的地方可以先放下,看了后面的或许你就能理解前面的。笔者自信,此书是你一生最需要、也最必须读懂的书。只有读了它,你才能理解你的经济环境、投资价值,不会为市场所骗;只有读了它,你才能拨开迷雾,预测货币的走向、汇率的升贬、股市的涨跌;只有读了它,你才能洞悉国家政策的动向起因,预知即将发生的经济过程。本书是属于那些需要破解财富秘密、希望拥有财富的人;本书是属于那些需要深刻洞悉货币精要、掌握经济运行规律的人。

目　录

第一章　打开迷局的钥匙:货币是什么 ……………………………… 1

什么是货币?人们的货币
观念是否正确?黄金用作货币
的信用够吗?为何金本位制货
币体系必然体解?信用货币有
无"贮藏"功能?

在对货币这个金融资本经
济细胞的本质认识上,存在着太
多的错误观念……

1.1 商品货币论 /2

1.2 缺少"价值"的货币定义 /3

1.3 货币的初次功能分化:纯金本位制 /4

1.4 国家强制发行货币:金块本位制 /5

1.5 货币国际化:金汇兑本位制 /7

1.6 黄金信用也不够:金本位制货币体系最
终解体 /8

1.7 布雷顿森林国际货币体系 /9

1.8 货币的本质属性与信用货币体系 /11

1.9 货币重新定义 /12

1.10 货币理论的历史 /14

第二章　国家信用与价值:货币发行之谜 ………………………… 18

货币发行能创造价值吗?
怎样发行货币才能创造价值?
为什么用不同窗口发行货币对
币值有不同的影响?为什么中
国的两万亿美元外汇储备会造
成双倍于两万亿美元的国民福
利损失?……

2.1 十三万亿货币发行价值哪里去了?/19

2.2 欧美国家货币发行制度变迁 /20

2.3 中国的货币发行 /21

2.4 各国货币发行制度比较 /24

2.5 信用货币怎样创造价值?/25

2.6 怎样发行货币才会创造价值?/28

2.7 不同发行窗口的价值意义 /30

2.8 混乱的货币层概念 /32

2.9 按照本质属性进行货币分层 /33

第三章　银行信用与价值：货币派生之谜 ················ 35

为什么派生的"货币"不是
货币？为什么美联储局主席伯
南克需要开着直升机"撒钱"？
为什么美国人大开印钞机天量
印钞，不仅不通货膨胀，美元反
而走强？金融危机时的天量货
币去哪了？……

3.1 金融危机时货币去哪了？/36
3.2 货币派生原理 /37
3.3 派生的"货币"不是货币 /38
3.4 银行派生货币的信用条件 /40
3.5 货币乘数原来是流通速度 /43
3.6 金融危机时的货币乘数 /45
3.7 影响货币流通速度的因素 /48
3.8 商业银行信用丧失是金融危机的根 /50
3.9 利率如何影响派生货币的量 /54
3.10 西方货币流通速度理论出错的原因 /56

第四章　股市价值创生与湮灭：货币放大之谜 ················ 59

现在的货币越来越多，而且
并不产生通货膨胀？为什么股
市与"价值"是否有联系？股市
价值输出产生货币的原理是什
么？"货币放大"与"价值湮灭"
是如何发生的？……

4.1 中国人的巨大困惑 /60
4.2 股市的起源与历史 /61
4.3 股市的财富本质与作用 /68
4.4 股市创生价值原理 /70
4.5 一个创生价值的模型 /73
4.6 财富效应的研究成果 /75
4.7 算计股市的各种公式与应用 /77
4.8 股市货币放大 /82
4.9 研究股市财富效应的方法 /83

第五章　投资、消费与股市：货币三大需求揭秘 ················ 87

为什么说有三大货币需求？
为什么先有股市对货币的需求
后有实体经济对货币的需求？
为什么只有分清了投资货币与
消费货币才能认识通胀与通
缩？……

5.1 货币分类：投资货币与消费货币 /88
5.2 资本循环对货币的需求 /88
5.3 资本货币需求实证分析 /91
5.4 消费过程对货币的需求 /94
5.5 股市对货币的需求 /95
5.6 货币需求新公式 /99
5.7 一个简单的货币流通模型例证 /101

第六章　被忽视的内供给:货币的内外供给揭秘 …………………… 103

　　为什么货币"外供给"不仅来自央行？股市也是货币供给之源？什么是货币"内供给"机制？为什么货币内供给不平衡才是经济发展的障碍？……

6.1 货币外供给公式 /104
6.2 股市价值输出影响货币供给 /107
6.3 被忽视但更为重要的货币内生供给 /111
6.4 货币升值与否:增发消费货币的奥妙 /112
6.5 投资货币与消费货币的区别再考察 /114
6.6 货币内供给公式 /116

第七章　投资与消费的均衡:经济高速增长揭秘 …………………… 118

　　为什么只有在投资与消费分配比例均衡时才能获得高增长？为什么投资过多时产能会发生失灭？投资与消费均衡与就业相关吗？如何通过演算获得宏观经济平衡？……

7.1 马克思再生产理论中的总供需平衡 /119
7.2 投资与消费均衡模型演进 /124
7.3 投资与消费均衡线 /128
7.4 再生产均衡方程式在宏观调控中的应用 /130
7.5 用宏观经济模型演进均衡与增长的关系 /132
7.6 均衡与就业 /140

第八章　印钱消费? 破解滞涨迷局 …………………… 143

　　为什么说消费需求缺口是当代经济的主要矛盾？为什么美国人负债53万亿美元经济仍不倒？中国人持有两万亿美元外汇储备,为何中国人反而更穷？美国人能印钱消费,中国人能不能？……

8.1 凯恩斯革命 /144
8.2 凯恩斯"滞胀"的难解之谜 /149
8.3 投资货币过剩 /155
8.4 印钱消费规律 /156
8.5 印钱消费规律适用条件 /160
8.6 印钱消费规律的历史例证 /161
8.7 货币放大规律 /162
8.8 消费需求决定发展速度 /164
8.9 股市促进经济发展的例证 /165

第九章　货币大循环：破解金融争战迷局……………………… 171

为什么虚拟经济不可缺少？
股市如何才能远离危机？当代
通胀与垄断有何关联？与货币
数量无关？真正的金融大战方
向在哪？如何才能制胜？……

9.1 虚拟经济重新定义 /172

9.2 双轮经济 /174

9.3 "双轮经济"中的货币运行规律 /177

9.4 "双轮经济"的平衡与自激 /178

9.5 "双轮经济"的平衡条件 /181

9.6 再论商业银行与金融危机 /183

9.7 金融衍生品市场争战 /185

9.8 关于财富的新定义 /192

第十章　战略转型：中国的民富国强之路……………………… 195

经济制度问题不仅仅是经
济问题，需要有政治制度来保
障。内需不足的本质是在经济
体内广大劳动者的消费权益不
足。……

10.1 "资源经济"论 /196

10.2 强国金融：人民币国际货币化 /199

10.3 金融强国：虚拟经济条件下国家发展新
战略 /201

10.4 实现内需驱动经济转型 /203

10.5 宏观调控体系新思路 /206

10.6 建立劳动与资本共享经济体 /210

第一章 打开迷局的钥匙 货币是什么

什么是货币？人们的货币观念是否正确？黄金用作货币的信用够吗？为何金本位制货币体系必然体解？信用货币有无"贮藏"功能？

在对货币这个金融资本主义经济细胞的本质认识上，存在着太多错误的观念，由此衍生出的一系列经济理论大多数已在本次国际金融危机中破产。由于理论的错误与缺失，给世界经济带来巨大的灾难和深刻的历史教训，不能不使我们重新回到这一基础货币理论问题上：货币的本质与属性是什么？准确地定义货币，是揭示货币运行规律的开始，是我们打开金融黑匣子的钥匙。

本章从分析货币理论的历史开始，通过对货币及其理论发展的逻辑过程进行考察，从中找出了隐藏其中的本质属性，基本颠覆了传统的货币观念，得出了货币的新定义。包括适合所有历史阶段的一般的货币定义，以及从一般的货币定义中衍生出来的，适合特定历史阶段的特殊的货币定义。认识特殊的货币定义十分重要，因为货币在不同的历史阶段上具有不同的运行规律，对经济过程的影响也全然不同。

1.1　商品货币论

最早对货币理论作系统的、奠基性研究的是马克思，其占踞着金属货币阶段对货币理论研究的最高点。马克思认为：货币是充当一般等价物的特殊商品。货币起源于交换价值。充当一般等价物的货币因为其本身就是商品而具有价值，因此，马克思认为货币有五大职能：价值尺度——货币能成为计量其他一切商品价值大小的尺度，是因为它本身具有价值；流通手段——充当流通手段的货币数量，由商品价格总额（待销售的商品量×价格水平）和货币流通速度决定；贮藏手段——当作社会财富的一般代表贮藏起来的货币，既不能是观念上的货币，也不能是作为价值符号的纸币，而必须是足值的金属货币，货币作为贮藏手段能自发地调节货币流通量；支付手段——货币作为支付手段一方面减少了流通中所需货币量，另一方面又进一步加大了商品经济的矛盾；世界货币——货币在国际经济关系中作为支付手段作用，发挥一般财富绝对社会化化身的职能。在我国，马克思的经典定义深入人心。这里我们将其称为商品货币论。

"商品"货币论包含有两层含义：一是货币的价值概念——货币能起等价物的作用，是一般等价物，这也包含有在充当交换媒介时与所有的商品发生等价关系；二是货币的商品属性——货币是一种商品，不过，货币是一种专门充当一般等价物的特殊商品。"商品"货币论没有特别强调货币的"交换媒介"功能，笔者认为，"一般等价物"隐含着货币的"交换媒介"功能。"一般等价物"是从商品的交换价值中抽象出来的概念，可理解为"专用于交换的物"。

马克思通过对商品交换历史发展过程的全面考察，获得了对货币本质的深刻认识。马克思分析了商品的价值形式，从简单的价值形式到扩大的价值形式，再到一般的价值形式，最后由一般的价值形式发展成为货币形式。因此，货币的价值属性才是货币的本质属性。因为货币本身有价值，所以它才能成为一般等价物。商品交换的发展，最终使自然属性最适宜充当一般等价物的贵金属（金或银）成为货币。

马克思身后的货币发展证明了马克思在其所处的时代针对金银货币所作的货币定义，有其历史的局限性。货币是"特殊商品"的说法被现今的货币发展所打破。1933～1936 年间，世界主要资本主义国家先后都废除了金（银）本位制，实行法币制度，当今的信用货币也已开始向电子货币延伸。信用货币、电子货币的货币承载物本身并不是商品，用作货币的纸本身也没有与货币面值相应的价值，不是一般等价物。因此，货币的商品属性遭到了质疑。至少可以这样讲，当今的货币并没有商品属性。由此追溯，处于贵金属货币时代的贵金属,虽然也是商品,但"商品"这个属性并不是货币的本质属性,货币可以离开商品的属性而存在。我们必须清醒地认识到这个已经发展了的事实。

也许会有人说,马克思早已将纸币(银行券)定义为"货币符号",今天将纸币看做是货币符号的仍不乏其人。需要注意的是,现在我们所用的纸币与马克思称之为货币符号的纸币有三点本质上的不同:一是现在的纸币不能到发行或承诺机构那里兑换金银;二是现在的纸币是由国家法定发行,强制流通的,而马克思称之为货币符号的纸币通常是由银行或某些私人机构发行的,人们自愿选择使用的;三是现在的金银已不能作为交换媒介使用。

1.2 缺少"价值"的货币定义

西方经济学各门派关于货币的解释虽稍有不同,但都与马克思的定义对立。其中最有代表性的解释为:"货币是人们普遍接受的,充当交换媒介的东西"。这种货币定义包括两方面的含义:

其一,肯定了货币是"交换媒介",避开或者否定了马克思的货币是商品的说法。此对货币本质认识方面是有积极意义的。这可能与他们见证了金本位制货币体系的崩溃有关。毫无疑义,"交换媒介"是货币的一个本质属性,货币离开了"交换媒介"这个属性,就不成其为货币。其实,这在马克思的货币定义中是已经包含了的,即包含在"商品的交换价值"、"一般等价物"的表述中。但不管怎么说,他们直接用"交换媒介"更准确地反映了货币的本质。

其二,认为货币是人们"普遍接受"的,这明显与马克思关于货币是"一般等价物"的概念相对立。在马克思的货币定义中,人们之所以能接受金银作交换媒介是因为它们是"一般等价物","等价"是其"普遍接受"的基础,不是无条件的自愿接受。现在各国国内的纸币之所以能作为交换媒介是因为它是法律规定的、国家用威权强制推行的,并由发行机构提供了价值保障的,不存在无条件地"普遍接受"这种事。因此"普遍接受"不是货币的本质属性。

货币的"普遍接受"说,从根本上否定了货币的价值基础,因此使西方经济学关于货币定义存在着最根本性的缺陷。它致命的缺陷在于,作为国际货币体系中的美元本位币可以向全世界发行,按照"普遍接受"的说法,美元可以逃脱各国对其发行价值的监管与追索,从而使以美元本位制的国际货币体系成为各美元使用国的国民福利向美国输送的瘘管。可见,西方经济学中的关于货币定义是为美元制国际货币体系服务的。

货币的本质属性处于重重迷雾之中。历史地考察货币的发展过程,或许是我们拨开迷雾,认清货币的本质属性的基本方法。

1.3　货币的初次功能分化：纯金本位制

马克思认为，交换价值经历过四个发展阶段：一是简单的或偶然的交换价值形式阶段，它反映了原始公社之间偶然的交换关系；二是总和的或扩大的价值形式阶段，这是一种普遍的物物交换关系；三是一般的价值形式阶段，在此阶段，一般等价物为媒介的商品代替了直接的物物交换；四是货币形式阶段，充当一般等价物的货币开始形成，并最终固定在金银等贵金属上。在马克思所处的时代，金本位制的纸币已经出现，马克思认为，金本位制下的纸币是货币符号或价值符号。纯金本位制货币体制是马克思关于交换价值四阶段的最后完成阶段。金银充当一般等价物表示货币的最后形成。

纯金本位制货币有三大特点：自由铸造、自由兑换、黄金自由进出国境。在这种制度下，黄金（或白银）即是货币。虽然此时也发行一定数量的银行券或者纸币，但能保证按面值及时足额地兑换黄金。马克思曾经说过一句最著名的话："货币天然不是金银，但金银天然就是货币。"这是由于金银的贵金属、易保管、易运输等物理特性，人们自愿地、普遍地接受以金银作为交换的媒介，是因为金银本身就有价值和交换价值。

随着商品经济的日益发展，纯粹的金本位制发展到一定阶段，纸币（银行券）以它更便于运输、更便于数量分割和更便于交换的优势必然地替代了铸币。电视剧《乔家大院》就十分形象地反映了我国当年货币从铸银到本位制银票的发展过程。乔致庸赴包头做生意，开始阶段总是要以当时的镖局武装押运成车的白银，以极大的运输成本甚至生命危险往返于生意两地。后来有了银票汇兑，立即极大地降低了交易成本，生意迅速扩大。清末慈禧太后在西逃中，感受到银票汇兑的便捷，清政府便开始了银票汇兑业务。

从直接的金或银的铸币，到金或银本位制的纸币，货币的属性功能开始了最初步的分化。金银直接为货币时，它作为一般等价物中的价值功能与它的交换媒介功能是同处于金银币（块）中的，是以一不可分割的整体，发挥着货币功能的。但到了金银本位制的货币时，金银货币的价值功能被签发银票的机构留在银行保管着，而金银货币的交换媒介功能则由其所签发的银票（纸币）所承担。之所以能发生这样的分离，是因为用银票（或纸币）作交换媒介节约了交换成本，而货币所包含的价值也可随时自由兑换。在这里，价值保障是产生这种功能分化的首要的先决条件，如果没有价值保障（即随时的可自由兑换），再方便的交换媒介也不会被人选取。由于能获得价值保障，银票的签发机构就不一定非是国家或政府机构，具有足够信誉的私人银行也同样可签发。

1816 年英国率先实行金本位制货币，至 1914 年第一次世界大战，主要资本主义国家的货币都实行了金本位制。纯粹的金本位制货币历时 100 多年。

1914 年第一次世界大战暴发后,各参战国为了筹集庞大的军费,开始发行不可兑现的纸币,并禁止黄金自由输出,这是最早的脱离金本位制的纸币发行。第一次世界大战结束后,各参战国通货膨胀严重,为恢复经济,主要资本主义国家于 1922 年在意大利热那亚城召开世界货币会议。当时,各国拥有的黄金在分布上已经严重失衡,战前实行过的纯粹的金本位制货币体制很难恢复重建,也由于世界经济规模不断扩大,总的黄金产出增长速度跟不上总的经济增长速度,即使是黄金拥有较多的国家,全部金银总数量也不能满足现实流通对金银货币的需要。为了节约黄金,这次会议决定采用金块本位制和金汇兑本位制。

1.4 国家强制发行货币:金块本位制

金块本位制也被称为金条本位制。这种制度的具体形式是:国家不再铸造金币或银币流通,而是由国家或国家指定的银行按照规定程序发行纸币(或银行券)流通。纸币的货币单位与金银全额挂钩,既规定每一信用货币单位的含金量,但是这种纸币不能与金银自由兑换。国家储存金块或金条。只有在必要时,方可用纸币按规定用途、并以受限制的数量向中央银行兑换金块。这也是出于黄金短缺,各国都有禁止私人将金块私自输出国境的措施,黄金的输出和输入只能由中央银行统一管理。当时英国以银行券兑换黄金最低限额为相当于 400 盎司黄金的银行券(约合 1700 英镑)。法国规定银行券兑换黄金的最低限额为 21500 法郎,约等于 12 公斤的黄金。

实行金块本位制的货币,使货币的属性与功能的进一步分化。货币的等价物功能与交换媒介功能比之初次分化,现在的距离是越来越远了。由于纸币不能自由兑换,黄金作为价值化身,或者说作为等价物的化身,只能被观念性的联系到纸币上,纸币不可能获得价值的实质,人们在交换中不可能自然接受这样的货币。如何推行下去? 货币在它的发展史上第一次受到了来自国家力量的强制:第一,黄金(白银)不能作为交换媒介进入流通,必须由国家统一管理,由此保证了黄金的交换媒介功能必须从黄金中分离出来由纸币承担;第二,兑换是有条件的,包括用途和数量。

国家对这种不能自由实现物体上所标示价值的纸币,则赋予观念上的价值,例如,统一发行机构,通常将纸币发行权收归中央银行,如果是私人银行按规定发行,必须有与发行量等额的财产担保,保证最终的支付手段等。

为保证纸币实现观念上的价值,纸币防伪是与纸币发行一体的。伪造货币的问题在金属铸币时就出现了,在金属铸币时代,伪造的方法是在金币中掺入铜、铅等廉价金属。到纸币时则更容易假造。法国大革命后,发行了以没收的教会地产为抵押的债券,作为代用纸币。为了破坏法国经济,英国政府曾经大量伪造过这种纸币。第二次世界大战期间,德国也曾经大量伪造英国和美国的纸币。犯罪组织伪造纸币的记录更层出不穷。

可见,要实现货币的交换媒介功能与等价物功能在物理上的分离,其中有·两条是必不可少的,其一是国家力量的强制,其二是发行机构的价值保证。它是在发行机构首先实现了价值保证的情况下才完成了国家的强制的。

赋予本没有价值的纸币以价值的内容,以承担原由黄金完成的一般等价物作用,这是货币史上的一个巨大进步。由于社会交换日益扩大、日益深入到生活的方方面面,较之金银来说纸币更便于运输、更便于分割。人们并没有忘记,黄金才刚刚以便于储藏、便于运输、便于分割的特点,战胜其他商品等价物而登上货币宝座。历史就是这样无情地以交换媒介必须符合便捷、经济节约而又含有价值(哪怕是观念上的价值)的逻辑在前行,黄金成为交换媒介的理由,正好又成为其被淘汰出局的理由。

虽然历史终将淘汰黄金,但现实中人们的观念转换还需要一个过程。在平均不到一代人的时间过程中,黄金就与纸币产生分化,除了不够便捷外,最直接的原因是黄金数量太少,不能满足日益扩大的商品流通对交换媒介的数量要求。作为等价物的黄金,只是人类所生产的千万种商品中的一种,其价值始终只能占据众多需要交换商品总量的极少一部分,如果以等价物的身份作为交换媒介,任何一种单个商品从价值量上来说都不可能满足商品流通总量对交换媒介的需求。实行金块本位制后,将黄金分化出来的价值观念联系到纸币上,黄金本身并不实际进入流通。这样,在正常情况下人们不仅用纸币作商品交换媒介,而且也会用纸币作短期的价值储藏工具。加上纸币不可自由兑换黄金,在国内因商品交换原因而兑换金块也很少发生,因此就可以用很少的黄金作价值保证,而根据商品交换的需要量来发行纸币,保证不断增长的商品交换的顺利进行,从而促进经济的发展。但是,由此也埋下了纸币滥发的祸根和将遭受被价值挤兑的危机。因经济危机、战争等原因,纸币持有者因纸币在价值上仍联系着黄金,当国家或发行机构因信誉下降时,处于保证金地位的黄金必遭挤兑,相应的,挤兑使流通中的纸币数量大量减少,反过来又加剧经济危机的程度。因此,从金块本位制货币实行的第一天起,就埋下了日后黄金被信用货币彻底淘汰出局的种子。

金块本位制是商品经济发展到这个阶段的历史必然,它与当时商品经济的规模、当时人们的观念相联系。实行金块本位制,黄金第一次失去了作为交换媒介功能,离开了一国之内的商品交换领域。然而,在国际商品交换领域中,金银作为等价物的交换媒介仍是不可或缺的。为什么会发生这种国内与国际不一致的货币体系? 这是因为,在当时国际上尚没有实现货币等价物功能与交换媒介功能分离的条件。由此可见,国家强制力和国家对价值的信用保障在货币体系构建中的巨大作用。

在纯粹金本位制的货币体系中,虽然也可以用纸币(或银行券),但这时的纸币与黄金是可以自由兑换的,应用纸币是出自人们便捷性考虑的自发性的选择行为,因此其时的纸币发行并不一定需要国家权力的介入,银行也可以自主地发行完全自由兑换黄金的纸币。而不可自由兑换黄金的本位制纸币由于不能自由兑换,就必须在国家权力的强制推行中才有实现的可能。这种国家强制不照顾民众个体的绝对自愿,通过初始的强制力改变人们的使用习惯从而形成社会的使用惯性而达到相对自愿。但是在国际领域,不存在这种类似的国家权力的强制。因此,在国际领域无法实现金银货币的等价物功能与交换媒介功能的分化。

金块本位制货币是国家的权力强制第一次介入货币体系的产儿。作为货币符号的纸币第一次冲破货币符号概念,独自担当起商品的交换媒介。尔后的社会经济的空前发展也得益于货币的这种革命性变化。

1.5　货币国际化:金汇兑本位制

金汇兑本位制又称为“虚金本位制”,为金块本位制货币的变种。这通常是小国经济、经济实力不强的国家或者殖民地国家货币发行方式。第一次世界大战前的印度、马来西亚、菲律宾,以及一些拉美国家或地区,实行的就是这种货币体制。第一次世界大战后,由于战争对参战国黄金储备的消耗,当时发达国家经济体,如德国、意大利、挪威、丹麦等国,也由于缺乏黄金而被迫选择金汇兑本位制。

这种制度的具体形式是:流通纸币由国家发行;国内不流通金币或金属货币,只能流通以外汇(即实行金块或纯粹金本位制国家或者宗主国家的货币)挂钩的纸币。纸币不能直接兑换黄金,只能兑换挂钩的外汇。这种制度下国家的信用货币同另一个实行金块本位制国家的信用货币保持一个固定的比价,并在该国的央行存放外汇或黄金,用以作为本国信用货币发行的保证金和最后的支付手段。在该货币体制下,黄金也是禁止自由输出国境的,黄金的输出输入要由国家的中央银行统一管理。

在金汇兑本位制下,我们看到了黄金与纸币在等价物功能与交换媒介功能上的进一步分化。在金块本位制货币制下,虽然受到限制,但在国内,纸币仍可以兑换挂钩中的黄金;在金汇兑本位制下,纸币在国内已经完全不能兑换黄金了,只能兑换以黄金挂钩中的金本位制的外汇,这是国家对货币的再次强制。不过,除了国家的强制外,还有如因为战争、殖民地地位所导致的第三方国际社会力量的强制。这种新的强制表现在三个方面:一是禁止了本国金银与货币挂钩;二是规定了挂钩中的外汇品种;三是规定了兑换汇率。但在国家实施强制的同时,国家也开始为强制中的货币注入信用。这个时候国家注入的信用有两方面:一是承诺本国货币"钉住"被挂钩中的外币,以保证持有本国货币在与外汇兑换时保持汇率稳定,这是一种国家对本国货币的价值保证;二是在被挂钩的外币国央行中存入相应外币或黄金,以作为最后的支付手段,这也是一种国家对本国货币的价值保证。

1.6　黄金信用也不够:金本位制货币体系最终解体

金本位制的建立伴随着银行制度的产生与发展,金本位制对提高银行的营运信誉、促进商品交换与商品经济发展起到了极大的推动作用。由于金本位制货币持有者可以兑换黄金,在危机中人们更愿意直接持有黄金而不是纸币,黄金很容易遭受来自挂钩中的纸币的挤兑和投机,人们一开始就发现,黄金作为保证金,其数量不足以应付危机时的兑换。国家也会受制于金本位制的兑换机制,必然地采取紧缩的货币政策作为应对,金本位制兑换的货币机制在经济危机的过程中的自动紧缩功能,对经济衰退有加速作用。

美国 1862 年的《国民银行法》建立的就是一种金本位货币制度,1907 年发生了大规模的支付危机。危机期间,各国民银行由于现金缺乏而普遍停止了现金的支付。在一些城市,停止支付现金的行动持续了两个多月,国民银行的短期拆借利率竟高达 125%,实际上中止了各类贷款。在货币需求增加的时候,国民银行却不得不减少货币的供应,以致危机蔓延。当时尽管财政部将提存的黄金准备金分配到各国民银行,而银行也发行"银行债务结算证书"用作临时货币,但却不足以阻止危机的蔓延。

在 1929 年世界资本主义经济危机前的英国,曾是当时世界头号的经济大国,其工业生产总值占资本主义国家生产总值的 60%,黄金储备占资本主义国家总储备的 65%,伦敦是全球的金融和贸易中心,当时的国际收支 90% 是以英镑进行的。但是,一场经济危机下来,到 1931 年英国就开始出现国际收支逆差,黄金从英国滚滚外流,黄金储备急剧下降。仅两年时间英国经济就直线下落,英镑也在这次危机中国际货币地位岌岌可危,至 1931 年 9 月 20 日,英国政府被迫宣布废除英镑金本位,并将英镑贬值 30%。在同一年的德国,1933 年的美国,1936 年的法国,都因此而相继在国内放弃了金本位制。从1816 年英国实行金本位制货币开始,至 1936 年法国放弃国内金本位制,世界主要资本主义国家实行金本位制货币体系仅仅存在 120 年。历史让笔者不得不提醒那些希望恢复金本位制货币体制的人们对金本位制进行反思。

金本位制货币体系的解体标志着黄金在各国的国内已经完全退出货币的历史舞台。在第一次货币功能分化中,纸币就已获得了并承担着货币的交换媒介的功能,但是货币的等价物功能在纸币中是天生就没有的,黄金退出了,其所包含的等价物功能不可能落实到纸币上,那么货币的这种等价物功能到哪里去了?

它并没有消失!它被转移到货币发行机构对所发行货币保持币值稳定的承诺上去了。原来,金本位制中的黄金,是作为执行交换媒介功能的纸币的一种价值保证,被存放在发行货币的中央银行,只要不被兑换,黄金的这种价值保证功能就被闲置。因此,存放在央行的黄金在多数情况下并不被执行价值保证功能而显得多余。价值保证也就由此而演变成价值承诺,只要发行机构有足够的信用,通常是中央银行以国家财政担保,承诺保证所发行货币的币值稳定、汇率稳定,纸币也就顺利地被发行和流通。因此,货币的等价物属性在黄金退出货币舞台后,并没有消失,也不可能被纸币承载,而是转移到国家(发行机构)的手中由国家(发行机构)的信用来承载。

1.7　布雷顿森林国际货币体系

1928 年以前,国际货币是由金本位制的英镑担当。这与工业革命,英国成为世界上最发达国家的地位是相称的。但是 1929 年的一场世界经济危机,英镑金本位制的国际货币体系就轰然倒塌。尔后各国忙于战争,至 1943 年第二次世界大战已进入尾声时,争夺国际货币发行权的战争在英美两国间打响。由于金本位制货币发行时在等价物属性与交换媒介属性在数量上不必匹配,货币发行中的利益是十分巨大的,争夺要靠实力。英国深知自己的经济实力不够,代表英国的世界最著名经济学家凯恩斯提出的是"国际清算同盟计划",主张成立国际清算同盟,在自由兑换的原则下,创建一种以黄金为基础的独立于各国的国际货币单位。代表美国的怀特则提出"国际稳定基金计划",主张设立一种国际外汇基金,以黄金为基础,在自由兑换原则下创建一种与美元联系的国际货币单位。这两个国际货币方案的主要区别在于:英国的方案要建立直接与黄金挂钩的独立于各国的国际货币单位;而美国的方案则是国际货币单位与美元挂钩。国际货币方案争夺战一直延续到 1944 年 7 月 1 日才告一段落。美国以其工业生产总值已占资本主义国家生产总值的 60%,黄金储备占世界的 3/4,并成为世界上最大的债权国的经济实力,在美国新罕布什尔州的布雷顿森林举行了由 44 国代表参加的联合国货币金融会议,最终确立了以美元为中心的国际货币体系。

布雷顿森林体系，即美元国际货币新体系的基本内容是：美元重新恢复金本位制，美元与黄金挂钩，黄金官价 35 美元兑 1 盎司（约等于 31.1035 克）黄金；各国货币与美元挂钩，各国政府和中央银行可按此价以美元向美国兑换黄金；各国货币对美元实行固定汇率制度，各国货币与美元的汇率只能在正负 1‰ 的范围内波动，大于这个范围时，各国政府有义务干预外汇市场以保持汇率稳定。

如今看来，这无疑是个最糟糕的国际货币方案，它无视当时英镑国际货币体系倒塌的经验教训，也无视各国国内金本位制货币体系不能维持的事实，但是，当时人们囿于对货币本质认识的偏差，金本位制中等价物属性与交换媒介属性外在统一的表象，当然更主要的是，货币发行必须有强大政治经济力量的支持。美国当时已取得的强大的经济实力与政治影响力，人们期望战后能得到来自美国支持的战后重建，最终选择了这个最糟糕的国际货币方案。

称其为最糟糕的国际货币方案，是因为在国际货币体系中，金本位制货币中的等价物属性与交换媒介属性的矛盾，根本不是单个国家所能解决的，它需要与之相适宜的国际组织提供信用支持。从前面的分析我们已经知道，金本位制货币体系，是以货币的等价物属性与交换媒介属性分化为基础的。由纸币承担交换媒介功能，而黄金则承担等价物功能，但黄金的价值保障只是名义上的，黄金数量的天生不足使其在实际应用中只是起到保证金的作用，由此必然产生同一货币单位内的等价物储量不足的矛盾（指货币单位的价值标量为 1 时，货币后台黄金保证金价值会越来越小于 1，这是货币等价物属性与交换媒介属性分化后的必然结果）。这种等价物储量不足的矛盾，在一国之内是依靠国家的信用担保来解决的，但国际货币需要国际组织提供信用，单国政府不可能提供这种信用。美元国际货币体系，使货币从一开始就处于信用缺失状态中。在这种情况下，只要稍有经济危机，纸币对黄金的挤兑就会发生。单国政府在国际的信用不够是产生动荡的根源。由此看来，当年凯恩斯提出的"国际清算同盟计划"方案，比之美元方案，显然是更适合构造国际货币体系。但是，货币体制是依靠强权才能建立的，历史就是这样无情，追逐利益就像精神鸦片一样吞噬了人的本性，凯恩斯的独立于各国的国际货币方案反而被人们抛弃。当年踌躇志满的美元货币体系方案从它产生的第一天起，就决定了它的必然崩溃的命运，并最终酿成了历史上罕见的今天的国际金融危机。

第一次美元危机产生于 1960 年 10 月。从朝鲜战争开始，美国连年国际收支逆差，造成美国黄金储备由战后的 400 多亿美元，已降至 178 亿美元，而短期外债却达 210 亿美元，黄金储备已不足以偿还债务，由此使美元的信誉发生了危机，出现了大规模抛售美元，抢购黄金的风潮。市场上的黄金价格高出官价达 20％。美国为了挽救美元，只好求助于英、法、德、意、瑞、荷、比等国，建立七国"黄金总库"，用以维持黄金官价。并与英、法、德、日、瑞、荷、比、卢、加等组成十国集团，筹集 60 亿美元贷款，另与 14 国借款 197.8 亿美元。在这次危机中，美元的国际信用缺失矛盾显现无遗。

第二次美元危机产生于 1968 年 3 月。美国的黄金储备降至 121 亿美元（约合 3.4 亿盎司黄金），而短期外债高达 331 亿美元。市场上再次掀起抛售美元抢购黄金的风潮。"黄金总库"为了稳定金价而大量抛售黄金，造成损失黄金 34.6 亿美元，"黄金总库"被解散。只允许外国中央银行按照 35 美元官价向美国兑换黄金，停止在市场上按 35 美元官价兑换黄金，市场价格自由波动，不再进行干预。

第三次美元危机发生在 1971 年 5 月。当年美国国内工业生产下降 8.1％，国际收支逆差达 220 亿美元，短期外债 553 亿美元，而黄金储备则降为 110 亿美元，只够偿债的 1/5。由此欧洲市场再次爆发大规模抛售美元，抢购黄金和西欧国家货币的风潮。美元暴跌，黄金猛涨。至 1971 年 8 月 15 日，美国政府宣布停止外国中央银行用美元按黄金官价向美国兑换黄金。8 月 18 日宣布美元对黄金贬值 7.89％。官价黄金提高到 38 美元兑 1 盎司。各国货币对美元的汇率波动幅度从不超过平价的正负 1％，扩大为正负 2.25％。至此，美元与黄金脱钩，美元金本位制已经倒塌。

第四次美元危机发生于 1973 年，由于长期的对越战争，极大地消耗了美国的国力，再加上美元贬值后又停止兑换黄金，美元的信用极大下降。1973 年 1 月，大量的美元在欧洲被抛售，2 月 2 日美国政府宣布美元再次对黄金贬值 10％，每盎司金价为 42.22 美元。西方国家为了应对美元危机，取消了本国货币与美元的固定汇率制，实行汇率浮动。至此，不足 30 年，由美元金本位与固定汇率支撑的布雷顿森林货币体系彻底崩溃。

历史见证了这个过程，但悲剧并没有结束。虽然布雷顿森林货币体系彻底崩溃，但由于人们的使用习惯，储备外汇持有结构和在单个国家货币中，其他国家的货币无法替代强势美元的地位，更主要的是美国依靠强权建立了石油美元，由此所确立的美元在国际货币中统治的地位并没有结束。但脱离金本位制的美元在发行上更肆无忌惮。今天的国际金融危机归根到底是美元价值矛盾积累的必然结果。

1.8　货币的本质属性与信用货币体系

通过上文的考察，我们可以发现，货币历史发展的过程，实际上一直是围绕着等价物属性与交换媒介属性这两属性展开,并在矛盾中发展着的。

由等价物属性决定,货币先后选择了第一阶段金银,第二阶段金银保证金价值担保,第三阶段发行机构(国家信用)价值担保。

由交换媒介属性决定,货币先后选择了第一阶段金银,第二阶段银行券(包括各种银行票据),第三阶段防伪纸币(包括电子媒介)。只有在第一个阶段货币的等价物属性与交换媒介属性是统一在金银上的,即使是第二阶段的金本位制货币,其等价物属性与交换媒介属性也是分离的。

至此,等价物属性与交换媒介属性是货币的本质属性的谜底被揭开。货币是等价物属性与交换媒介属性的对立统一。首先它是个矛盾的统一体,等价物属性与交换媒介属性相互依存,离开任何一方都不能构成货币。货币的等价物属性,决定货币必须是有价值的,由此才能充当价值尺度的功能。其发展逻辑是沿着等价物价值保证、保证金价值保证、国家信用价值保证的方向前行。交换媒介属性决定货币必须在方便交换、方便运输与方便面值分割、低成本交换的媒介中选择前行。其发展逻辑是为降低交易成本而使交换媒介本身的价值含量与它的尺度价值量差比在扩大。由于货币这种统一体中的等价物属性与交换媒介属性的矛盾对立,使货币在功能载体上产生分化,由一个统一的物体,分化为一个体系内的不同载体分别承担等价物功能和交换媒介功能。在货币功能载体分化的历史上,第一次分化产生了金本位制货币,第二次分化产生了汇兑本位制货币,第三次分化产生了当今阶段的信用货币。

在信用货币体系内,其等价物功能由货币的发行机构(国家)承担;其交换媒介功能由防伪的纸币(或电子媒介)承担。如此,货币就不再是一个单纯可见物,或者说不再是承担交换媒介功能的纸币,而是一个体系,一个包括了发行机构等价担保、纸币防伪与纸币本身所构成的体系。当货币的等价物属性与交换媒介属性不匹配的矛盾积累到一定程度时,必然引发货币危机。特别是在国际货币体系中价值信用缺失严重时,会导致国际金融危机。

1.9　货币重新定义

必须给货币重新下定义,以纠正人们混乱的货币观念。

货币定义应分一般的货币定义和特殊的货币定义。一般的货币定义,是指适合历史的、现实的所有货币的定义,是所有货币的共同属性;特殊的货币定义,是在一般的货币定义的基础上,指明货币在不同历史阶段上有各自不同特点的属性。

一般的货币定义:货币是有等同价值或等同价值保障的交换媒介。

贵金属货币定义:货币是由一般等价物充当的交换媒介。

信用货币定义:货币是由其发行机构提供等同价值保障的交换媒介。

贵金属货币定义与马克思的货币定义并无本质的区别,因为这两个定义都强调了货币的价值属性与交换媒介属性。区别在于,马克思将"商品货币论"看做是货币的终极形式,或者是一般的货币形式,但实际上"商品货币论"也仅是货币发展史上的一个特殊形式。

虽然一般的货币定义适合所有的货币定义,但信用货币(包括电子货币)在货币的职能上与金银货币相比,有如下三方面不同的特点:

(1)信用货币的"贮藏手段"被替换为"持有手段"。信用货币与金银货币相同的地方是,都具有价值尺度、流通手段、支付手段的功能。但是,由于金银等货币,本身具有价值内涵,不需要任何其他的信用保证,是超越任何国家主权的货币,因此才可以任意贮藏而价值不会变化与消失。但信用货币不同,它需要有国家信用作保证。从长期来说,国家的信用是会变化甚至会因战争、政权更迭而完全消失的;同时,信用货币的币值也是国家宏观调控的工具,其币值会随时变化。因此,信用货币因其币值的变化性与可消失性,信用货币不具有"价值贮藏"的功能,不能作为贮藏手段。

举例来说,自1971年美元结束金本位制以来,以金价计,美元的购买力至今只剩不到5%。我国人民币也同样处于不断贬值的过程中,以最大众化的商品猪肉计价,1971年猪肉价0.76元每斤,现在15元每斤,购买力同样只有原来的5%。

当然,信用货币不具有价值贮藏功能,但仍然可作为价值持有的手段。价值贮藏与价值持有是两个不同的概念。价值贮藏强调的是价值的长期的恒定性,价值持有强调的是短期价值的保持性。因为从短期来说信用货币的价值仍是可保持的,因此,信用货币短期仍是可以持有的。正因为信用货币具价值保持功能,因此才能成为货币。货币在流通等待状态时,必须要有价值保持功能。而资本主义生产的目的就是实现对更多货币的持有。

(2)信用货币在世界货币功能方面比之贵金属货币有所变化。贵金属货币时,由于货币自身含有价值,交换可以不受国界限制。但信用货币的信用提供者如果不具有国际信用提供能力,或者不提供国际信用,该货币就无法执行世界货币功能。

(3)信用货币币值可调节性。信用货币比之金银货币来说,金银本身的价值取决于社会必要劳动时间,不具有可调节性;信用货币因为由国家的信用发行,其货币币面价值由发行机构决定,而且可以进行调节。由于信用货币币值是可调节的,因而往往被国家作为货币政策工具来使用。运用货币的数量与币值的变化来对生产、消费、分配进行调节与控制。信用货币是国家宏观调控的工具。

因此,当代信用货币有新的五大功能:价值尺度、流通手段、支付手段、持有手段、宏观经济的调控工具。

1.10　货币理论的历史

为了后文的分析与比较方便,笔者在此简要介绍一下货币理论的历史。

马克思将货币需求量表达为:

货币量=商品价格总额/同一单位货币的平均周转次数。

用公式表示为:

$$M=Y/V$$

随着经济社会的发展,货币金本位制度的缺陷不断突出,非金本位制有利于降低交易成本。19 世纪末 20 世纪初,不可兑换的纸币,即信用货币开始产生。在信用货币制度下,人们对货币需求与金本位制截然不同,货币数量理论产生。费雪和剑桥学派的货币需求理论是早期代表。费雪将货币需求概括为:

$$M=PY/V$$

式中:M 为货币需求量;P 为商品价格水平;Y 为社会总产出水平;V 为货币流通速度。

这个公式与马克思的货币需求理论的关键区别在于对 PY 有完全不同的解释。在马克思看来,PY 是不可分割的整体,而且其价格水平 P 是在流通领域以外的生产过程中决定的,与货币流通没有直接的关系。这与金本位货币制度的特征相符合。而在费雪的公式中,商品的价格水平 P 是个可变参数,它本身还受到货币流通规模的影响。因此,货币需求也可表示为:

$$M/P=Y/V$$

费雪认为,短期影响货币需求的主要是 M/P,并将其称为货币购买力。当名义货币 M 既定时,主要取决于价格水平 P 的高低;当价格水平 P 既定时,主要取决于名义货币供给量 M 的大小。因此,由货币购买力决定的货币需求量与名义货币供给量的大小成正比,与价格水平的高低成反比。但是,一个国家的价格总水平 P 本身又受制于名义货币供给量 M 的影响,即当货币供给量按某一比例增加时,价格水平也按同一比例提高,当货币供给量按某一比例减少时,价格水平也按同一比例降低。因此货币供给数量的多少最终又决定了货币的购买力与货币的需求量。

费雪的货币数量理论产生后,就形成了一个比较固定的思维框架,后来的货币理论就再也没有突破这个固有的思维模式。

20 世纪 20 年代由马歇尔、庇古等剑桥学派提出了一个新的货币需求公式：

$$M=KPY$$

式中：M 为货币需求量；K 是 V 的倒数，同时增加了人们以现金形式保留的资产部分，可以看做是人们以现金形式保留的资产与总资产的比率；P 为国家的总价格水平；Y 为社会总产出水平。

此公式与费雪的货币公式的主要区别在于增加了一个人们持有现金。一个国家的公众对名义货币 M 的需求主要取决于影响 K，P，Y 的各种因素，短期影响货币需求的主要是 K 和 P。因此通常被人们称此为"现金余额理论"。

第一个提出货币投机理论的是凯恩斯。凯恩斯认为，人们对货币需求存在着三种形式的需求：一是交易性货币需求；二是预防性货币需求；三是投机性货币需求。交易性货币需求与预防性货币需求是一个国家产出水平和收入水平的递增函数。

凯恩斯货币需求理论重要区别在于，他将投机性的货币需求引入他的宏观分析框架。随着债券、股票等投资工具的发展，人们不用从事实业投资，通过买卖有价证券就可获利，而在证券市场，人们更注重的是差价的投机。决定投机性货币需求大小的因素主要是利率水平，因为利率是投机行为的机会成本。当利率处于一个很高的水平时，投机性的货币需求为零，当利率处于一个很低的水平时，投机性的货币需求为无穷大。当低利率水平小到令人忽略的地步时，投资者有可能将所有货币都持有在手，以保持充分的流动性以备在投机市场上获取高额回报，此被凯恩斯称为"流动性陷阱"。将西方资本主义带出 1929 年大危机困境的凯恩斯主义，强调运用财政政策对经济进行干预，一度成为挽救西方资本主义的主导政策，在 20 世纪五十、六十年代获得大流行。

凯恩斯将总货币需求表达为：

$$L=L_1+L_2=f(Y)+f(r)=kY-hr$$

式中：$L_1(Y)$ 代表与收入 Y 相关的交易需求，$L_2(r)$ 代表与利率 r 相关的投机性需求。

当代货币主义产生于 20 世纪 50 年代，并于 70 年代蓬勃兴起。其代表人物有弗里德曼、哈帕格、布伦纳、安德森等。1965 年越南战争升级后，通货膨胀成为美国社会的主要问题，特别是 70 年代"滞胀"的出现，凯恩斯主义的宏观经济政策受到了越来越多的怀疑和非难。而弗里德曼早在 50 年代凯恩斯主义占统治地位时就开始利用美国的统计资料进行经济学的计量分析，继承传统的（费雪、剑桥学派等）货币数量论，实证货币数量变化与物价水平变化的关系，在反通货膨胀的大旗下，货币主义理论获得了大流行。

　　属于新货币数量论的货币主义认为,传统货币数量论忽略了利息率的作用,而凯恩斯的货币需求公式中虽然因为人们的投机动机也突出了利息率的作用,但他只注意到利息率和收入对货币需求的影响,却忽略了人们对财富持有量,而这也是决定货币需求的重要因素。弗里德曼在吸收和修正凯恩斯灵活偏好理论的基础上,从剑桥学派的货币数量公式中推演出新的货币数量公式:

$$M/P = f(y, w, r_m, r_b, r_e, 1/P \cdot dP/dt, u)$$

式中:M/P 表示财富所有者手中保存的实际货币量;P 表示价格水平;y 表示恒久性收入;w 表示非人力财富(指物质财富,包括持有货币、股票、债券、不动产等)在总财富中的比重;r_m 表示预期的货币收益率;r_b 表示预期的债券收益率;r_e 表示预期的股票收益率;$1/P \cdot dP/dt$ 表示预期的实物资产收益率;u 表示其他影响货币需求的变量,例如,货币流通速度 V。

　　y 所表示的恒久性收入,这是弗里德曼所特有的理论。它指消费者从自己拥有的物质资本和人力资本中在长期内经常能获得的收入,是相对于短期的偶然性的收入而言的收入。弗里德曼通过实证研究测算出恒久性收入的货币需求弹性为 1.8,表示收入每增加 1%,货币需求量增加 1.8%。

　　弗里德曼认为,人们持有货币还是持有股票、债券,与股票、债券的预期收益率有关,一般来说,持有其他资产的预期收益率越高,持有货币的机会成本就越大,人们保持货币持有的数量就会减少。同时,弗里德曼否定凯恩斯主义关于货币需求主要受利息率影响的理论,认为货币与股票、债券等金融资产有较强的替代性。

　　在金属货币时代,因为货币本身就是商品,货币市场均衡机制与一般商品的均衡机制区别不大,它有一条边际成本曲线,由市场供求机制自发地实现均衡。在以信用货币为基础的现代货币制度中,货币政策可以通过央行的货币发行和银行的货币创造调节货币的供应量。货币供给是一条垂直线,因为,由政府的货币政策所控制的货币供给可以摆脱市场的影响,政府可以根据自己的目的确定货币供应量,并根据货币供应量来调控市场的利率水平。当实行浮动利率时,在一定的区段内,如果增加货币供给,会引起利率的下降,当利率降低至"流动性陷阱"区段内时,再增加货币供给,也不会引起利率的变化。在货币供给确定的情况下,调节利率在一定的区段内会引起货币需求的变化,当利率降低到"流动性陷阱"区段后,对投机性货币需求会无限扩张。货币的供给与货币的需求是通过市场机制保持数量上的均衡。

　　现代信用货币制度使政府掌握有极大的货币供给权力,不但可以通过基础货币的发行,而且可以通过"存款准备金率"调控整个社会的货币供应量。

此种货币供给机制与商品货币时期的供给机制是完全不同的,它对宏观经济产生了重大的影响。

　　西方经济学的整个货币理论基础,是建立在完全错误的货币定义上的,在此基础上构筑的宏观经济运行理论如何能不漏洞百出? 正确的货币理论必须建立在对货币本质深刻认识的基础上。只有从本货币定义出发,我们才能发现当代经济中货币运行规律以至整个宏观经济运行规律。

第二章 国家信用与价值货币发行之谜

　　货币发行能创造价值吗？怎样发行货币才能创造价值？为什么用不同窗口发行货币对币值有不同的影响？为什么中国的两万亿美元外汇储备会造成双倍于两万亿美元的国民福利损失？

　　信用货币制度是人类伟大的发明，它对社会经济发展的促进作用一点也不下于工业革命。由于信用货币制度的产生，人类从几乎占商品生产总量一半的货币生产的劳动中解放出来，而国家则可从信用货币的发行中获得价值用于调节社会的分配，从而可在一定程度上缓解劳资之间的矛盾，发达国家的高社会福利其中一部分就得益于此。但由于理论缺失，我国至今并没有认识到这一点，货币发行价值通过外汇储备替代发行，十分可惜地将这一巨大价值送给外国人了。

　　国家信用、商业银行信用、股市上市公司的企业信用，三种不同的信用蕴涵了信用货币的三大基本原理。三种不同的信用作用于货币的价值与使用价值，构造了当代信用货币的价值基础，已经使原有的经济运行规律发生了根本性的变化。传统经济学无视于这种变化，因此无法解释现实。只有揭示并认清这些已经客观存在的规律，才有可能使我们驾驭经济健康地运转。

　　从本章开始揭示信用货币的三大基本原理之一：货币的发行本质是用国家信用创造价值，信用货币的发行过程就是价值创造过程。

2.1　十三万亿货币发行价值哪里去了?

至 2009 年,中国外汇储备已超过两万亿美元。官方权威的看法是,这两万亿美元外汇储备是中央银行用人民币购买的,是中央银行的负债,如果财政使用,必须发行国债来购买。两万亿美元外汇储备到底是中央银行的负债还是资产? 财政使用必须发行国债购买? 为了搞清这个问题,我们必须要分析货币的发行。

国家基础货币是社会流通中永久占用的必需货币,这部分货币一旦发行了,央行就永远不用收回。因此,基础货币发行就必然是价值发行,货币在发行中就会创造价值(这就是人们通常所说的"铸币税")。在纸币制度下,货币发行所创造的价值量为基础货币发行量。据央行公布,我国基础货币量约十三万亿人民币。这就是说,我国通过对基础货币的发行,可获得约十三万亿人民币的发行价值。这笔发行价值是由国家信用所创造的、可以任意支用的价值。在发达国家这种货币发行价值通常都用于社会二次分配、社会公共福利开支,以缓解市场经济中必然存在的社会有效需求不足的矛盾。

那么我国的十三万亿人民币的基础货币发行价值哪里去了? 我国的基础货币发行全部都由央行购买外汇储备所替代,这也就是说,国家两万亿美元外汇储备是用十三万亿人民币基础货币发行价值购买来的。既然国家对基础货币发行的价值是可以由国家财政任意支配的资产,那么用这笔资产所购买的外汇储备怎么就变成了负债? 显然,国家外汇储备在基础货币发行的限额内不是国家的负债,而是国家可任意支配的资产。只有在超过基础货币发行限额之外的部分,才是国家的负债。

问题在于,本来是国家可任意支用,而且应该支用于社会福利的公共资产,在我国却将其当做对资本的负债,这说明,我国原有的货币理论并不清楚货币发行中的价值创造,任由外汇储备替代本国对基础货币的发行,将巨量的十三万亿人民币的发行价值这一国民福利拱手送人而不自知。

为什么说我们将基础货币发行创造的价值十三万亿人民币这一国民福利拱手送人了呢? 因为当我们用这十三万亿人民币购买并持有两万亿美元外汇储备时,国民没有获得对这笔财富的享用,外汇所在国则需要因此而增加两万亿美元的货币发行,其创造的相应份额价值量,就是我们通常所说的外汇所在国因此而多获得这一"铸币税"收入。这样,本应由本国货币发行创造的价值量通过外汇储备的替代发行,货币发行所创造的价值量向外汇所在国转移了。因此说,我国基础货币发行价值的十三万亿元人民币,白送给所持外汇所在国了。

从理论上说,外汇储备得不偿失,其损失并不仅仅是十三万亿元人民币,而是双重损失。一般人只看到外汇贬值的损失,而看不到因货币的替代发行所造成的本国消费需求损失,看不到因基础货币发行所创造的价值原本是可由国家调度为支持严重不足的消费需求、调节日益严重的两极分化矛盾的。国家巨量外汇储备的本质是深化消费需求严重不足的矛盾。因此,从整体经济效益和经济内生素质的角度上说,两万亿美元外汇储备给我国经济所造成的损害不仅仅是两万亿美元,应该是 13.67 万亿元人民币的 2 倍。从这个角度上说,即使将两万亿美元外汇一笔勾销,也比替代国家的基础货币发行要好。国家积极将此笔外汇储备花出去是绝对的好事,因为它是国家资产并不是负债,只要将外汇储备花出去,基础货币的外汇替代发行的这十三万亿元人民币价值,就可以通过财政赤字、财政透支等手段转移支付给国民福利。因为消费需求增量在整体经济中也具有乘数效应,如果我国在国民福利上增加十三万亿元人民币的消费需求,所产生的对经济的促进作用将是十分巨大的,仅此就足以使我国经济发展水平上一个台阶。

由此可见,我们极需要厘清货币的价值发行理论。让我们首先对货币发行制度进行考察。

2.2　欧美国家货币发行制度变迁

一部货币发展史,其实质就是货币信用变迁史。

在金属货币时代,货币本身具有十足的内在价值,因此,货币可以自由铸造、自由流通,那时不需要,也没有国家政权介入管理。银行券出现的早期,金属货币与银行券混合流通,银行券只是由于交易的需要,代替金属货币执行流通手段的职能。随时可以兑换为十足价值的金属货币是银行券流通的前提,此时的银行是信用的承兑者,很少有政府对银行券进行发行限制的情况。后来银行券的流通范围不断扩大,银行对银行券发行量渐渐超过银行本身的金银库存货币量,由此导致银行券贬值。于是,政府介入发行,采用法律形式对银行券的发行做出规范,以保证银行券币值稳定,防止滥发。此后,各国相继制定货币发行法,采用金、银本位制货币制度,由中央银行垄断货币发行权。各国的发行制度大体有如下形式:

（1）十足现金准备制。银行券的发行要有十足的现金准备,也就是指发行的银行券面值与拥有的金、银等值。

（2）部分准备制或比例准备金制。由国家规定银行券发行的最高限额,超过部分必须要有百分之百的金、银准备。或者按纸币发行额的一定比例作黄金准备。

（3）最高限额发行制。实际银行券发行额和黄金准备金比率都由中央银行调控,中央银行可以根据情况调整银行券发行的最高限额。

（4）证券托存制。即以国家的公债等有价证券作为发行保证金。

这些以实物金银作保证的金本位制货币,从发行当初的大比例黄金保证金、甚至是足额保证金,随着经济体对流通货币的需要,纸币不断翻番,而保证金黄金却无法同步跟着增长,保证金杠杆比例越来越大。但在正常的经济条件下,没有人会去想背后的保证金黄金是否足够,因而币值也能保持相当稳定。但是,一旦发生经济危机,银行信用下降,人们立即想到纸币背后的黄金保证金可以兑换,在危机状态下的纸币持有者立即拥向银行,高保证金杠杆比的黄金与市面流通纸币都在减少（黄金因挤兑而减少,纸币因兑换黄金而减少）。危机要求货币去保证金杠杆化,而实体经济则要求迅速增加货币。实物黄金不足的矛盾任何一个国家都无法解决。因此,以实物黄金作保证金的货币,在经济、金融危机中严重信用不足,通货紧缩相继而来,并由此加深经济危机。货币发行依赖黄金保证金的本位制货币制度,以其固有的缺陷终于崩溃。

前文已述,在1933~1936年,欧美各主要资本主义国家在国内相继取消金本位制。1944年建立的美元金本位制国际货币体系,出于同样的原因,至1971年也彻底崩溃。货币制度从此进入由国家信用创设货币的新时代。这既是历史的必然,更是货币制度的巨大进步。

国家信用货币制度后,在发展的初期,虽然各国货币发行仍沿用发行保证金制度。但这时发行的准备金已经与金本位制的保证金有本质的不同。一是纸币不与金银挂钩,纸币不能兑换金银。二是准备金设置不是用于纸币兑换的,而是用于稳定纸币的购买力的,或者说是用于稳定纸币币值的。如用外汇、有价证券作准备金,中国、苏联及东欧等都曾用过以实物商品作为纸币的发行保证。黄金不再用作准备金的原因是黄金对物价稳定、币值稳定帮助不大。如美国在石油危机后,建立巨大的石油储存,对其美元的国际货币地位贡献不小。黄金早已不再是货币,黄金在各国都已彻底退出了货币舞台。法国于1939年取消了银行券的黄金保证制度,英国于1939年9月将英格兰银行的黄金储备全部移交给国库,美国于1968年取消了银行券以黄金作保证金制度。现在的黄金只是一种普通的商品。恢复金本位制不仅不可能,而且是历史的倒退。但经济弱国仍可以黄金作为在国际上获取外汇的一种手段。

2.3　中国的货币发行

我国的钱币制度发育领先西方大约1000年。春秋战国的钱币有黄金、铜钱和珠玉、龟贝、银锡等作为介质。公元前221年,秦始皇帝在中国建立统一王朝时，就颁布法令统一了全国货币，开始了由朝廷集中铸造钱币。著名的孔方钱就是从这个时候开始的。历朝的钱介质用铜、铁为多。从宋朝开始到清朝前期，中国生产力和技术快速发展，远远超越周边国家，贸易入超，至明清开始大量输入墨西哥白银，白银才开始成为钱币的主要介质。

我国还是世界上最早产生纸币的国家。早在唐宪宗时（806），就出现了纸币性质的"飞钱"。北宋初年，成都一带商业十分发达，由于通货紧张，当时的铁钱流通不畅，当地16家富户用楮树皮造券，私下印制一种被称作"交子"的代用钱币。南宋时出现了纸币"会子"，作为全国主要使用的货币。公元1260年，元世祖忽必烈下令全国使用统一的纸币"中统元宝交钞"。这是中国乃至世界有史以来第一个完整的纸币流通制度。初期"交钞"可以兑换金银，后期即使不可以直接兑换，也有准备金。为了稳定币值，元政府实行集中金银、收归国库的政策，禁止民间金银买卖和出口。这种以金银为本位、有雄厚的准备金，并严格控制金银流通的货币制度，可以说在世界上是最先进的。当时元朝幅员辽阔，地跨欧亚，商贸发达，世界各地的商人云集，纸币流传到了阿拉伯和欧洲。意大利冒险家马可·波罗曾经对中国使用纸张代替金银使用大为惊叹。但是，元朝后期，由于统治者的奢靡、对外战争，以至入不敷出，在元末镇压农民起义过程中，大量地发行没有金银保证金支持的纸币，以支持入不敷出王朝财政，"交钞"很快就走上了崩溃的道路。潘有光在《中国纸币的发展》一书中对此有详细描述。

明朝的纸币制度建立于洪武八年（1375）。朱元璋登上皇位后，即下令废除元朝的"交钞"，尔后实行纸币和铜钱并行的货币制度，发行使用"大明宝钞"。与元朝不同，明朝发行纸币没有设置足够的准备金，盲目的印发，只是一味依靠用行政手段强制使用，造成纸币的实际币值低于票面值，老百姓不接受使用（造成这种情况主要是当时明王朝没有为纸币发行使用提供足够的准备金信用）。如下令收税必须用70%的"交钞"，政府专卖的食盐必须使用纸钞购买，下令禁止使用金属货币。但是禁而不止，民间仍广泛使用铜钱、金银。至明孝宗时（1488～1505），大明宝钞名存实亡了。

从明代中后期墨西哥白银大量流入我国后，引起了我国传统的以铜钱和纸币相结合的货币制度的变革。过去，白银虽然很早就成为货币，但因其数量不足，未取得流通媒介的主导地位。铜、铁价值量低，纸币发行则往往因为农民起义战争，朝廷对纸币的滥发导致信用不足。大量白银的输入，致使白银立即取代了铜钱和纸币，成为主导货币。清朝的货币以白银为主币、铜钱为辅币。清朝康熙、雍正年间（1662～1735），清朝朝廷开办"官钱局"，主要是兑换银钱，调节钱价和铸银锭。后来扩展到经营货币兑换，汇兑等业务。

我国最早出现的具有银行雏形的是 1776 年（清乾隆四十一年）在上海成立的"钱庄"。1845 年，英国人在我国香港和广州设立了"丽如银行分行"，1848 年在上海开办"东方银行分行"。1821 年，山西平遥县人雷履泰将西裕成颜料庄改组为日升昌票庄，成为清朝时全国第一家民间票号，尔后在山西的平遥、祁县、太谷县的商人集资，相机开设票号，一时间山西人在全国各省迅速建立了票号业务网。票号业务主要是办理货币汇兑，因汇兑由各家银号各自签发十足兑换银两的银票。这种银票在西方国家被称为银行券。

世界最早的银行产生于 1580 年意大利威尼斯。我国第一家具有近代特征的银行由盛宣怀在 1897 年（光绪二十三年）成立的上海中国通商银行。上海中国通商银行经营存款、放款业务，发行银元券和银两券。1905 年 8 月清政府在北京成立户部银行，这是我国最早的中央银行，发行纸币性质的银两兑换券。1908 年户部银行改名大清银行。其时，私人钱庄与官办银行都发行由发行单位负责兑换的银行券。由于是以银定价，谁家发行由谁负责兑现。直到 1909 年 6 月清政府颁布《兑换纸币则例》，才明确规定纸币发行权属于清政府，一切发行、兑换事务统归大清银行办理，所有其他的官商银行票号，一概不准擅自发行纸币。从此时开始我国建立了银本位制货币。

1912 年辛亥革命后，虽然北洋政府的国家银行——中国银行被授予兑换券的发行权。但袁世凯称帝激起了以云南为始的全国规模的讨袁战争。各地方军阀政权为了筹措饷需进行战争，各自发行钞票。1914 年 2 月北洋政府颁布《国币条例》，实行银本位制币制改革，因币制问题争论未能实现。1918 年又颁布《金券条例》，预备实行金本位制，因无发行准备金而落空。1924 年 8 月，孙中山在广州创办中央银行。1927 年 10 月，南京国民政府颁布《中央银行条例》，1928 年 10 月公布《中央银行章程》，1928 年 11 月 1 日民国中央银行在上海成立。1935 年 9 月南京国民政府又公布了《中央银行法》，规定中央银行为国家银行，享有发行兑换券的特权。1935 年 11 月 2 日，南京国民政府以财政部布告和宣言的形式公布了《法币政策实施办法》，规定以中央银行、中国银行、交通银行所发行的钞票为法币，不规定法币的含金量，不得使用银币、银锭、银块等现金。法币从此脱离银本位，此与西方主要资本主义国家脱离金本位制同步。法币的发行准备以白银运到伦敦换成英镑存在英国作为发行准备，以维持法币的汇率稳定。1936 年 5 月，国民政府又与美国签订《中美白银协定》，确定法币与美元汇率挂钩。徐国进在《悬崖边上的中国金融业》一文中有论述。

中国人民独立自主的货币发行制度始于 1928 年 2 月海陆丰苏维埃劳动银行发行的银票，1931 年 11 月，湘鄂赣省苏维埃政府成立之后，在江西修水县成立了统一的湘鄂赣省工农银行。发行银洋票、铜元票,分别兑换银元和铜币。后来根据地的工农银行还发行过银元、银角、铜元、铜币、布钞和纸币,以纸币为最多。根据地银行发行的纸币能够保持币值稳定,并在城乡广泛流通,与发行前均筹集一定数额的准备金、主辅币可以自由兑换银币有关,由此保证根据地纸币有足够的信誉。

抗日战争时期,陕甘宁边区政府适应抗战需要,于 1937 年 10 月将中华苏维埃人民共和国国家银行西北分行改组为陕甘宁边区银行。皖南事变后,国民党政府停发边区的军饷,为打破国民党对边区实行军事进攻和经济封锁,1941 年 2 月 18 日开始发行边币。边币的发行是以商品实物作保证的,用于保证物价稳定。各抗日民主根据地还发行过"抗币"。边币和抗币的发行都是在当时极端艰苦环境下,为支持生产、支持战争的产物。1948 年 12 月 1 日在华北银行、北海银行和西北农民银行合并的基础上,中国人民银行成立,从此开创了人民币新纪元。

2.4　各国货币发行制度比较

当代世界各国都已实行信用货币制度,以国家信用作为货币发行的基础。在信用货币制度始建阶段,都以某种或几种形式的资产作为其发行货币的准备。通常用作货币发行准备金的有:金银现金、外汇、短期商业票据、财政短期国库券、政府债券等。一般来说,金银现金作为准备金缺乏弹性,有价证券准备金又难以控制。目前,各国采用的货币发行准备制度将这两种准备金结合起来。有弹性比例制、保证准备制、保证准备限额发行制、现金准备发行制和比例准备制五种形式。

美国货币实行"发行抵押"制度。美国联邦储备系统主要由三个部分组成:联邦储备管理委员会(FED)、联邦公开市场委员会(FOMC)和地方 12 家联邦储备银行(FRB)。相对政府来说,是独立性的"私有化的中央银行"。但七名联邦储备管理委员会(Federal Reserve Board)委员均由总统提名,并经国会通过后任命。联邦储备管理委员会主席与财政部、预算局以及总统经济顾问委员会的负责人组成"四人决策委员会"决定国家的货币政策。因此美联储的管理已不再是私有化的,它体现着美国国家意志。美联储从成立之时起就代行政府的国库财务收支、政府证券发行管理、政府贷款人等职责。因此美元的发行方式颇为独特。

美国实行的"发行抵押"制度,通过提供 100% 抵押品使联邦储备券的发行成为具有充分担保的发行,同时又不以事先规定的限额为依据,具有相当的弹性。美国货币发行制度的特点是对政府独立,但货币发行的价值创造完全归于联邦政府。

英国的货币发行制度有如下特点：①英格兰银行根据自身持有的黄金数量超额发行；②英格兰银行通过自己的分支机构向商业银行供应货币，贷款给贴现所和承兑所，不直接向商业银行贷款；③英格兰银行只在英格兰和威尔士享有货币发行权，在苏格兰和北爱尔兰两地发行货币要以英格兰银行发行的货币作为保证。

日本货币发行制度有如下特点：①发行保证金包括金银、外汇、三个月内到期的商业票据、银行承兑票据以及特殊的抵押担保放款等；②实行最高限额发行制；③购买黄金、外汇，对民间、政府提供信用是其货币发行的主要途径。

加拿大货币发行制度有如下特点：①发行货币的准备金全部为政府债券；②货币发行的渠道是中央银行向政府购入债券，发行价值创造完全归入政府。

中国香港地区实行联系汇率制度。港币的货币基础是，其流量和存量都必须得到外汇储备的十足支持。也就是说，港币的任何变动，都必须与外汇储备变动相一致。香港没有真正意义上的货币发行局，纸币由三家发钞银行，即汇丰银行、渣打银行、中国银行（香港）发行。法律规定发钞银行发钞时，需按7.80港元兑1美元的汇率向金管局提交等值美元，以购买负债证明书作为所发钞纸币的支持。回收港元纸币时，发钞银行可以以相同比价用港元现钞向外汇基金换回美元及赎回负债证明书。这是英属殖民地时残存下来的汇兑本位制货币制度。其货币发行中的价值创造全送给了外汇所在国。

中国人民币是国家法定的、不与任何金属价值挂钩的、在本国境内强制流通的国家信用货币。创始于1948年，其时正经历着战争，国家的物质基础十分薄弱。适应这种情况，人民币的发行制度是："以国家掌握的能按照稳定价格投入市场的商品作为货币发行的准备，中央银行集中掌握黄金和外汇储备，用于人民币币值稳定和国际货币清算。通过银行信贷渠道来发行货币"。从这种发行制度中，我们看到了对当时边区银行、解放区银行货币发行的成功经验。制定这种制度是适合当时情况的，是十分可以理解的。在计划经济时代，因"短缺经济"特性，不需货币的价值发行，继续沿用原有的货币发行方式是不奇怪的。但是，新中国成立60年了，国家的经济实力、国家的信用发展已经是上了几个数量级，特别是市场经济转型以后，我国的货币发行制度几乎还停留在60年前，似乎并未懂得对基础货币发行所创造的价值的透支运用，这是令人十分吃惊的！货币发行理论的缺失，无形中给我们造成了巨大的损失。

2.5　信用货币怎样创造价值？

马克思曾有著名论断："劳动是一切价值的源泉。"有不少人发表文章认为,信用创造价值已使马克思的劳动价值论过时。这是十分错误的。我们应该看到,信用不是凭空而来的,也不是虚无的,它是一种人类劳动的产品,不过这种劳动产品不是那么直观,类似于经过人类劳动加工后的信息产品。

信息是一种物的属性,商品信息产生价值是因为经过了人们的收集与加工。一个个人也好,一个国家也好,在其自然属性中并没有"好的信用"这种信息,只有人们通过努力作改变,使其在属性信息中产生"信用"这种信息。因此,信用是一种人类劳动的产品。

最直观的证据是,一个企业的信用,来源于企业管理者的管理,企业管理者就是劳动者,企业的信用来源于企业管理者的劳动。一个国家的信用来源于国家的组织管理者的优质管理、国民经济的强大来自全体国民的劳动积累,此说到底仍源于劳动。另外,我们知道,货币是从商品演化而来,它包含有价值与使用价值,它的使用价值承担着交换媒介的功能,它的交换媒介从不便于运输、不便于数量分割的贵金属改由便于运输、便于数量分割、便于交换的纸币,大大提高了交换效益,提高了货币的流动速度,此可视为提高了商品交换的社会劳动生产率。因此,信用货币发行中所创造的价值无疑也是一种国民的劳动创造,只不过是一种高层次的劳动创造,一种由全社会国民共同参与的劳动创造。

贵金属货币阶段铸币税收入　在贵金属货币时代,市场所需货币价值量由贵金属本身的价值量来提供。如果是发行金银铸币,通常铸币所用的金银其价值小于铸币面额,由此产生铸币税收入。

铸币税收入＝铸币面额总量－为铸币所费金银价值量

这也是一种货币发行上的收入,但是由面值与实质差额构成,而且不为社会道德所认可。因此,铸币税不属于货币发行中价值创造。

金本位制货币阶段货币发行创造的价值　金本位制货币时代,实物黄金价值量与所发行的同黄金挂钩的纸币(银行券)所代表的价值量,在初始发行时要求是相等的。由于市场流通货币量的增长快于发行实物黄金量的增长,实物黄金价值量与所发行的纸币(银行券)所代表的价值量很快就会不匹配。此时的实物黄金实际上是处于保证金地位,而实际发行的与黄金挂钩的纸币面额有可能数倍于黄金保证金的价值量。

1944 年确立的国际货币体系中的金本位制美元,在发行初期的 1945 年,美国的黄金储备为 21 770 吨(约 7 亿盎司,折合 245.6 亿美元),可支持 1∶1 的美元发行。尔后多边贸易和双边贸易虽然快速增加,至 1952 年,美国的黄金储备不增反而下降至 20 663.1 吨。不断增发的美元与下降的黄金储备,多次引发美元对黄金兑换潮。至 1971 年美国的黄金储备快速下降到仅 9 069.7 吨

(折合 102.1 亿美元),仅占美元对外流动负债(678 亿美元)的 15.05％。也就是说对外发行的美元 6.5 倍于黄金保证金数量。可见,所谓金本位制中的黄金,只是以保证金的身份提供一种保证等价兑换的一种信用,当经济危机和信用下降时,必然会引起兑换增加,甚至产生挤兑,引起通货紧缩,加深经济危机。

实践证明,在金本位制下,黄金保证金所提供的货币信用并不稳定,由于有黄金保证金作名誉上的担保,反而没有足够的理由制约货币发行机构的不守信行为。

金本位制下的黄金保证金的价值量也是个随着发行机构信用变化而变化的变量,在足额保证金发行时:市场所需货币价值量等于黄金保证金的价值量。货币发行所创造的价值量为零。而在一般情况下:

货币发行所创造的价值量＝市场所需货币价值量－黄金保证金的价值量

例如,美国在 1971 年美元取消金本位制前夕,美国因美元国际货币发行所创造的价值量为 576 亿美元(不包括美元对国内发行)。这种因货币发行所创造的价值量,就是市场所需货币的价值量与黄金保证金价值量之间的差价。

信用货币阶段货币发行创造的价值量　信用货币发行的成本很低。信用货币发行的初始阶段,往往会设置发行准备金,这种准备金可以是贵金属、外汇甚至粮食等生活必需品。但是随着一国经济的快速发展,社会生产能力的大提高,国家的实力全面增强,国家信用的提高,大国货币发行已不需要任何准备金、保证金设置。原来的曾经设置也会随着货币发行量的迅速增长,所占比例微乎其微。但在浮动汇率制度下,常常需要设置一定比例的存量外汇,以作为本国货币汇率调控工具。此数量要根据国家的大小,国民经济所处的发展阶段,经济抗风险的能力,国民经济的内在潜质等情况而定。如果忽略这些因素,我们就可将国家基础货币发行量看做是货币发行所创造的价值量。

$$Va = B$$

式中:Va 表示货币发行创造的价值量,B 表示国家基础货币发行量。

这种因货币发行所创造的价值,过去人们一概称之为"铸币税",笔者认为欠妥。铸币税是贵金属货币阶段所特有的,是指铸币的价值面额大于为铸币实际耗费金银价值量,这其中的差额通常被视作一种收入,通常占比并不大。但信用货币发行,与面额比发行成本极低,这种货币的面额价值,来源于国家的信用保证,是一种全新的价值创造,其所创造的价值量几乎等同于纸币面额。因此,信用货币发行创造的价值与铸币税比,其来源不同,价值量比不同,具有本质上的区别。将货币发行所创造的价值仍称为"铸币税",十分不妥,是理论缺失的表现。本书为其正名,认为称其为"货币发行价值"较为合适。

2.6　怎样发行货币才会创造价值?

　　根据货币是"有等同价值或等同价值保证的交换媒介"的定义,作为一般等价物的货币,其本身必然有价值,没有价值不能成为货币,不管这个价值的载体是商品,还是纸币、电子货币。国家信用能创造价值,主要就是因为货币发行,并在货币发行中实现。

　　货币价值发行是创造价值到实现价值的过程。以国债发行渠道为例:设财政部专为货币发行设置国债 10 万亿元,中央银行印刷 10 万亿元货币购入这些国债存入国库。财政部获得 10 万亿元货币用作社会福利购买,由此财政部获得 10 万亿元的商品价值,10 万亿元货币则流入社会进入货币流通。与普通商品不同,作为交换媒介的货币在完成一次交换后,需要等待和进入下一次交换,这就造成社会对货币有一定流通使用量需求。这个流通使用量,使发行货币投放市场后,会一直滞留在市场上流通,不再返回发行者手中。而财政部为此而发行的 10 万亿元国债则可锁在央行仓库永远不用赎回。财政部用这 10 万亿元通过购买全民福利实现了对货币发行价值的永久占有。通常基础货币是社会流通对货币需求的最低值,基础货币发行量也是社会流通对货币的永久占用量,永远在流通中不用收回的量。由此我们也可将基础货币发行量看做是货币发行价值创造量,也是社会流通对货币价值的占有量。

　　如果将货币看做是无价值的交换媒介,基础货币通过中央银行资产的形式发行出去会怎么样? 结论是,那将导致严重的社会供需不平衡,社会生产畸形发展。下面详例考察:

　　中央银行全部货币发行都采用向商业银行贷款、贴现的方式。假如商业银行从央行获得 10 万亿元货币贷款,这对中央银行来说是资产,对商业银行来说是负债。商业银行对此 10 万亿元货币,只有通过向居民、企业户贷款的方式才能使货币流向社会。特别要提示注意的是,此与财政部向社会购买商品发行货币的渠道与产生的效果是完全不一样的。财政部向社会购买商品发行货币,社会中的居民与企业是以自己生产的商品或提供的劳务获得货币,这时其手中所持有的货币价值所有权是自己的商品通过价值交换而来,居民与企业实现对手中货币的价值占有,并可与社会生产、商品供求脱离关系。因而此时的货币是可以任意滞留在货币所有者手中的。但是,居民与企业如果从银行贷款中所获得的货币则大不相同,其手中所持有的货币是通过商业银行对中央银行的负债。居民与企业的负债是强制必须要还的,那么就必须要出售等值的商品或劳务才能实现对此货币的持有。当社会所有成员都必须要通过出售商品才能实现对货币的价值持有时,按照社会总供需平衡原理,社会就会因需要持有 10 万亿元货币，从而有 10 万亿元的商品永远没有买家，社会总供需就存在一个 10 万亿元的商品需求缺口。这个需求缺口会造成社会生产供需不平衡：一是生产萎缩社会消费水平创新低，二是货币升值。

因此，作为社会流通所需要的货币，通常称为基础货币的发行必须是通过财政赤字，或者是通过永不偿还的国债等国家占有其价值的形式发行，其价值才会被创造出来。用商业银行向中央银行贷款方式、贴现方式发行货币的过程不会创造价值。基础货币发行价值创造是客观的要求，是价值规律的体现。基础货币的数量通常也就是一个国家在货币的发行中通过国家信用所能创造的价值总量。

我们可以用黄金来作比较，以理解货币发行价值创造。在贵金属货币时代，国家必须生产出最低约达到国民经济总量 1/3 的黄金用作基础货币，才能满足经济发展对货币的需求，现在用国家信用货币替代这种对黄金的生产，这也就是说国家用信用创造出与黄金等量的价值。

通过考察美元货币发行也可证实国家信用货币发行创造价值。

美联储对基础货币的投放有三条渠道：购入美国政府债券、再贴现贷款和持有黄金及特别提款权。其基础货币的发行投放渠道是通过买入美国联邦政府债券，再贴现贷款主要用来调节临时的余缺。美国财政部以政府债券作为抵押向美联储融资用于财政支出，而基础货币是市场流通中必需的货币，因为不会再返回，美国财政部就可以永远占用同等数额的债券融资额度而不用归还。因此，是美国的财政部实现了对货币发行价值的真正享有，美元货币通过财政部对社会商品的购买，财政部获得了商品，社会获得了美元流通，企业、居民获得了对美元的持有。这是一个完整的价值转移过程。因美元为国际货币，美国的财政部不仅享有了对国内的基础货币的发行价值，而且享有了对国际货币发行的价值。据统计，至 2003 年，美元国外流通的基础货币总量约为 4 319 亿美元，2008 年初美国国内基础货币发行量为 8 143 亿美元。此不包括美国债券替代的货币发行，美国用债券替代的货币发行数额数 10 倍于其基础货币。虽然从理论上说这些债务货币的价值终将归还债权国，但实际上至今仍在快速增加着。

不仅于此，美国还有一种隐蔽的货币发行渠道，就是通过财政赤字发行美元。例如，1940～2008 年，美国累计财政赤字 5.2 万亿美元。赤字财政的价值享有权无疑也是美国财政部。两种渠道发行的货币量当超过国际社会的持有与流通需要量时，美元货币才发生贬值。

我国基础货币发行方式通常用：

(1)中央银行在公开市场上买进国债；(2)中央银行收购黄金、外汇；(3)中央银行对商业银行再贴现或再贷款；(4)财政部发行通货。中央银行在公开市场上买进国债,永久不用归还的部分就是由国家享有发行所创造的价值。十分可惜的是,这部分货币的发行量十分微小。到目前为止,我国的货币发行渠道主要是买进外汇。用买进外汇投放人民币替代货币发行。再贷款和再贴现业务操作比例也很小,对我国基础货币的发行影响不大。至目前为止,我国基础货币的需求量约为 13 万亿元人民币,但两万亿美元外汇替代的人民币就高达 13.67 万亿元人民币,基础货币发行全部为外汇储备所替代。国民不仅没有从货币发行的价值创造中获得丝毫的好处,还要为央行采取央票、存款准备金率方式锁定的高出基础货币量的 7 700 亿元人民币支付利息。

2.7　不同发行窗口的价值意义

从上论述的过程我们实际已经看到货币发行有两种不同性质的窗口:货币的价值发行窗口与调节发行(非价值发行)窗口。当在基础货币的限额内通过国债(不用偿还)方式发行货币,货币的发行价值才能被创造出来。基础货币通常是一个相对固定的量,但社会对货币的需求往往是个动态的变化量,这就需要有货币调节发行作为对基础货币发行制度的补充,以应对货币需求的短期波动。货币需求的短期波动与经济状态有关,也与一段时间内所奉行的货币政策有关。特别是在经济危机、金融危机状态下,商业银行信用下降会导致货币派生能力大幅下降,基础货币的流通速度大幅下降,这种货币流通速度的下降往往会引起通货紧缩,加深危机的程度。此时央行放松货币政策的一个重要而有效手段就是通过货币调节窗口发行货币。

货币调节窗口发行货币的方式一般是中央银行对商业银行再贴现或再贷款等。例如,美国在本次金融危机中,货币流通在商业银行这个节点上几乎停滞,为救市美联储局通过货币调节窗口发行的货币,至 2009 年 1 月就超过两万亿美元,远超过其对基础货币的发行量。有一种十分错误的观点认为,增发货币就会引起通货膨胀。这是西方货币主义学派理论给社会大众带来的灾难性的错误观念。增发货币不等于通货膨胀,而在于货币是通过哪个发行窗口发行出去,所增发的货币是否按货币供求规律能及时收回。在正常情况下,流通对货币的需求量是基础货币 B,在经济、金融危机状态下,因为商业银行的派生货币功能丧失,实体经济流通对发行货币的需求量不是 B,而是 M_2。此种情况下不增发货币就会使整个经济瘫痪。但是,M_2 是货币失速情况下不正常的量(详见第三章),当货币流通速度恢复正常后,只要将所发行的货币按贷款渠道收回,就可避免通货膨胀。实际上货币的内生需求机制也会使以再贷款、再贴现方式发行出去的货币自动返回央行。

国债货币发行窗口也具有对货币发行数量的调节作用。相对于再贴现、再贷款窗口对货币的短期调节,国债发行窗口对货币量的调节更在于中长期。例如,基础货币就是一种不用返还的国债发行货币,但基础货币量中长期也是有变化的,需要调节的。因此基础货币以国债方式发行最便于数量调节。短期贴现、贷款的窗口发行的货币当占用贷款时间很长时,应将其理解为这部分货币具有基础货币属性,可将其转移为国债货币窗口发行。

对承担国际货币的美元来说,国债窗口发行货币具有特殊意义。因为外贸不平衡和各国对美元储备货币需求都是一种中长期的货币需求,从理论上来讲这些货币终是要返回来的,实际上像国内的基础货币发行一样,在浮动汇率制度下,各国都需要有一定的国际货币用以稳定汇率,这使得其中一部分货币永远难以返回美国。以国债来承担国际货币发行确是一个十分理想的选择。

调节窗口货币发行的最大特点是,当社会流通不需要时,可以将所发行的货币收回。一般通过商业银行负债的方式发行的货币,通过社会货币需求调节机制,货币将自动从流通中溢出返回中央银行。账目上表现为商业银行归还央行的贷款。这部分货币的价值经历也从在发行中的创造到收回中的湮灭。公开市场上的国债买卖,通常情况下用于较长时期的货币流量调节,但也不排除用于短期的目标。

下面可看看我国调节货币发行窗口发行货币的实例:

(1)每年由人民银行总行根据国家的经济和社会发展计划,提出人民币的发行计划,确定年度货币供应量。

(2)进行发行基金的调拨。发行基金是待发行的货币,为货币发行的准备基金,不具备货币的性质。此由总行统一掌管,各级人民银行分行保管,动用调拨权归属总行。

(3)日常的货币发行是通过商业银行的现金收付业务来实现的。各商业银行都有一个库存现金定额,根据商业银行与人民银行的货币收付关系,将人民银行发行库的发行基金调入商业银行的业务库后,发行基金就转变为货币性质,由商业银行通过现金出纳支付银行客户,人民币钞票就进入市场。这在银行业务中称“现金投放”。各商业银行每日都要从市场回收一定的现金进入现金库,当现金库的库存货币超过规定的限额时,超出部分就要送交人民银行的发行库保管。这被称为“现金归行”。货币从人民银行的发行库到商业银行的现金库的过程叫“出库”,即货币发行;货币从商业银行的现金库回到人民银行的发行库的过程称“入库”,即货币回笼。

在一定时期内,货币是增加发行还是减少发行,受央行的货币政策和经济体对货币需求的影响。调节性的货币发行在这里就像一个进出流水口,根据货币需求的水位自动地作流动调节。

国家信用并不是空洞的,而是以一国经济发展为基础,是全体劳动者的劳动结晶。因此,以国家信用发行货币所创造的价值,是本国人民的共同财富,应用于国民福利,而不能为某单一的社会阶层所用。以外汇替代本国货币发行的实质,是资本阶层为保证资本利益而对全体国民利益的侵占。资本主义唯一的一种能在资本主义制度范围内,而又能脱离资本利润原则的财富,在我国仍被分配给资本利益方,由此造成的后果是发展的社会生产力与有效消费需求不足的矛盾大于发达国家。

2.8　混乱的货币层概念

信用货币产生以来,纸钞成为货币交换媒介的承担者,西方经济学因此将货币定义为"人们普遍接受的充当交换媒介的东西",抽掉了货币本质中的价值属性。由此引起了很多理论上的混乱,一切错误也从这里就开始埋下了种子。西方货币理论由于货币没有价值作为核心,只剩下了交换媒介,因此不能准确地区分具有交换媒介属性的派生货币与货币。在缺乏价值属性作为核心的情况下,货币分层的唯一标准就只有货币的流动性。但是,流动性的程度是连续的,很难断层的。由此就引起东、西方各个国家对货币的 M_1、M_2、M_3 定义各不相同,而且各个时代也各有不同。

美国对货币 M_1、M_2、M_3 的定义。从 1980 年开始,美联储几次修改货币度量方法,最终确定了现在的这种被称为货币总量的度量方法。货币狭义 M_1 定义为:包括流通现钞、活期存款以及旅行支票。定义的根据是这些资产流动性极好,可以直接用来作支付交易的媒介。美国直至 20 世纪 70 年代中期,只有商业银行被允许给客户开设支票账户,但不允许向该账户里的存款派利息。随后,随着金融创新和放松管制,其他种类的银行像储蓄和贷款机构、互惠存款银行、信用团体等都陆续被允许给其客户开设支票账户。银行机构也被允许为其客户开设各种其他种类的需要对余额支付利息的活期存款账户,这样需要支付利息活期存款账户也被定义在 M_1 中。货币 M_2 定义:包括 M_1 加上货币市场存款账户、货币市场共同基金(非机构)及其他流动性较强的资产,如小额定期存款(10 万美元以下)、储蓄存款、隔夜回购协议和隔夜存于欧洲非美国银行的美金等。货币 M_3 定义:包括 M_2 加上流动性不太强的资产,如大额定期存款(10 万美元或以上)、货币市场共同基金(机构)、中长期回购协议及中长期存于欧洲非美国银行的美金等。

我国对货币 M_0、M_1、M_2 的定义。货币 M_0:指流通中的现金,此各国大体相同。货币 M_1：包括 M_0 加上企业的活期存款。个人的活期存款没有包括在内，原因是我国个人对活期存款不能开具支票支付账款。货币 M_2：包括 M_1 加上定期存款、非支票性储蓄存款（指个人活期存款）。

从上述中美两国对货币的不同定义就可以看到，首先是对个人储蓄存款以是否开设支票为界定来区分 M_1 与 M_2 的根据属于界限不太明确，美国较早地将支票用于个人，此与经济的发达程度有关。我国未与美国同期使用支票并不等于活期存款与美国相比，在流动性上就有很大的差异。而且随着电子货币的使用，这种差异就更不存在了。其次，美国 M_2 与 M_3 的划分是以大额定期存单为区别，从流动性与变现的角度上来说大额定期存单与定期存款稍有区别。但是，大额定期存单也可以抵押贷款，在需要随时变现上并不存在障碍，与银行的定期存款一样，在抵押贷款时同样可以派生货币。因此，仅用货币的流动性程度来对货币进行分层已经引起很大的混乱。

2.9　按照本质属性进行货币分层

为了揭示货币的运行规律，同时方便本书的体系结构并照顾到传统的货币分层结构，这里首先要做的就是对混乱的货币层概念重新按照货币的本质属性进行分层。

货币是价值属性与交换媒介属性的统一体，所谓按照货币的本质属性分层，就是按照货币的价值属性、交换媒介属性，依其处于不同阶段具有不同特点进行区分，并尽量照顾到已有的使用习惯。

基础货币层 B　根据国际货币基金组织《（2000）货币与金融统计手册》中基础货币的定义，基础货币包括中央银行为广义货币和信贷扩张提供支持的各种负债，主要指银行持有的货币（库存现金）和银行外的货币（流通中的现金），以及银行与非银行在货币当局的存款。因此：

基础货币＝流通中的现金＋商业银行的存款准备金＋银行超额存款准备金

流通中的现金货币层 M_0　银行体系以外各个单位的库存现金和居民手持现金之和。

电子货币层 M_1　指 M_0 加上所有银行的活期存款之和。在我国原来没有将个人银行活期存款包括在 M_1。近年来我国电子购物卡、信用卡也已经普遍获得使用，银行活期存款通过银行卡，替代现金流通的趋势已越来越明显，个人活期存款账户上的货币已成为可随意支取购物的货币品种。M_1 等于 M_0 加上全部在银行的活期存款，是比较适合观察电子货币运行规律的一个重要窗口。因此，本书将 M_1 定义为电子货币层，将所有活期存款都归入 M_1 中，实为发展趋势使然。

派生货币层 M_2　　指的是 M_1 加上商业银行的定期存款。我国原来一直将居民的活期存款划入 M_2，这是考虑到在我国的居民活期存款不能用支票支付，是个不活跃的货币品种，而且活期存款是派生货币的主要来源。在银行电子货币交换的结算速度极大提高的情况下，当前的大部分活期存款同样地成为派生货币之源。本书按照货币的属性划分，将派生货币概念注入 M_2 中，那么 M_2 就应定义为 M_1 加商业银行的除证券、期货市场客户保证金外的其他所有存款。此定义的好处：

(1) 将除虚拟经济之外的所有货币都归入 M_2，纳入派生货币范围；

(2) 可以清楚地研究观察派生货币量度变化规律。

那么，派生货币量的计算公式：

$$M_d = M_2 - B$$

式中：M_d 为派生货币量，M_2 为现有的广义货币量，B 为基础货币量。

在 2001 年 6 月我国央行对货币供应量统计的修订中，将证券公司客户保证金计入 M_2，本分层出于货币市场属性的考虑，仍将其划分在 M_3 中。

虚拟经济货币层 M_3　　近 20 年来，世界虚拟经济获得了巨大的发展，并由此引起了经济形态结构的变化。但是，传统经济学仍然停留在老的理论体系中，对虚拟经济货币层的认识和研究十分的欠缺。此次国际金融危机，充分暴露出传统经济学理论在这些方面的落后与过时。现实经济已经分解为实体经济与虚拟经济。处于这两个经济体中的货币运行有着截然不同的规律。笔者将 M_3 定义为虚拟经济货币层，指的是非银行金融证券机构在证券市场上从事各种交易的保证金存款、股票市值。由此专指从事虚拟经济部分的价值，不包括非银行金融机构所从事的实体经济业务的部分货币资金。将非银行金融机构从事实体经济部分的资金按货币的属性纳入 M_2 的派生货币范围。

股市市值从严格意义上说不是货币，但是它有与货币等同的价值形式，并且随时可以转换成货币形式，因此，划分出一个货币层来对其进行研究和归纳是十分必要的。

按货币本质属性特点重新划分的货币层次有十分重要的意义，唯此才能准确地理解货币现象，找到纷繁复杂的现象背后的货币运行规律。货币分层也是本书理论体系继续进行分析的基础。

第三章 银行信用与价值货币派生之谜

　　为什么派生的"货币"不是货币？为什么美联储局主席伯南克需要开着直升机"撒钱"？为什么美国人大开印钞机天量印钞，不仅不通货膨胀，美元反而走强？金融危机时的天量货币去哪了？你知道金融危机的根是银行信用危机吗？

　　最具迷惑的银行派生货币，在货币的本质没有厘清之前，从来也没有人从理论上将其与货币加与区分。而实际上，银行派生的并不是货币，商业银行在派生货币中并不能增长货币的价值，只是货币的使用权。派生货币是货币交换媒介属性的扩张。据此才能正确地理解与解释现实中的货币数量扩展与收缩的原理，货币乘数、货币的流通速度与货币供求的变化规律，利率通过派生货币的传导与阻隔机制。

　　本章通过对派生货币的派生本质、派生过程、派生条件、商业银行信用危机的形成机制的深入分析和实证研究，揭示经济危机中商业银行信用变化及各种因素影响到的派生货币的运行规律及对经济的影响、危机的本质与解决办法。

3.1　金融危机时货币去哪了?

从 2007 年开始由美国次贷危机所引发的国际金融危机,被认为是百年不遇。金融机构中的资金链断裂,导致大量的金融机构倒闭。至 2009 年 2 月美国银行倒闭的数量就上升至 38 家。

下面转引美国次贷危机当时的恐慌情景的新华网电讯:

自从 2008 年 1 月 25 日道格拉斯国家银行(Douglass National Bank)宣布倒闭,成为美国次贷危机以来第一家倒闭的银行之后,挤兑风潮席卷美国银行业,在一些中小银行的大门口,满怀恐慌心理的储户排起了长龙似的队伍,几天之间,就突然提取数亿甚至十多亿现金,引起诸多银行金库吃紧。有道是:风声鹤唳,草木皆兵。6 月 26 日,纽约州参议员查尔斯,致信美国储蓄机构监理局(OTS)和联邦储蓄保险公司(FDIC),对印地麦克银行(IndyMac Bank)倒闭的可能性表示担忧。舒默的信被公开后,印地麦克银行的储户开始挤兑,在随后的 11 天里取走了超过 13 亿美元。面对这一严重局面,OTS 决定关闭印地麦克银行。

印地麦克银行的挤兑已经令人触目惊心,而不到一个月,7 月 25 日,又有两家美国银行宣布破产。FDIC7 月 25 日宣布,位于内华达州的第一国民银行和位于加利福尼亚州的第一传统银行停业。

华盛顿互惠银行的住房贷款业务 2006 年开始出现问题。当年,华盛顿互惠银行房贷部门损失 4800 万美元,而 2005 年该部门净收入则达 10 亿美元。今年 7 月,华盛顿互惠银行宣布今年第二季度损失 30 亿美元。这是该银行历史上最大的季度亏损额。担任华盛顿互惠银行的首席执行官,兼任董事长的基林格从 1990 年开始,使这家银行迅速由一家名不见经传的地区性储蓄机构成长为全美银行业巨头。但是,由于基林格积极发展次贷及其他风险抵押贷款业务,华盛顿互惠银行在快速扩张的同时,也将自己置于遭受信贷危机冲击的风险当中。美国储蓄管理局 24 日表示,自 9 月 15 日以来,华盛顿互惠银行已有 167 亿美元存款被提取,令其没有足够的流动资金来偿还债务,并无法开展业务。美国联邦监管机构 25 日接手华盛顿互惠银行,并将其部分业务出售给摩根大通公司。成立于 1889 年的华盛顿互惠银行,因不堪次贷危机的重负,终于在其成立 119 周年纪念日这天成为美国历史上规模最大的银行倒闭案的主角。

美国以金融立国,是世界金融中心,有着最大的货币融通能力,美元是国际流通额最大的货币,其货币的流量与存量是世界任何其他货币都不能比拟的。但是,在金融危机期间,竟然也会发生如此大的恐慌,巨大的货币流在一夜之间突然消失,金融危机中的货币去哪了?

2008 年 9 月 15 日,美国第四大投资银行,有着 150 年历史的雷曼兄弟公司宣布申请破产保护。作为美国货币政策的执掌者伯南克并不事救援,美国多数著名经济学家都支持政府袖手旁观反对救援,没有几个专家学者知道金融系统由此而存在着严重的系统性风险。雷曼倒下形成了连锁反应,致使美国整个金融体系处于立即的崩溃之中。美国次贷危机升级为国际金融危机之时,伯南克、保尔森及部分几个经济学家才意识到事态的严重性,这时才祭起了救市之旗。但在后来的不得已的救援中,包括用"直升机向实体经济空投货币"的救援行动,在国会和经济理论学者中仍然具有强大的反对者。由此可见,经济理论在此方面存在着严重的缺失。

我国在实行宽松货币政策以应对金融危机时,各种反对的声音也不绝于耳。特别是 2009 年上半年派生货币量增长较多时,"要通胀了"几乎是异口同声。要深刻地理解这场金融危机,理解通胀、通缩机制原理,为预防与应对找到对策,还需要从货币的派生原理、性质,派生货币与银行信用之间的关系这些基本问题开始研究。

3.2　货币派生原理

我们假定商业银行的准备金率为 10%。看看商业银行派生存款增长的过程:

假设某储户甲,把 10 000 元现金存入某商业银行,某商业银行需要按央行规定将其 10% 的存款准备金 1 000 元存入央行做准备金,而将其余 9 000 元用于放贷,假设贷给了贷款人甲,贷款人甲获得了 9 000 元贷款后,在一个时点上并不需要全部取现,而是取出 1 000 元,余下的 8 000 元继续存在银行,这时,银行又新获得了 8 000 元的存款,用 800 元做存款准备金,7 200 元继续放贷,假设贷给了贷款人乙,贷款人乙获得了 7 200 元贷款后,在一个时点上并不需要全部取现,而是取出 720 元,余下的 6 480 元继续存在银行,银行由此又获得了 6 480 元新存款,又继续上述这种放贷过程。由此,我们可以看到,银行从最初的获得 10 000 元存款开始,增加的存款在下数列中进行:10 000、8 000、6 400、5 120、4 096……可用如下公式表示上过程:

$$M_2 = B(R_c + 1)/(R_d + R_e + R_c)$$

货币乘数 K 则为:

$$K = (R_c + 1)/(R_d + R_e + R_c)$$

其中:M_2 代表派生货币量,B 代表基础货币,R_d 代表法定准备金率、R_e 代表超额准备金率、R_c 代表提取现金在存款中的比率,也称现金漏损率。

设基础货币 B 为 10 000,法定准备金率 R_d 为 10%、超额准备金率 R_e 为 2%、提取现金在存款中的比率 R_c 为 10%,根据上式,则可得出:

$$M_2 = 50\ 000$$

货币派生乘数则为:

$$K = M_2 / B = 5$$

当然,这是个最简单的、示意性的公式,这个公式的好处是能够比较清楚地厘清各方面的数量关系。在实际应用中还可对活期、定期存款等因素做些修正。但从这个方程式我们可以看到,如下因素直接影响到派生货币量的大小:

(1)法定准备金率的高低。法定准备率越高,央行锁定的存款货币越多,商业银行能运用于资产业务的货币数量越少,派生货币的能力越低;法定准备率越低,央行锁定的存款货币越少,商业银行所能运用于资产业务的货币数量就越多,派生货币的能力越强。

(2)超额准备金比率的高低。超额准备金比率越高,商业银行的资产业务规模越小,派生货币的能力越低;超额准备金比率越低,商业银行的资产业务规模越大,派生货币的能力越强。

(3)现金漏损率的高低。与超额准备金比率高低对派生货币的影响相同。

在基础货币为恒定数的情况下,央行能影响到银行派生货币的只有存款准备金率,这也往往成为央行货币政策的手段,通过准备金率的调节控制派生货币的倍数。在经济景气的正常情况下,当所有储蓄存款都转化为央行的存款准备金时,商业银行的派生货币活动才结束。

3.3　派生的"货币"不是货币

理解上述银行派生货币的原理并不难,但是,目前为止,多数人对商业银行派生货币的本质理解并不正确。一般的错误在于将派生的货币仍然看做是货币。当然,如果站在贷款人的角度看,从银行所贷的款当然是货币。随时可从银行取出现钞来。例如,在货币银行学中,将派生货币定义为"以非现金形式为社会提供货币供应量"。这些传统看法的根本性错误在于,将派生货币也看做是与央行发行货币相同的货币,从理论上没有将其与货币概念区分开。我们日常大量的关于"广义货币"、"派生货币"的语言规范中,从来也没有谁会想到"派生货币"与"货币"在概念上有何本质不同。不厘清这些概念,不仅会对通货膨胀、汇率、币值这些方面的估量产生混乱,也会导致货币政策的失误。

之所以将"派生货币"与"货币"不加区别混为一谈,源自我们对货币的本质缺乏正确理解。必须记住,货币是由其发行机构提供等同价值保证的交换媒介体系,它有两个本质属性,是等价物属性与交换媒介属性的对立统一体。在法币制度下,只有国家信用才能创造货币,商业银行信用不能创造货币。如果将商业银行"派生货币"也看做是"货币",这就是认为商业银行也可以创造货币,这与货币的本质是根本矛盾的。

为何商业的"派生货币"不是"货币"?

货币是一种很特别的物体,在信用货币时代,货币的等价物属性与交换媒介属性已经分化为不同载体来承担。它的等价物属性的承担主体是国家的信用,它的交换媒介属性的承担主体才是纸钞。货币只有在执行交换媒介职能时,其等价物属性与交换媒介属性才会结合形成货币。当居民将货币存往银行成为储蓄存款时,表示货币从流通状态转换为货币的交换等待状态。

由于货币处于交换等待状态(银行的记账状态),银行就可以凭借信用,将货币的使用权借出。之所以能将货币的使用权借出,就是因为货币的等价物属性与交换媒介属性的承载主体不同。当在非流通状态时,银行账上记录的只是一种交换媒介,并不需要国家信用的价值保证。只有当借出的货币提取现金时,表明货币进入流通状态,需要执行流通职能,货币才由交换等待状态转换为流通状态。这也就是说,流通状态中的货币是个等价物属性与交换媒介属性的统一体,而处于交换等待状态中的货币则不一定。银行可以以自身的信用将处于交换等待状态中的等价物属性转换为银行的等价兑付保证。由此,派生货币才得以产生。

我们从中可清楚地看到,派生货币仅是一种将处于交换等待状态中的货币的使用权借出。因此,银行派生的货币并不是货币,不是等价物属性与交换媒介属性结合在一起的货币,而是一种只包含交换媒介使用权的扩张。但通过这种使用权的扩张,增加了货币作为交换媒介的使用效率,提高货币的流通速度。因此,由商业银行信用所派生的货币,不是货币本身,只是一种货币的使用权。只是因为大家已经习惯了用"派生货币"这个名词,这里仍然沿用,但理论上一定要严格区分"派生货币"与"货币"。

商业银行在派生货币过程中没有产生货币,而只是货币的使用权,我们还可以用银行的资产负债表来说明。简要起见,省略此中的存款准备金、现金漏损率等因素。

甲在银行存款 10 元,银行将此 10 元转贷给乙;乙获贷款后仍将此 10 元存在银行,银行又获得 10 元存款,并将此 10 元贷给丙;丙获贷款后也仍将此 10 元存在银行,银行又获得 10 元存款,并又将此 10 元贷给丁。设存款为银行的负债,贷款为银行的资产。这时银行的资产为 30 元,负债为 30 元。

银行的总资产加总负债等于 0。但是甲的原始存款货币,被银行分别贷出给乙、丙、丁三人各自在不同的时间使用,使用了三次。甲货币也因此而多流通了三次。甲货币之所以能被使用三次的前提条件,是乙、丙、丁三人不同时间的使用。假设银行所有存款人都同时要求使用这甲货币,就会产生乙、丙、丁三人同时去银行提款取现。如果出现这样事情就糟了,因为银行根本无法兑现账上的客户存款,甲货币的使用权已被借出。由此说明商业银行并没有产生货币,只是因为甲货币存在银行处于等待交换状态时,商业银行已将其的使用权借出了。所谓派生货币只是商业银行对这种负债货币在账目上的累加。

3.4　银行派生货币的信用条件

商业银行派生货币要受到多方面因素的影响。这些影响有内生的,有外在的。

第一,商业银行派生货币要有充要的银行信用条件,这是决定性的因素。其信用来源包含两方面:一方面是国家注入的信用,主要通过国家对银行严格管理来保证。例如,我国设有银监会专门负责对商业银行的监管,有各种专门针对银行的管理制度与规定;如对银行自有资金的绝对值,资本充足率的规定,法定存款准备金规定,等等。有些国家还设有银行的储户存款保险制度。这些都是常规的旨在提高银行信用的手段。在危机情况下,也不排除专项的或特殊的手段,如本次国际金融危机中,欧美国家为阻止危机深化,由国家对银行储蓄担保;另一方面是银行自身的严格管理制度。这方面主要有储蓄、现金安全制度与信贷管理制度、贷款抵押制度,等等。只有在银行能提供足够信用保证的条件下,派生货币才会发生并有很大的安全系数。因此,银行信用是银行派生货币的首要条件。

第二,派生货币与整体经济活跃程度、经济景气度、经济危机程度密切相关。当经济活跃程度高时,市场预期好,投资与消费信心高,因而贷款人多。因为经济预期好,银行也放贷积极,派生货币的量会较大。此时派生货币主要受央行的存款准备金率的影响。当经济活跃程度低、市场预期不良时,投资与消费信心低,贷款人少,银行出于对资金安全的担心而"惜贷",派生货币的量就会较小。此时央行的存款准备金率对派生货币调控无效。在经济、金融危机的情况下,货币派生功能将大受影响,甚至会丧失。

本次国际金融危机,是我们实时观察经济环境、银行信用环境条件变化对派生货币影响的绝好窗口。

美国国内基础货币发行的主渠道是美联储的公开市场业务操作,美联储在二级市场上投资联邦政府债券。美国向全球发行美元货币的渠道,一是发行美国债,二是央行货币互换。截至 2008 年 1 月 30 日,美联储共向国内市场投放基础货币 8 143 亿美元[①],其中以持有政府债券资产形式投放的约 7 184 亿美元,占 88.2%。但是,至 2008 年 8 月美国次贷危机第一波冲击高峰时,美联储基础货币投放量达到 8 300 亿~8 400 亿美元,持续至 2008 年 12 月 17 日,基础货币投放量已经达到 16 580.71 亿美元[②]。截至 2009 年 1 月底,基础货币投放估计值已达 1.9 万亿美元。另据 2009 年 4 月 19 日这一周美联储公布资产负债表中资产总额为 2.19 万亿美元。在一年时间内基础货币投放增量为 1.34 倍。在国际基础货币投放方面,据 2003 年数据,美元在国外流通的基础货币总量约为 4 319 亿美元。2008 年 10 月 13 日美国宣布取消互换上限,通过货币互换的方式向欧洲央行、英国央行、瑞士央行提供美元,同期为巴西、墨西哥、韩国、新加坡央行提供各为 300 亿美元的资金支持。这组数据表明,本次国际金融危机以来,美联储创造了历史上令人惊恐的货币发行量,美国向国内外市场成倍增量地投放了美元基础货币,但是,至 2009 年 2 月,美国内市场、欧洲美元市场美元仍全面吃紧,美元汇率仍继续走高。

一方面是美联储通过各种渠道向全球市场注入了大量的美元流动性,另一方面,国际金融危机导致金融机构进行去杠杆化的市场操作,压缩资产负债规模,造成市场资金冻结,流动性全面紧缺。由此又影响到大量依赖市场滚动融资的金融机构难以为继,投资银行、商业银行、对冲基金等纷纷清理资产,收缩负债,并手握大量现金头寸以备万一。这样,央行发行的基础货币,几乎都成为银行的窖藏货币,整个银行体系内的超额准备金急剧增加。有资料统计,美联储在 2008 年 8 月后两个月内新增投放的 2 870 亿美元基础货币,有 92.6% 转换成了存款类金融机构的超额准备金。银行的货币派生功能基本丧失。

据美联储货币供应报告数据,美国至 2009 年 2 月 26 日的 M_1 为 1.559 万亿美元,M_2 为 8.28 万亿美元。与金融危机发生前的 2007 年 6 月底美国 M_1 为 1.4 万美元;M_2 为 7.5 万亿美元的数据相比,M_1 增量仅引为 11.36% M_2 增量仅为 10.4%。由此可以看做是 M_1、M_2 的正常增量。通常基础货币大于 M_0,小于 M_1,现在的情况是,虽然在金融危机时期美国基础货币大量地投放(2009 年 1 月为 1.9 万亿美元左右),其数量上已远远超过 M_1,已是 M_1 的 1.22 倍,却并没有见到 M_2 的超过正常值的增加,市场上货币流动性仍然极缺乏。由此可见,美国在本次国际金融危机过程中受危机影响,货币派生能力大为降低。从美国基础货币与 M_2 的数据比较,我们也可以看到,在危机之前的

① 据《美元货币流通发行机制带来四大启示》,陆军荣:上海证券报,2008-06-27。
② 据《银监会官员痛斥:美国靠发债维持生计太可恶》,南方都市报,2009-02-17。

2007 年 6 月,派生货币 M_2 与基础货币的比值大约为 10 倍左右,而至 2009 年 2 月,派生货币 M_2 与基础货币的比值大幅下降至 4.3 倍。这组数据也表明在金融危机时期,银行因降低杠杆操作、增加超额准备金、增加备兑金,从而使货币流动性停滞。在对经济预期不良的情况下,借贷双方的借贷意愿也会显著下降。

第三,货币交换的时空条件。货币是一种交换媒介,货币只有在交换状态时,才需要等价物的属性与交换媒介属性的统一,而交换是一个很短暂的过程,货币多数情况下都是处于等待交换的过程中。我们可以将货币的取现、汇兑、划转看做是货币在执行交换职能;货币的银行账上存留则是货币的等待交换状态。如果贷款人获得贷款后,在银行大比率取现,则银行对取现的这部分货币就失去了派生能力。由于电子货币的发展,人们对取现要求越来越低,由此将提高银行对货币的派生能力。现代银行的汇兑、划转的速度与效率都使得货币的流通时间大为缩短,货币在银行处于交换等待状态时间延长,为银行高效率派生货币提供新条件。

第四,流通中的现金与银行活期存款的比率。居民的储蓄存款在货币的派生过程中被称为原始存款,是商业银行派生货币的基础。有如下一些因素会影响到居民现金与银行活期存款的比率:

(1)公众可支配的收入水平的高低。可支配收入越高,需要持有现金越多;反之,需要持有现金越少。

(2)社会支付习惯、银行业信用工具的发达程度、社会及政治的稳定性、利率水平等都影响到现金与银行活期存款的比率变化。

(3)公众对通货膨胀的预期。预期通货膨胀率高,现金与银行活期存款的比率就高;反之,现金与银行活期存款的比率则低。居民现金持有比率越大,货币乘数越小,反之,货币乘数越大。

每个国家的储蓄率不同,储蓄率高无疑为银行存款货币派生创造了条件。但储蓄率低的国家也可以通过提高货币乘数的方法派生货币。例如,我国是高储蓄率国家,当前在正常情况下的货币乘数为 4 至 5,而美国是低储蓄率国家,正常情况下的货币乘数为 8 至 12。

第五,央行的存款准备金率。存款准备金率既担负着央行对派生货币的数量调节,同时也是央行扩张信用的一种方法。一般来说,存款准备金率高,银行最后的备兑款高,备兑体系应对金融危机能力增强。存款准备金率是央行的最有力量的货币政策工具。

第六,电子货币对现金的替代作用。随着各国电子货币的快速发展,电子货币使用率不断提高,原来属于手持现金的部分不断地转变成电子货币,电子货币用银行活期存款替代现金,这种替代的直接结果是减少了流通中的现金,现金转化为银行活期存款,从而使现金漏损率下降。由于现金漏损率与货币乘数呈负相关,现金漏损率的下降必然会增加银行派生货币的能力,导致货币乘数上升。

美国的储蓄率较低,但美国的电子货币的使用率高,这也补充了居民的储蓄率低给派生货币所造成的不足。

由储蓄产生派生货币的理论,使得西方经济学中的关于投资等于储蓄的理论失灵。因为在投资主要以派生货币为基础的条件下,不再受国民储蓄率的限制,而是更多地受到经济预期的影响,并由预期产生正反馈过程。当预期好,正反馈作用于投资动机,使派生货币数量增大,实际投资大于储蓄;当预期差,正反馈作用于投资动机,使得派生货币的能力弱,实际投资小于储蓄。经济波动周期由此而来。

第七,与国家的产业政策、贷款政策、窗口指导政策有关。我国央行对货币调控的政策运用,计划经济时期的一些有效的数量性调控方法仍得以保留。例如房贷中的首付比例,某些产业的支持或限制贷款政策,等等。这些都是影响货币派生数量的重要因素。

3.5　货币乘数原来是流通速度

派生货币的实质是对货币使用权的扩展。由此可以得出结论,所谓货币乘数其实质就是基础货币通过商业银行货币派生,为货币所增加的流通次数。简言之,原 1 个货币单位在一个单位时间内,只能为 1 个人使用,当货币派生乘数为 5 时,同一个货币单位可以为 5 个人在一个时间段内使用。是基础货币的 5 倍。

这里引用美国经济学家费雪的交易方程式来计算货币流通速度。

$$MV = PT$$

经过移项得出:

$$V = PT/M$$

式中:V 表示货币流通次数,M 表示流通中必要货币数量,P 表示一般商品价格,PT 表示相对应商品交易的价值量。用基础货币量替代 M 用派生货币量 M_2 替代 PT。

因为,派生货币量与相应的商品交易的价值总量相近而且成等比关系。所以,如果以 GDP 总量替代 PT 值也无不可。商品交易的价值总量与 GDP 也有等比关系,不过,并没有 M_2 与 PT 的相关性高。代入美元相关数据,则:

2007 年 6 月美国商业银行中的货币流通速度:

$$V = 7.5\ 万亿美元\ /0.8143\ 万亿美元 = 9.21\ 万亿美元$$

2009 年 1 月美国商业银行中的货币流通速度：

$$V = 8.28\ 万亿美元\ /1.9\ 万亿美元 = 4.36\ 万亿美元$$

因为 PT 是用广义货币量 M_2 作替代数量，因此，货币流通速度 V 只专指基础货币在商业银行储蓄存款后产生的货币流通速度，不包括居民手持现金部分的货币流通速度，但也是整体货币流通速度的一个真实比值。上述数据表明，美国金融危机深化的 2009 年 1 月的货币流通速度，只有危机前 2007 年 6 月的 47.34%。

我们再引用货币乘数方程式作同样的计算：

$$M_2 = B(Rc + 1)/(Rd + Re + Rc)$$
$$K = (Rc + 1)/(Rd + Re + Rc)$$

两式合并得方程式：

$$K = M_2 / B$$

其中：M_2 代表广义货币量，K 代表货币乘数，B 代表基础货币，Rd 代表法定准备金率、Re 代表超额准备金率、Rc 代表提取现金在存款中的比率，也称现金漏损率。

代入美元相关数据，则：

2007 年 6 月美国商业银行中的货币流通速度为：

$$K = 7.5\ 万亿美元\ /0.8143\ 万亿美元 = 9.21\ 万亿美元$$

2009 年 1 月美国商业银行中的货币流通速度：

$$K = 8.28\ 万亿美元\ /1.9\ 万亿美元 = 4.36\ 万亿美元$$

可见，货币乘数 K 与货币在商业银行储蓄存款后所产生的货币流通次数 V 完全相等。

由此得出一个十分重要结论，货币乘数就是货币在商业银行储蓄存款后所产生的货币流通次数，是与货币总流通速度密切相关的一个比值。

但是货币乘数又不等同于货币流通速度。我们可以将货币流通速度划为两种构成类型：一种是由必需的交易主体交易所产生的货币流通，例如，在生活消费领域，由工资、常规收入所决定的生活必需品的交易；在生产领域，由简单再生产所决定的生产资料交易。这些交易频繁，货币流通速度通常较快一些。另一种是生活中的大件消费品、贵重物品交易；在生产领域中由扩大再生产所产生的交易，多数是一些生产资料交易，这些交易比之前一种交易，相对次数少，货币流通速度慢。由银行派生货币所生产的交易多数可能是第二种交易。正是这种交易货币处于等待交易的时间长，所以才有派生货币的条件。

因之,也只有依靠派生货币,以增加新的交易主体参与交易。随着货币乘数的增加,由派生而新增加的货币交易等待时间在生产领域有延长的趋势。

可以这样地形象比喻商业银行派生货币所产生的货币流通次数:现钞货币 A,今天在张三手中用于购买青菜到李四手中,明天李四又用于购买鱼至陈五手中,后天陈五又用于坐车,等等。或许现钞货币 A 一个月就流动了 5 次。但是王六从银行贷款用于投资种金橘,金橘生长一年才交易一次。用于这种交易的银行存款货币 B,在多数时间都在银行闲置,货币处于等待交易状态。要使这种货币增加交易次数,只有同时许诺给 5 个人使用,虽然一个人一年交易只一次,5 个人就实现了同一货币的 5 次交易。这其中就可以看清楚派生货币的流通特点和通过自身乘数提高流通速度的过程。

3.6 金融危机时的货币乘数

基础货币是由国家信用所创造而通过央行向社会发行的货币。基础货币发行量可表示为:

$$B = M_2/K$$

式中:B 为基础货币,M_2 为广义货币,K 为货币乘数。

基础货币发行后,通常分流成两部分,一部分流通在银行体系之外成为社会大众所持有的现金,一部分通过居民的储蓄成为商业银行的库存现金以及商业银行在中央银行的准备金存款。派生货币来源于居民的储蓄。

在金本位制时期,经济危机会使流通中的货币因窖藏黄金、挤兑黄金的动机而成倍数下降,造成货币短缺而加重危机。在信用货币时代,金融危机同样也会因居民储蓄减少,银行的信用降低,银行的备兑备付金、超额准备金大为提高,企业的借贷意念降低等因素,从而造成货币流通停滞,银行的货币派生能力大为降低。

从货币需求方程式我们可知,社会商品流通对货币的需求为:

$$M = PY/V$$

式中:M 为货币需求量,P 为商品价格水平,Y 为社会总产出水平,V 为货币流通速度。

因为社会总产出的价值量 PY 与 M_2 成正比例关系且相近似;而货币流通速度 V 与 K 也成正比例关系且相近似;货币需求 M 在正常情况下也就是基础货币 B 的发行。根据此逻辑推论,因而可列出下方程式:

$$M = PY/V;B = M_2/K$$

在正常情况下:

$$M = B = PY/V = M_2/K$$

在危机情况下,当货币乘数 $K=1$ 时,那么:

$$M = M_2$$

这一结论十分惊人,也是一个大多数人未能想到的。假如货币乘数 $K=1$,货币需求 M 就不再是介于 M_0 与 M_1 之间的某个数字了,而是等于 M_2。这时,原来的基础货币发行的数量也已远远不能满足货币需求。当然,不一定是基础货币 $B=M_2$,但一定要使货币供应满足社会对货币的需求,则一定要 $M=M_2$。当经济、金融危机造成商业银行信用缺失、货币派生能力丧失时,从理论推导就有可能发生货币乘数 $K=1$ 这样的情况。

发生 $K=1$ 这样的极端情况已不再是理论推导,在本次国际金融危机中的美国已淋漓尽致地表现了出来。次贷危机从 2008 年 9 月美国雷曼兄弟公司倒闭开始,市场恐慌,商业银行间的货币流动性几乎一夜之间消失,银行派生货币能力降为零。很多人都很疑惑,美国大开印钞机,基础货币发行和其他救援资金成倍增加,而美元汇率不是下降,反而不断地走强。明白了上述道理,这种现象就不难理解了。

例证:据美联储货币供应报告中的数据,美国在 20 世纪 80 年代的货币乘数为 12 左右。在“9·11”期间,美国的货币乘数也曾出现过短期大幅下滑的情况。截至 2008 年 1 月 30 日,美联储共向国内市场投放基础货币 8143 亿美元[1],货币乘数约为 10 左右。至 2009 年 2 月 26 日,美国的 M_1 为 1.559 万亿美元,M_2 为 8.28 万亿美元。基础货币则突增至 2009 年 1 月的 1.9 万亿美元,表观货币乘数已从 10 下降至 4.3。实际货币投放远不止此,2008 年 10 月 4 日时,美国会已通过 7 000 亿美元救市方案,至 2009 年 2 月 10 日,美国国会又通过了奥巴马政府总额为 8 380 亿美元的经济刺激计划,同时通过了美国财政部、美联储总额达 3 万亿美元新金融救援计划和经济刺激计划。根据彭博通讯社的统计,美国政府承诺未来将拨出的救市金额已经高达 8.5 万亿美元,而这只是其中的 3.1 万亿美元[2]。美联储的资产负债表中的总资产则从 2008 年 9 月初的 8 872.63 亿美元膨胀到 2009 年 2 月 12 日的 18 266.18 亿美元[3]。目前美国的财政赤字已经超过 1.2 万亿美元,加上新的经济刺激方案,2009 年度财政美国的赤字总额将会超过 2 万亿美元(据高盛预计,2009 年财年美国财政赤字将达 2.5 万亿美元)。通过上述数据可以看到,美国为应对金融危机中的货币流动性消失,通过增加基础货币投放,发放各种形式的救援资金、实施经济刺激计划等方式,已向市场投放和已计划将要向市场投放的货币

---

①　据陆军荣:《美元货币流通发行机制带来四大启示》,上海证券报,2008-06-27。
②　郎咸平:《万亿美元难救美国经济》,2009-03。
③　亚太财经与发展中心:《解析美国联邦储备系统运作模式》,2009-02。

总量竟然高达 8.238 万亿美元,此基本等于美联储 2009 年 2 月 26 日货币供应报告中的 M_2(8.28 万亿美元)。正是在美国大印美元期间,美元指数则从 2008 年 7 月 21 日的 71.88 点,至 2009 年 3 月 3 日收盘的 89.25 点,美元指数涨升达 24.16%。此表明,在这期间虽然是成倍地加印美元,但仍未能满足市场对美元的需要。

因此,此只能说明美国因金融危机,商业银行的货币派生能力已丧失,发生的 $K=1$ 的极端情况,因而产生的货币需求为 $M=M_2$。例如,2008 年 12 月 31 日美联储公布的 M_1 只有 0.945 倍。而 21 世纪以来,美国银行的 M_1 乘数一直维持在 1.5～1.8 倍之间。正如 2009 年 2 月 8 日,美国全国经济委员会主席、奥巴马的主要经济谋士萨默斯呼吁国会尽快通过经济刺激计划"以迅速遏制可能出现的通货收缩恶性循环,那将是极其危险的"。只有按经济内生的需要扩充货币供给,除此别无他法。不是说美元印发得多了美元就一定贬值,而是要看美元供给与市场需求是否相应。如果货币当局能够根据市场货币供求情况,在商业银行货币派生能力恢复后,及时收回放出去的货币流动性,保持货币供求平衡,那么汇率是可以稳定的。像美联储以资产方式发放的货币是可以随时收回的。货币是否贬值取决于美国政府对美元币值的调控意念,与危机中应对市场需求增发货币不成必然。

总结这次国际金融危机经验教训,我国央行在 2009 年 6 月 26 日发布的《中国金融稳定报告(2009)》表示:要建立快速、灵活、有效的金融稳定操作框架。中央银行应掌握多种政策工具,当金融机构陷入流动性困境并威胁金融稳定时,可适时调整政策工具的使用频率、期限、交易对象、交易条件等,以满足危机时期迅速增加的流动性需求。建立满足商业性金融机构融资需求的有效机制,消除其"接受救助会导致名誉受损"的顾虑。当问题金融机构难以通过市场化方式获得融资时,应允许中央银行视情况向其提供额外资本或阶段性持有股权,以避免金融机构大规模倒闭对整个金融体系造成冲击。

从上述的实例可以看出信用货币的优越性。因为经济、金融危机造成对货币需求的大增,而金本位制货币在经济危机时货币供给具有迅速收缩的机制,造成货币供给不增反减,对经济衰退起加速作用。增加货币的唯一途径是成倍地增加黄金,而因黄金资源限制又不可能做到,因此,走出危机的时间通常很长。而在信用货币时代,商业银行虽然因危机造成货币派生功能的丧失,但央行的货币发行能力不受限制,只要有正确的理论指导,货币发行跟上货币需求,扩展的货币政策有利于危机的缓解。

3.7　影响货币流通速度的因素

影响货币流通速度因素很复杂,不仅仅受派生货币单一原因的影响。但是,只有派生货币对货币流通速度的影响可做定量分析,其他因素不能定量分析,只能作如下的定性分析。

3.7.1　货币收入及支出对货币流通速度的影响

货币收入多少会影响到居民的支出结构,而支出结构变化会对货币流通速度产生影响。在一般情况下,收入水平一定时,消费结构也相对稳定,至少没有大的变化。当收入水平有较大提高时,消费结构中用于高档消费品的部分就会增加。例如,为了实现对大件的购买,居民持币待购率就会有上升趋势。这就会促成货币流通速度的减慢,但钱存入银行又会引起储蓄率提高,货币进入派生货币的范围,这又会引起派生货币能力的增强。

3.7.2　生产性因素对货币流通速度的影响

产业结构、生产专业化状况、资本有机构成对货币流通速度的影响。不同生产周期以及不同的生产专业化分工,都会影响到货币流通速度。生产周期长的部门资金周转慢,其货币流通速度相对较慢。生产周期短的部门资金周转快,其货币流通速度则相对较快。社会生产的专业化分工越细,进入市场交易的中间产品越多,生产效率越高,生产周期缩短,货币流通速度就快。社会专业化生产越集中,进入市场交易的中间产品少,生产周期长,货币流通速度就慢。资本有机构成高的部门,资金占用多,货币流通速度就慢。资本有机构成低的部门,资金占用少,货币流通速度就快。社会生产、再生产过程中这些方面发生变化,都会相应地给货币流通速度带来变化。

3.7.3　金融市场发达程度对货币流通速度的影响

金融市场越发达,货币交易量多,货币流通速度快。金融市场不发达,货币交易量少,货币流通速度则慢。

3.7.4　财务及结算制度对货币流通速度的影响

如日付工资制、周付工资制、月付工资制;财务结算中的月结算、年结算,每项支付或结算周期的长短,都影响到货币的流通速度。

3.7.5　信用卡的使用率对货币流通速度的影响

信用卡的使用加快了商品交易的结算速度,减少了银行对结算资金的占用。因此,社会信用卡的使用率高无疑会提高社会整体的货币流通速度。

3.7.6　通货膨胀率对货币流通速度的影响

通货膨胀会影响消费者预期和对信用货币的信任程度。通货紧缩时,持币待购者多,货币流通速度减慢;通货膨胀时,消费行为加快,甚至发生抢购,货币流通速度加快。

从以上分析可以看出,影响货币流通速度的因素很多,有些因素相互抵消,难以作出定量分析。只有派生货币的乘数才是唯一可定量分析的货币流通速度。

表 3—1　我国历年来货币乘数资料

年份	M_0	银行活期存款	准备金率%	现金漏损率%	超额准备金率%	货币乘数(M_2)
1990	2644.4	4306.3	13	61		2.12
1991	3177.8	5455.5	13	58	—	2.15
1992	4336	7395.2	13	59	—	2.5
1993	5864.7	10415.7	13	56	—	2.61
1994	7288.6	13252.1	13	55	—	2.67
1995	7885.3	16101.8	13	49	—	2.95
1996	8802	19712.8	13	45	—	2.88
1997	10177.6	24648.7	13	41	—	2.97
1998	11204.2	27749.5	8	40	—	3.33
1999	13456	32381.8	6	41.55	10	3.57
2000	14652.7	38494.5	6	38.06	8.3	3.76
2001	15688.8	44182.8	6	35.51	7.6	3.97
2002	17278	53603.8	6	32.23	6.47	4.11
2003	19746.2	64372.6	7	30.67	5.38	4.23
2004	21468.3	74502.5	7.5	28.82	5.25	4.23
2005	—	—	7.5	28.87	4.17	4.72
2006	—	—	7.5~9	27.36	4.78	4.44
2007	—	—	9~14.5	27.25	2.87	4.73
2008	—	—	14.5~17.5		5.11	3.7

资料来源:《中国统计年鉴》、《中国金融年鉴》。部份数据引自周光友:《电子货币发展对货币乘数影响的实证研究》。

3.8　商业银行信用丧失是金融危机的根

　　在第一章对金本位制货币的历史考察中,我们知道,正常经济环境中升起来的保证金高杠杆比的金本位制纸币发行,在经济危机时因信用不足立即引发去杠杆化效应,货币供给数量由此迅速减少从而加深经济危机。在信用货币时代,依赖商业银行信用的派生货币,在经济宏观层面的顺周期性中的正反馈效应,在危机中因商业银行的信用风险,同样也有可能遭遇灭顶之灾。我们来看看这种灾难的产生原理。

　　《巴塞尔协议》规定,银行最低的资本充足比率为8%。正是这个8%的资本充足比率,成为银行派生货币的信用基础。在正常情况下,达到这一资本充足比并不成问题,银行资产大约产生12倍经营杠杆,也就是说,以放大12倍的资产营业,或产生12倍于自有资产的借贷业务。务必切记,正常状态下的货币供求已形成一种动态平衡。一旦发生经济、金融危机,银行的自有资产不可能不受损失。

　　银行自有资产损失会来自两个方面:一是企业贷款的坏账率上升;二是自有资产营运风险立即暴露。例如,广泛存在的银行进行的资本套利交易,在投资决策和风险管理时高度依赖外部信用评级,在经济繁荣时乐观的评级,经济衰退则导致悲观的评级,金融机构在投资时大量的"羊群行为"效应,正反馈效应,从而金融投资产生了明显的顺周期性的自激震荡。即使平时安全系数很高的交易,一到危机期,杠杆倍数往往成为风险倍数,投资品种一旦出现价格下跌,引起银行资产的账面损失,就会触发价格下跌→资产减计→恐慌性抛售→价格进一步下跌这样的恶性循环。

　　当银行自有资产出现损失时,按照银行监管原则要求必须冲减资本金,资本金减少,从而导致资本充足率不足,就要相应减少信贷业务量。从静态上说,每当银行自有资产下降1%,贷款规模就要相应地缩减相当于银行自有资产损失数的12倍。当银行自有资产全被损失时,这家银行以原来自有资产1:12倍所产生的派生货币就要全部吐出来。在已经形成货币供求动态平衡的情况下,这可是不得了的事。牵一发而动全身,危机由此引发。

　　银行已经产生的借贷关系,实际上不可能立即收缩。对问题银行来说,要么补充自有资金,要么倒闭。银行倒闭,已经产生的借贷关系怎么办?那么,此时只有国家出面救市。办法有两种:一种是将不良资产由国家买下,剩下的良性资产维持经营;一种是国家拿钱补充银行的自有资金换股权。从静态的角度上看,单个银行仍是有药可救的,但是,由此所引起的恐慌则有可能使整个银行信用系统崩溃。银行资产损失1,社会减少的派生货币量就为12。在一个平衡的市场中,货币流通速度突然一下子停滞了,这种杠杆倍数放大风险的恐慌是社会所无法承受的。

危机通过外在的社会性恐慌,内在的债务传导,将使金融危机深化并传导到实体经济,引起实体经济衰退。大体过程是:

(1)当部分商业银行的派生货币能力丧失时,货币流通会呈几何级数减少,通货收缩加剧,借、贷款市场停滞,立即影响到企业流动资金与投资;

(2)由此削减企业收入与利润,这样又进一步恶化企业的还债能力;

(3)由于营运资金告急,迫使企业和个人拼命抛售资产,引起资产价格持续下降;

(4)资产价格持续下降又让企业和个人的净资产缩水,房地产按揭贷款者还会成为"负资产",企业和个人往往又被迫收缩投资和消费,社会需求下滑,投资市场和消费市场双双紧缩,资产价格崩溃;

(5)企业经营困难面扩大,银行坏账增加,又进一步恶化金融机构的资产负债,引起金融机构的信贷业务进一步收缩。这样又将开始新一轮负循环,金融体系与实体经济体系相互影响,使经济陷入持续衰退之中。

事实证明,任何研究如何监管银行都是技术性的。20世纪80年代拉美的债务危机就已产生了对以私有银行为基础的西方银行监管理念的冲击,为了提高私有银行信誉的《巴塞尔协议》的对银行8%的最小资本要求,已经是个不低的比率。《巴塞尔协议》在对银行经营风险的评价标准与监管问题上,一直都在努力与创新。如信用风险的衡量和计算、交易账户中的利率风险、汇率风险与商品风险的评估与资本要求,等等。但是,任何提高银行信用的措施,都只能在平常时期发挥作用,一旦遭遇经济危机、金融危机,再高的防洪堤坝都会土崩瓦解。这其中的原因不是银行要筑多高的堤坝的问题,而是在信用货币时代,以私人银行承担派生货币的重任,其信用基础的天然不足使然。

20世纪80年代我国在市场经济转轨中,由拨改贷而在银行系统中积累坏账率可谓空前,当时的四大国有银行都是负资产,但为何不发生危机呢?因为当时的银行是使用国家信用,国家对银行承担无限的责任。与私有银行有限的责任和有限的信用来说,国有银行具有无限的信用。在这种国家提供无限信用的条件下是不可能发生货币危机的。

实际上美国在本次国际金融危机的救助过程中,对银行是否国有化就已产生过路线之争。在次贷危机将使银行遭受灭顶之灾的万般无奈之下,2008年9月美国国会被迫批准了7000亿美元的救市计划。美国财长鲍尔森一开始的救市方案,是使用7000亿美元买银行坏账。从前面对《巴塞尔协议》的论述中可以看到,这是符合对银行的救助原则的。

　　虽然是明显的利益偏向用纳税人的钱救助华尔街的银行界富人,但这种救助方法根本没有效率,银行坏账还会继续不断地产生。理论上计算,由于危机的传导,美元的全部派生货币层即 $Md = M_2 - B$,约 7.45 万亿美元都可能成为坏账,7000 亿美元杯水车薪。如果用救助资金作为公共资金入股银行,即进行银行部分国有化,那么,不但是国民今后可获得分红,从效率角度讲,假如银行获得 7000 亿美元的自有资金,根据《巴塞尔协议》8% 自有资本金的规定,就可以产生 8.4 万亿美元派生货币量。根据美联储货币数据,美国至 2009 年 2 月 26 日期间的 M_2 不过是 8.28 万亿美元。入股银行注入自有 7000 亿美元资金岂不是一举解决问题?但当时的鲍尔森一开始并不愿意这么做。民众压力和英国明确宣布救市方案以银行部分国有化为主之后,美国才予跟进。

　　从事物发展的内在逻辑来考察,本次国际金融危机有内在必然性。次级债引爆是偶然的,没有次级债引爆今后也会有其他因素引爆。在资本主义条件下,任何私有企业都是在其利润原则的驱动下运转。如果银行不承担派生货币重任,倒闭与不倒闭是一件很正常的事,因为对社会没有太大关系,但在信用货币时代的银行,却承担着派生货币的巨大社会职责。牵私人银行利益之一发,却牵动的是社会全身。私有商业银行的信用不足,这才是信用货币体系存在的问题的本质,也是本次国际金融危机的本质。

　　切勿忘记金本位制的货币崩溃历史,其几经货币危机,倒塌再建,最终倒塌。但至今还有不少人恋恋不舍,没有别的,就是因为它有个十分美丽的黄金外表。现在,历史又轮回到信用货币。依靠私有银行信用支持运作的信用货币体系,已在倒塌再建过程中。但是,人们是否已学得聪明了一些,能够看清楚这次货币危机的本质,不再重犯金本位制时的错误?现在承担着派生货币重任的私有银行,同样也有个"效益高"的华丽外表。我国在银行体制改革的过程中,就有不少人曾对美国私有银行的这种美丽外表羡慕不已,从而不畏冒着"卖国"的危险贱卖国有银行股份。

　　改进银行体系的监管是人们最寄予厚望的话题。改进监管对银行信用的提高的确能起到一些作用。例如,进一步提高银行自有资金比率,限制商业银行从事除借贷业务之外的任何业务等,以提高银行自有资金安全率。但是,不管如何的改进监管都无法解决因经济波动所造成的银行自有资产波动对银行信用波动的影响。这是私有银行信用不足的根本矛盾。社会相对稳定的货币需求,需要国家为银行提供稳定的货币信用。也只有国家才能够提供绝对稳定的货币信用,私有银行是永远也做不到的。当代国际金融危机的本质是信用危机,说到底是商业银行信用不足的危机,任何仅通过改进对私有商业银行监管的企图,都不是治本之策。

　　既然私有银行对信用货币的派生信用不足，使金融危机成为经济发展的噩梦，那么，在信用货币运作体系中，能否取消商业银行派生货币环节，直接由中央银行提供 M_2 的货币发行量（在国际金融危机状态下的美联储当前正是这样做的）？

　　作为短期应对金融危机的权宜之计是可以的，但在正常情况下的长期政策是不行的。在资本主义市场经济中，从资本流通公式：

$$G - W - G'$$

式中：G 代表货币，W 代表商品，G' 代表增殖的货币，$G' = G + \Delta G$

　　我们可以看到，货币是经济过程的出发点。货币从出发点出发，每一次经营过程都饱含风险。如果由中央银行直接向微观主体提供货币，由于中央银行无法判断所提供货币在微观主体中运作的风险，一是会导致货币无限需求的趋向；二是货币使用无效率，产生大量的呆坏账。我国原来银行体制未改革前的银行资金拨改贷提供模式就是这种状况的形象写照。因此，货币在提供给微观主体的过程中，是离不开商业银行作为效益把关的中介的。

　　金融危机产生的根本原因追索，是信用货币的公共财产属性的无限性，与由私有商业银行提供信用支持其运作的信用有限性的矛盾，仍是资本主义社会基本矛盾在信用货币上的表现。在市场经济条件下，解决的途径是不可能由中央银行直接提供货币供应量 M_2 的。现实唯一可行的途径，似乎只有将私有商业银行国有化。商业银行股份国有或者由国家绝对控股，既保证了商业银行的效率，又可在银行信用危机时由国家提供无限的信用支持。此似乎是当前社会制度环境条件下各国从根本上解决金融危机的唯一有效途径。只是，要真正实行起来，有着巨大的政治障碍。

　　下面的报道或许在理论上有重要的参考意义。

　　（开利 2009 年 4 月 21 日综合报道）据知情人士透露，奥巴马政府正在考虑将政府所持的银行优先股转换为普通股，最终可能会更为直接地控制美国部分主要银行。奥巴马政府可能会在所谓的压力测试于 5 月初完成后实施这一举措，从而给政府更多的财力喘息空间。去年 10 月国会批准了 7 000 亿美元资金用于维持银行体系稳定，目前这一预算中只剩下不到 2 000 亿美元没有动用，奥巴马政府正试图保住这部分资金。

　　这一举措还可能带来一系列有关政府控制私营公司的尖锐问题；随着政府向接受政府资本的银行施加影响，这一问题今年已经在华盛顿引发了一场风波。政府将投资转化为股份可以直接改善实力疲弱银行的资本状况，但同时也会提高公众在这些公司中的持股比例，将它们进一步推向某种类型的国有化。

奥巴马政府一直表示其保留将现有投资转换为普通股的选择权,政府正在使用这一手段提振银行状况,花旗集团就是一个例子。目前尚不清楚19家接受压力测试的银行中会有几家银行需要更多资本,政府又会对几家银行实施此类股权转换。预计19家银行中并不是所有银行都需要增资,一些银行正在迅速采取行动偿还政府原先的投资。

还有一种可能,即所有银行都可以申请将现有政府投资转换为普通股。这会使政府能够更方便地提振这些公司的财务状况,而无需投入新的资金。奥巴马政府已经表示,可能会考虑对接受“特别大规模”政府救助资金的金融公司采取更加主动的措施,包括撤换管理层或董事会成员。

政府转换股份可能有利于银行的原因是,投资者正日益关注各家银行的有形普通股权益比率,而不是监管部门传统上视为偿债能力指标而倚重的一级资本比率。有形普通股权益比率并不将政府投入的优先股投资考虑在内。

3.9　利率如何影响派生货币的量

西方传统的经济学对利率传导机制有着十分充分的研究。例如,凯恩斯学派认为,货币供给增加会导致实际利率下降,货币供给减少会导致实际利率上升。对于企业来说,利率下降意味着资金成本下降,会导致投资上升;而对于消费者来说,可能会引起他们在房产和耐用消费品上的消费支出增加。因为投资与消费支出的扩张引起产出上升。凯恩斯的货币政策就是通过利率的增减实现其调控投资对产出的影响。

不加区分笼统地讲货币供给增加引起利率的降低是错误的。这是因为,货币供给的增加中有两种不同性质的货币增加,一种是货币内生供给的增加,另一种是货币外生供给的增加(详见第六章)。凯恩斯这里的“货币供给增加会导致实际利率下降”的这种货币供给增加,显然是指货币内生供给的增加,不是指货币外生供给的增加。派生货币通过货币乘数作用使 M_2 总量增加,是属于货币外生供给增加。在西方经济学中没有将这些概念加以区分,因而产生了混乱。

派生货币与利率的关系与上述的数量关系完全不同。不是派生货币量的增加与减少引起利率的下降或上升,而是利率的下降可能会引起派生货币量的增加,利率的上升可能会引起派生货币量的减少。

产生派生货币的原因是投资(或消费)借款人对银行货币的借贷行为。而借款人决定是否需要借贷的首要考虑因素则是银行利率是否低于投资边际利润率,如果利率高,投资贷款的意愿就低;如果利率低,投资贷款的意愿就高。因此,是利率的高低决定着派生货币的量,不是派生货币的量决定着利率的高低。

利率的高低主要是通过影响对货币的需求,从而影响到派生货币量、货币乘数。但是在自由利率的条件下,派生货币量增加到一定程度时,对利率也有反作用。不过要区分几种情况:

(1)当货币乘数在不受控区间,同时商业银行预期经济景气度高,放贷积极,派生货币能力强,则低利率可维持(注意,不是进一步走低)。

(2)当货币乘数在不受控区间,经济景气度低、预期不好,往往是借方不积极,银行有款贷不出,导致供过于求,利率走低。

(3)如果 M_2 总量是受控制的(M_2 总量受到控制的因素很多,在一定的货币政策条件下,货币派生能力是有极限的),达到了受控上限时,M_2 变大说明商业银行的货币贷款提供能力减弱,供需趋紧,导致利率上升。

(4)当派生货币还有增量余地,但经济不景气,借款人的借款意念弱,商业银行有钱贷不出去,导致利率下降。

自由利率情况很少,我国利率通常都是由央行调控的。因为利率的高低通过影响借款人的借款意愿进而影响对货币的需求,因此,调控利率会引起派生货币量的增加或减少。但是,借款人的借款意愿又是受经济景气情况的影响。只有在经济景气,新增投资利润高于贷款利率时,才会引起增量的借贷行为的发生。在经济不景气时(产能过剩),无任怎样地调控利率也不会引起增量的借贷行为的发生。因此,利率的调节作用必须是在特定的环境条件下才有作用,而且作用有限,不是什么情况下都有作用。

在经济景气的情况下,如果央行要想达到增加 M_2 量,以达到增加社会总产出水平的目的,降低利率同时也要降低存款准备金率,单方面降低利率或降低存款准备金率是没有效果的。单方面降低利率,但存款准备金率高时,虽然借款人借款意愿强,但商业银行会受存款准备金率影响派生货币能力受限,M_2 量并不会增加。这时,可供贷款供不应求,如果此时利率不是被控制而是浮动利率,贷款利率会受需求拉动而走高,直至均衡。单方面降低存款准备金率时,但利率维持高位时,借款人借款意愿不强,商业银行有钱贷不出去。如果此时利率不是被控制而是浮动利率,可供贷款供过于求,会拉动利率走低,直至达到均衡。

如果央行要减少 M_2 量,则只要提高利率或提高存款准备金率中的其中一项就可以达到目的。提高利率,减少对货币的需求;提高存款准备率,减少对派生货币的供给。

传统经济学关于利率作用理论,我国在应用时,总感到利率的传导机制不对,利率政策总是达不到预期目的,理论界找了很多属于非本质联系的原因,例如,国有商业银行的垄断性,造成对央行货币政策反应不敏感;商业银行缺乏风险约束,企业对利率政策反应迟钝,利率市场化程度不高,等等。从来也没有人怀疑这照搬来的理论有什么问题。而导致西方经济学在利率传导机制上发生错误的根本原因,就是没有认清派生货币的本质与货币的派生规律,也没有对货币的投资属性与消费属性进行区分。

3.10　西方货币流通速度理论出错的原因

货币流通速度是货币需求函数的倒数,是央行货币政策、宏观调控中的一个重要的参量。但是,西方传统的货币理论在这个问题上错误很多,由于这种错误,造成各国的货币政策每每失误。

在古典学派货币理论中,货币流通速度被认为是由制度决定的常数。

美国经济学家费雪在《货币购买力》一书中,给出货币数量方程式:

$$MV = PY$$

式中,M 给定年份的货币数量,V 给定年份的货币流通速度,P 给定年份的价格水平,Y 给定年份的交易量。通常以 GDP 替代给定年份的 PY。

认为货币流通速度 V 是由支付制度、个人习惯等因素决定的。由于这些影响因素在短期内是稳定的,所以在短期内可视为不变的常量。费雪方程式最大的特点是假定货币的流通速度保持稳定,其目的是要说明物价水平的变动仅源自于货币数量的变动,由此来构造货币主义的理论基础,此理论对现代货币主义理论产生了深重的影响。

我们不妨以美国的相关数据来验算一下这个方程式中的关于货币流通速度"短期内是稳定的"的说法是否正确。美国 2007 年 GDP 总值为 13.84 万亿美元,2007 年 6 月基础货币发行量 8 143 亿美元;2008 年 GDP 总值为 14.33 万亿美元,2009 年 1 月基础货币发行量 1.9 万亿美元。代入 $V=PY/M$:

$$V_{2007} = 13.84 \text{ 万亿美元} / 0.8143 \text{ 万亿美元} = 16.996$$

$$V_{2008} = 14.33 \text{ 万亿美元} / 1.9 \text{ 万亿美元} = 7.542$$

$$V_{2007} \neq V_{2008}$$

美国在国际金融危机前的货币流通速度 V_{2007} 与国际金融危机中的货币流通速度 V_{2008} 相差 1.25 倍。由此已证明费雪的这个货币流通速度 V 不变的假定根本不能成立。

当代货币主义在货币流通速度问题上所犯的错误与费雪古典学派货币数量论所犯的错误有过之而无不及。

货币主义鼻祖美国经济学家弗里德曼在 20 世纪 50 年代提出的货币数量论,至今主导着许多经济学家的思维。其主要理论认为,货币量的变动是决定名义收入的唯一重要变量。弗里德曼在对货币流通速度的分析中认为,实际经济中货币需求会受到多种因素的影响,但主要的是由恒久性收入决定的。恒久性收入是一种平均收入,在短期中波动的幅度并不大,在长期中,恒久性收入是稳定增加的,因此,货币需求也在稳定增加,所以实质货币需求函数也就具有相对稳定性,由恒久性收入和货币存量所决定的货币流通速度也就是一个稳定的函数。虽然价格水平变动率与利率也会影响到货币需求与货币流通速度,但经过实证分析证明,它们的影响是十分微小的,主要影响的是恒久性收入水平。认为货币流通速度虽然不是一个常数,但与对货币的数量需求一样,货币流通速度具有相当的稳定性。这样,弗里德曼虽然分析的入口点不同、分析的角度不同,但得出的结论与古典的货币数量论十分相近。

当然,如果弗里德曼货币主义者们经过今天这样的国际金融危机,以他们实证主义的分析方法,也不至于得出货币流通速度具有相当的稳定性这样的结论。但关键的问题在于理论分析方法上的缺陷,应用一种有缺陷的理论分析方法,即使个别结论是对的,但整个理论体系也是像建立在沙滩上一样的缺乏基础。

例如,弗里德曼对货币的需求分析入口是从收入、收入与货币需求的关系开始,因国民经济收入稳定而导出对货币的需求稳定,再导出货币流通速度稳定的结论。其实,这里存在着巨大的逻辑漏洞,就是对事物与环境关系的影响分析上不周延。人们在经济活动中,不是因为有了收入才需要货币进行交换的,而首先要有生产,生产和消费是人们经济活动的两个轮子,缺一不可。在对货币需求的关系问题上,生产要早于消费,也就是说,人们首先是因为生产才需要货币,继而才获得货币收入,用于消费和再投资。弗里德曼在货币需求论的分析中缺乏对生产中货币需求的足够重视,从本章有关银行派生货币的本质分析中可以看出,引起货币需求数量的变化、货币流通速度的变化的主要因素恰恰是因为生产者在生产上、投资上对货币需求的变化。因此,分析方法逻辑上的不周延,才是导致弗里德曼在货币流通速度上犯下根本性错误的根源。

其次,弗里德曼货币主义者们在实证分析方法上也犯有经验主义错误。实证分析方法不失为必要的理论验证方法。但必须要在严格的理论辩证后才能实施,如果仅从数据到结论,就会在事物的现象中绕圈子,现象后面的本质永远也找不到。人们的社会实践本身也是有限的,所收集的数据不可能全面。自然科学中很多极端的情况都是靠严密的逻辑推导,数据仅起到验算的作用。如果以数据决定一切,没有理论的辨析,必然会犯经验主义的错误。由于弗里德曼货币主义在理论方法上的缺乏,虽然他们特别看重货币政策,但是在影响货币流通速度原因的探讨上,尚未摸着边。

与古典学派的货币数量论、弗里德曼货币主义不同,凯恩斯主义在否定古典学派货币数量论中关于货币流通速度不变的假定后,通过对货币需求三动机:交易动机、谨慎动机和投机动机的分析,找到了影响货币流通速度方面的一些因素,认为货币流通速度是变化的,货币流通速度是实际国民收入和利率水平的函数:

$$V = PY/M = Y/f(i,Y)$$

式中:i 表示利率,Y 表示国民收入,V 表示货币流通速度,M 表示货币需求,PY 表示给定年份的交易总量。

从上式的数量关系可以看到:

(1)货币流通速度随收入水平的变化而变化,国民收入增加,货币的流通速度加快。

(2)货币流通速度与利率水平呈正方向变动,原因在于利率水平的上升,货币持有成本增加,货币需求就会减少,这导致货币流通速度加快。

(3)扩张性的财政政策使收入水平增加、利率上升,这就加快了货币流通速度,使收入水平进一步增加;紧缩性的财政政策使收入水平减少、利率下降,这就减缓了货币流通速度,收入水平进一步下降。

正是由于货币流通速度对收入和利率的变化做出有规律的反应,收入和利率水平变化又是事实,因此,收入和利率确实影响着货币流通速度的变化,而货币流通速度又会反过来影响国民收入。

凯恩斯对货币流通速度的分析是精细的,抓住了人们的因收入、因资金成本而对货币使用的态度变化,是影响货币流通速度的主要原因。但是,凯恩斯的理论缺陷也就在于,在当时人们的观念中还没有货币乘数即是货币流通次数的观念。因此,凯恩斯压根就没有想到,因为利率水平的上升而导致的货币持有成本增加,社会对货币需求就会减少,借贷也跟着减少,由此而导致的货币派生能力降低,由货币乘数降低而导致的货币使用次数减少,货币流通速度反而是降低的。

第四章 **股市价值创生与湮灭
货币放大之谜**

　　现在的货币越来越多,为何并不产生通货膨胀?
股市与"价值生产"有联系?股市价值输出产生货币的
原理是什么?"货币放大"与"价值湮灭"是如何发生
的?股市涨跌的最基本原因是什么?多少货币才能维
持股市的运转?

　　传统货币理论没有包括对股市的研究,仅仅将股
市作为财富效应的对象。事实上,股市不仅仅是财富
效应的发生地,更是货币价值的创生地,是货币数量的
收(缩)放(大)器。由于股市的存在,原有的货币供求、
货币运行规律都已产生了根本性的变化。

　　股市的价值效应在于,它将市场需求与一个国家
的市场潜力也纳入价值创造过程。股市能使价值在市
场需求这个层面上提前实现。其价值原理是:劳动生
产的商品还不是价值,只有当它通过市场需求实现了
交换价值时才是价值。在社会生产能力过剩时,市场
需求是产生价值的充要条件。股市还有使劳动在一定
程度上转化为资本的功能,产生劳动资本化的分配机
制,从而在一定程度上重新调节社会分配,缩小劳资分
配的矛盾,平衡社会总供需。

　　本章主要讨论:股市的本质与价值创生机制、对货
币数量的收缩放大效应、劳动资本化机制、调节总供需
机制,以揭示货币资本在虚拟经济中的运行规律。我
们这里讨论的股市是一般意义上的股市而不是我国特
殊的股市。

4.1 中国人的巨大困惑

2007、2008 两年,中国社会经济经历了一次前所未有的大冲击。这种冲击不是国际金融危机,而是中国的股市经历了一次世界股市历史上前所未有的巨大的过山车式的涨跌,中国经济的增长也同步地经历着这种过山车。

我国股市从 2001 年 6 月开始,经历了漫长的四年熊市后,至 2005 年 8 月上证指数跌到 998 点开始探底回升,在银行投资货币资金流动性过剩的支持下,延续上涨至 2007 年 10 月之时,竟然前所未有的上涨了 6 倍之多。与此同时,国际垄断金融财团利用手中握有的巨额投资货币,在国际期货市场上翻江倒海,全面炒高农产品、原油、有色金属产品价格,加之美元贬值,造成国内输入性通货膨胀从 2007 年以来一直呈上升之势(消费物价指数至 2008 年 2 月一度上升到 8.7%)。消费物价指数的持续上涨,促使管理部门动用了紧缩的货币政策来进行打压。一方面不断地提高存款准备金率,收紧银行的流动性;另一方面,在股市用大量而快速的新发、增发股票来打压股价。股市终于在巨量的新发、增发股票与货币政策严厉紧缩的情况下,在 2007 年 10 月创出 6124 高点后发生了逆转。2007 年 11 月中央"两防"政策出台,存款准备金率继续从已属高位的 13% 提高到 2008 年 6 月的 17.5%。在持续而更加严厉的货币紧缩政策情况下,股市更是雪崩式下跌,短短的一年区间竟然史无前例下跌了 72.8%,而国民经济增速也同步地由 11.8% 下跌到 6%。经济学人和媒体都将人们的注意力引向国际金融危机,但在经济同时发生雪崩式的下跌情况下,管理部门才意识到紧缩的货币政策才是罪魁祸首。2008 年 10 月,管理部门果断地结束了紧缩开始实行宽松的货币政策,并出台 4 万亿财政刺激经济方案。由此,股市也结束了雪崩式的下跌开始回升。2009 年上半年,银行信贷资金增加 28%,股市也同期连续性地上涨了一倍,经济增速也同期由 6% 回升到 8.1%。

按照传统的货币理论,通货膨胀是个货币现象,因此才有因消费物价指数的上涨而动用紧缩的货币政策之举。想不到紧缩的货币政策这个大板子并没有打到通货膨胀上(PPI 的下跌明显是因为国际期货市场上各期货品种的暴跌),而是将股市,继而将经济打下去。2009 年仅上半年信贷资金就增加 7.37 万亿人民币,不少人又在惊呼要通胀了。但同期 CPI、PPI 仍然继续为负。

是什么原因使得货币供给数量(货币政策)、股市、经济增长如此的密切相关?是什么原因使得货币政策过山车、股市也跟着过山车、经济景气度也相继的过山车?它们之间有些什么内在的联系与运行规律?如此重大的经济现象,并没有任何的东方、西方经济理论来描述它,说不清道不明,人们只能在迷雾中"摸着石头过河"。

　　方方面面有着太多的困惑。实际上,中国人的困惑还不仅在于此。股市会发生财富效应,从西方引进的股票证券市场,曾为西方发达国家的经济发展作了巨大的贡献。但是实证研究证明,我国股市从开办至今的十多年来,并没有产生过财富效应。股市大幅波动、上市公司热衷于"圈钱",中小散户多数人在股市中并没有赚到钱。人们不由得要问,股市到底是个什么东西? 是天使还是魔鬼?

4.2　股市的起源与历史

　　股票是社会化大生产的产物。随着人类社会进入了社会化大生产,企业经营规模扩大与资本需求不足的矛盾日益突出,于是产生了股份制公司。股份制公司是将分散的、属于不同的人所有的生产要素集中起来,统一使用、合伙经营、自负盈亏、按股分红的一种经济组织形式。股份制的基本特征是生产要素的所有权与使用权分离,在保持所有权不变的前提下,把分散的使用权转化为集中的使用权。股份公司的变化和发展产生了股票形态的融资活动,股票融资的发展产生了股票交易的需求,股票的交易需求促成了股票市场的形成和发展,而股票市场的发展最终又促进了股票融资活动和股份公司的完善和发展。所以,股份公司、股票融资和股票市场的相互联系和相互作用,推动着股份公司、股票融资和股票市场的共同发展。

4.2.1　最早的股份制公司

　　15 世纪至 16 世纪初,地理大发现、新航路的开辟,使世界贸易大为改观。西班牙、葡萄牙、荷兰、英国纷纷向海外发展,进行远航贸易,这需要较大数额的资本,在当时的经济条件下,靠单个资本家来经营是无法办到的。于是一种合股经营的叫做"康梅达"的经济组织便产生了。康梅达从事海外贸易,负责筹集资本,由专人经营,利润在集资者与经营者之间协商分配。以后,这种组织发展到内陆城市,出现了入股的城市商业组织,如意大利的"大商业公司",入股者有商人、贵族、教授、廷臣和平民。这种股份经济一般由自由城邦组织进行业务监督。国家为了鼓励商人积累资本向海外扩张,以攫取更多的财富,为股份制创造了外部条件,不仅为股份集资提供了法律保护,还给予商业独占权和免税优惠等特权。

　　英国 1554 年成立的入股形式进行海外贸易的特许公司"莫斯科公司",被认为是世界上最早的股份制公司,它的成立标志着世界股份制度的产生。1553 年 Sebastian Cabot 筹钱成立公司进行海外贸易,从事航行白海的冒险,经过两次失败,第三次航行进入俄罗斯内地,从而与俄罗斯人建立贸易关系。

最初把整个公司的资本分为 240 股,每股 25 金英镑,每人投资一部分,由 6 人分担风险。开始时规定,公司营业只限一次行程,每次远航归来,按股份分配所有的利润。并连股本一起发还。后来随着贸易活动的频繁和规模扩大,就把原来投入的股份全部或一部分留在公司,作下次航行使用。到 1604 年该公司股东增加到 160 人,由 15 人董事会管理整个业务。继之而起的,有 1557 年成立的西班牙公司、1579 年成立的伊士特兰公司、1581 年成立的勒凡特公司、1588 年成立的几内亚公司,1600 年又组织了东印度公司。这些贸易公司都是以股份制形式组建的,是向海外扩张殖民势力的工具。其中东印度公司势力最大,资本最雄厚。成立之初拥有股本 6.8 万英镑,股东 198 人。到 1627 年股本达 162 万英镑,股东 954 人。它独占从好望角直到东方一切国家的贸易,还享有对殖民地军事和政治的全权。截至 1680 年底,英国建立的这类公司有49 个。其他欧洲国家也纷纷起而效仿。例如,荷兰 1602 年成立联合东印度公司,1621 年成立西印度公司,法国、德国、瑞典等国也先后成立了股份贸易公司。

我国在秦汉时期就有了商人合股做生意的记录。明清时期著名的徽州商人、山西商人都有合股经营的传统。但在我国,虽然明朝时期工商业也非常发达,却没有自然发育出资本主义的股份制公司。

4.2.2 股份制公司的产生与侵略殖民

欧洲之所以发展出股份制公司,是与侵略殖民相联系的。最早的欧洲合股经营方式,起源于水城威尼斯。威尼斯的商人曾被认为是全欧洲最出色的经营者之一。在中古时代,香料及丝绸是东方经中东输往西方的主要贸易商品。当时威尼斯处于欧洲及中东的枢纽站,是东西贸易的交汇点,商业及海运盛极一时。罗马帝国时代,国力伸延至中东及埃及,香料及丝绸之路畅通无阻。到了 15 世纪,信奉回教的奥斯曼帝国兴起,于 1453 年攻陷君士坦丁堡,结束了东罗马帝国千多年的统治。奥斯曼帝国控制了当时的香料及丝绸之路,导致香料及丝绸价格的上升,激发了欧洲一些国家对新通道的寻找。哥伦布在西班牙皇后的经济支持下,向西航行寻找香料出产国印度,结果他意外地发现了美洲,但香料仍无觅处。当时的科学家伽利略认为,地球是圆的。向西行去不了印度,向南行又如何呢? 于是葡萄牙政府派遣远征舰队,沿非洲海岸向南行,经过好望角、横渡印度洋,终于抵达印度,新的香料之路最终打通了。

由此,威尼斯渐渐地丧失了贸易枢纽站的地位。其后葡萄牙舰队再沿路东行,至马六甲、中国澳门及日本,建立了一条新的海上贸易通道,并为国家带来了庞大财富,引起欧洲其他国家的争相效法。当时的远征船是非常昂贵的,16 世纪时,在英国建造及装备一艘远航探险船,包括一切物资及船员,需要

6.8万英镑。这个庞大的金额,除了寥寥可数的皇室及贵族外,鲜有个人能力可以承担。不过,成功的荷兰商人却能够把握这个机遇。荷兰位于莱茵河的出口,莱茵河自罗马帝国时,已是欧洲的主要贸易运输干线。因此,荷兰拥有优越的地理环境,好像现时的中国香港在珠三角拥有的贸易地利一样。迄今为止,荷兰的鹿特丹市仍是欧洲货柜吞吐量最大的港口。当时的荷兰政府没有足够的财力建立船队,从1595年4月至1602年间,荷兰陆续成立了14家以东印度贸易为重点的公司,为了避免过度的商业竞争,于1602年3月20日将14家公司合并成为一家联合公司,也就是荷兰联合东印度公司。荷兰联合东印度公司是第一个可以自组雇佣兵、发行货币的公司,并被荷兰当时的国家议会授予东起好望角、西至南美洲南端麦哲伦海峡的贸易垄断权及具有实行殖民统治的权力。荷兰的东印度公司贸易范围亦曾到达中国的台湾岛,荷兰在台湾岛的殖民统治,直至郑成功将他们驱走才结束。1912年荷兰还成立西印度公司,主要是在美洲经营贸易,以现时纽约曼哈顿为生意基地。我国有部分学者认为荷兰联合东印度公司是世界第一家现代股份有限公司[1]。

东印度是当时西欧国家将亚洲看做一个整体的总称。哥伦布航行到美洲,误认为到达了印度,尽管不久人们证实那是一块新大陆,而不是印度,但哥伦布最早到达的南北美洲之间的岛屿,后来一直被西方人称做西印度。

1588年英国打败了西班牙的"无敌舰队",成为海上强国。从此便疯狂地由海路向东方侵略扩张。为了筹集资金,1598年,伦敦银行区百名商人联合成立东印度公司,独占好望角以东一切国家的贸易。1600年12月31日英国东印度公司得到女王伊丽莎白批准,许以商业专卖、设置军队等特权。最初,东印度公司仅仅是一家私人企业。1771年,英国政府派遣曾为东印度公司职员的哈斯丁斯为孟加拉国知事。第二年,哈斯丁斯升任为印度总监。从此,东印度公司这家私人企业,实际成为英国侵略东亚之总机关[2]。英国的东印度公司发展迅速,在印度建立了贸易势力后,再向东发展,与中国建立了贸易关系,后来罪恶的鸦片贸易引发了中英鸦片战争。

4.2.3　最早的银行与证券交易所

随着海外贸易公司的产生,金融业中股份经济在一些欧美国家中也产生和发展起来。英国于1694年成立的英格兰银行被认为是最早的股份银行。该行拥有股资120万英镑。它把资金贷给政府,取得相当于这笔贷款的银行券发行权。这种银行券发行权具有广泛吸收社会资金的职能。1826年英国政府还颁布条例为股份银行提供法律保护,进一步促进了股份经济在银行业

① 参见林森池:《证券分析实践》,第十二篇:股票与资本市场的起源。
② 参见姚薇元:《鸦片战争史实考》。

中的迅速发展。到 1841 年股份银行增加到 115 家,19 世纪末,英国非股份银行几乎绝迹,股份银行成为金融市场上的统治力量。美国在 1782 年成立了第一家按照现代方式经营的银行——北美银行;1791 年建立第一家由联邦政府建立的银行——合众国银行(按期限经营 20 年后关闭)。合众国银行也是一个通过股份形式大规模筹集资本的股份银行。该银行拥有股资 1000 万美元,发行 2500 股,每股 400 美元,其中 1/4 由政府贷款,其余是私人投资。美国国会于 1863 年颁布了《国民银行法》,建立联邦和州政府两级管理共存的银行管理体制。随后各州建立的股份公司银行数量大大增加。

　　证券业出现在银行业发展之后,随着股份公司的出现,信用活动逐渐发展起来。最早在 16 世纪初的比利时的安特卫普和法国的里昂出现了证券交易活动。根据历史记载,英国在 1689 年期间有 15 家合股公司"股票"供买卖。但单靠 15 家公司的"股票"买卖无法令经纪商生存,后来渐渐靠买卖政府债券为生。当时英国政府财政紧绌,经常要借债度日。1691 年,英国政府已欠下 310 万英镑的民间负债。1694 年,英国政府成立英伦银行(Bank of England),主要任务是筹集 120 万英镑政府经费。英伦银行先发行股票,再将筹集回来的资金,以贷款形式借给英国政府。1708 年,英国东印度公司已累积不少财富,借给英国政府的贷款高达 320 万英镑。可是英国政府的财政赤字并没有因此改善,累积国债只升不跌。至 1750 年,累积国债高达 7800 万英镑。因此,政府债券在民间的转让频繁,成为股票经纪的主要收入来源。早期的证券交易没有正式的交易所,交易地方往往是咖啡室或餐厅。1773 年,股票商在伦敦正式设立了英国史上第一家证券交易所,即今伦敦交易所的前身。到 19 世纪中叶,这些非正式的地方性证券市场逐步走向正规化。世界各国证券交易所的设立日益普遍化,由此反过来又推动了股份公司的广泛发展,进而又推动信用制度、信用工具的发展。货币资本迅速积累,对有价证券的需求不断增多,证券交易额随之扩大。公司股票和债券日益成为交易的主要对象。

　　最早的股票交易所是巴黎交易所(Paris Bourse),成立于 1724 年。荷兰的阿姆斯特丹交易所(Amsterdam Bourse)成立于 1784 年。美国的费城(Philadelphia)交易所成立于 1790 年,1792 年 5 月 17 日,成立纽约证券交易所。我国最早的交易所"北京证券交易所"是由金城银行总经理周作民、盐业银行经理岳干斋,以交通系官僚集团首领梁士诒为后台,于 1918 年 6 月 7 日发起成立的,注册资本 50 万元,以经营股票、债券为主,同时兼做外币交易。时至今天,纽约交易所成为全球最大的交易所。

　　早期交易所的业务以国债交易为主,合资公司的股票买卖为辅。19 世纪 20 年代至 60 年代,工业革命的浪潮席卷欧美,机器大工业生产客观需要地区间的密切联系和全国范围的大市场,这就要求交通、能源、原料、公共事业等基本设施的先行发展。因此股份公司在铁路、公路、水运、矿山、电力等行业中迅速发展起来。在英国,19 世纪初期的铁路股票和证券几乎成了所有有积蓄的家庭的购买对象。1824 年英国有 235 家大公司,主要是铁路公司和汽船公司。1834~1836 年成立了 800 家公司,铁路公司居第一位。1844~1868 年的 25 年间,共成立股份公司 11 105 家,其中铁路公司居首位,达 1 791 家。另外,矿山公司 1 654 家,煤气公司 1 035 家。又如美国,建国之初就特许私人利用股份公司筹集资金,修筑公路运河。南北战争后掀起了大规模建筑铁路浪潮,至 1860 年前后,美国大铁路股份公司有 31 家。铁路公司股票还远销欧洲,通过股份集资使美国获得的巨额资本加快了铁路业的发展。1865 年美国铁路线总长为 3.5 万英里(5.635 万公里),至 1870 年就上升为 5.3 万英里(8.533 万公里),到 1914 年美国全国建成铁路网的总里程为 25.2 万英里(40.572 公里)以上,超过当时欧洲铁路里程的总和。

欧美资本主义的大工业之所以能获得高速发展,得益于股份公司、银行、证券交易的发展。资本家通过发行股票、证券交易、通过银行信贷,筹集巨额资本、创建大工矿企业,并通过组织托拉斯和控股公司等垄断组织形式,实现资本和生产的高度集中,如美国的洛克菲勒、摩根、福特等著名财团。20 世纪初,美国拥有资产在 1 亿美元以上的股份公司就近 100 家,到第一次世界大战结束,美国制造业产值 90%是由股份公司创造的。总之,股份公司经过 19 世纪最后三四十年的充分发展,已经成为资本主义世界占据统治地位的企业组织形式,对国民经济起着举足轻重的作用。

4.2.4　历史上最著名的炒作事件

股市的发展并不是一帆风顺的。历史上早期的股票市场很不规范,没有严格的法律制约。历史上最著名的炒作事件有三次。

第一次,荷兰郁金香球茎商品价格炒作事件。1593 年荷兰商人格纳从康士坦丁进口郁金香花根并种植,一时间成为当时财富的象征,并由荷兰风行到德国。这时郁金香正好染上花叶病,使郁金香花瓣产生了一种非常鲜明的彩色条纹,或者如火焰的色彩。于是染病郁金香引起一股抢购风潮。人们不惜倾其一家之产只为买一朵郁金香。1636 年,郁金香在阿姆斯特丹及鹿特丹股市上市,附近欧洲的一些股市也交易郁金香。更有甚者,有的股市竟推出选择权,同时将其分割成细股,降低投机者的门槛,使得投机者可以买到几分之一的郁金香,炒作几近疯狂。稀有品种"永远的奥古斯都",在 1623 年为 1 000 荷兰盾,到 1636 年已涨至 5 500 荷兰盾,1637 年 2 月,售价达 6 700 荷兰盾,此价钱足以买下阿姆斯特丹运河边的一幢豪宅,或购买 27 吨奶酪! 1637 年 1 月,

1.5 磅(0.68 千克)重的普普通通的"维特克鲁"球茎,市价仅为 64 荷兰盾,到 2 月 5 日竟高达 1 668 荷兰盾!当时荷兰人均年收入仅有 150 荷兰盾。荷兰政府对这种疯狂采取了刹车行动。从土耳其大量进口郁金香运至荷兰,从而引起荷兰市场上郁金香的价格迅速下滑,一星期后,郁金香价格平均下跌 90%,造成大量交易无法完成交割。为此,荷兰政府宣布这一事件为赌博事件,豁免交割,从而结束了这一场疯狂的郁金香价格炒作事件。

第二次,英国南海公司股票炒作事件。17 世纪末,英国经济兴盛,储蓄膨胀。当时股票的发行量极少,拥有股票是一种特权。1711 年,牛津的哈里·耶尔伯爵创建了一家"南海"合股公司。南海公司首先认购了价值 1 000 万英镑的国债,取得了政府的支持,然后对外宣称:公司致力于将英格兰的加工商品运送到金银矿藏丰富的南美洲东部海岸,投资公司者会获得极高的回报。英国公众在南海公司的蛊惑下,热烈追捧南海股票。英国下议院通过支持南海公司对南美洲贸易垄断权的议案,南海公司的股票立即从 129 英镑升到 160 英镑,当上议院也通过该议案时,又涨至 390 英镑,股票抢购狂潮席卷英伦三岛。半数以上的参议员纷纷入市,甚至连国王也没例外。数月后,南海股价攀上 1 000 英镑的顶峰,半年涨幅高达 700%。其他股票也随其暴涨,平均涨幅超过 5 倍。1720 年 6 月,在财政大臣罗勃特·沃波尔倡导下,国会通过《反金融诈骗和投机法》,即著名的"泡沫法案"(Bubble Act)。法案规定,在没有议会法案或国王特许状给予法律权利的场合,禁止以公司名义发行可转让股票或转让任何种类的股份,严惩非法的证券交易。南海公司推动国会通过"泡沫法案"其目的是为了稳定南海股价,英国国会通过该法案的本意则是制止各类民间"泡沫公司"的膨胀。但英国政府没有意识到南海公司恰恰是最大的"泡沫"。从 1720 年 7 月起,内幕人士与政府官员大举抛售南海公司股票,股价由此快速下跌。至 1720 年 12 月已跌至每股 124 英镑,南海股票泡沫破灭。这次事件使英国的财政部长被关进了英国皇家监狱——伦敦塔,他被揭露在南海公司的内幕交易中,赚了高达 90 万英镑。但是,许多不知情的投资者损失惨重。英国政府信用及英国经济都受到了巨大影响。

"泡沫法案"是英国在公司法律制度方面的首次尝试,某种程度上挽救了当时的金融危机,但副作用是严重抑制了股份制的发展,英国公司制度和股市的发展因此停顿了百余年。19 世纪工业革命开始后,经济迅速发展,企业采取股份制势不可当。1825 年,在英国商务部大臣哈斯肯的提议下,"泡沫法案"终于被废除。

第三次,华尔街股市崩盘事件。从 19 世纪到 20 世纪初,美国经济高速发展,刺激股市走强。1921 年 8 月到 1929 年 9 月,道琼斯指数上涨了 468%。

股指最高至 363 点。1929 年 9 月 5 日,巴布森发表股市要跌 60～80 点的著名预言后,道琼斯指数开始下跌。1929 年 10 月 21 日,市场垂直跳水,崩盘拉开序幕。随后几天股价连续跳水,1929 年 10 月 29 日,在强烈的卖压下,市场恐慌达到极点,1 600 万股股票不惜血本逃了出来。1929 年 11 月 13 日,指数狂跌到 224 点才稳住阵脚。那些以为股票已经很便宜而冒险买进的投资者又犯了个严重错误。1930 年价格进一步下跌,直到跌至 1932 年 7 月的 40.56 点。股指跌幅达 89％,工业股票跌去原市值的 85％,从 1929 年 9 月到 1933 年 1 月间,道琼斯 30 种工业股票的价格从平均每股 364.9 美元跌落到 62.7 美元,20 种公用事业的股票的平均价格从 141.9 美元跌到 28 美元,20 种铁路的股票平均价格则从 180 美元跌到了 28.1 美元。其中美国钢铁公司股价由 262 美元跌至 21 美元,通用汽车股价从 92 美元跌至 7 美元。

4.2.5 股市财富效应带动经济发展

1929 年,资本主义世界经济危机,引起股市大跌后,股市一直沉寂不起,这期间经历了第二次世界大战,欧洲各国经济破坏严重。战后美国一跃而成为世界头号资本主义国家,纽约取代伦敦成为世界金融中心。战后经济恢复,直至朝鲜战争结束后的 1954 年,代表世界经济发展的美国道琼斯指数才恢复到 1929 年的 300 点高位,这一过程经历了整整 25 年。1954 年到 1964 年的 10 年,是第二次世界大战后世界经济快速发展的时期,美国股市也第一次经历了一个大牛市,道琼斯指数这期间从 300 点升至 900 点。尔后美国陷入越南战争,经济陷入严重的滞胀,1974 年又遭遇石油危机,经济再度受困,股市涨涨跌跌。直至 1982 年才升破 1000 点。至 1994 年,用了 12 年时间上升至 3834 点。1994～1999 年是美国股市最牛的五年,从 3800 点上涨至 11500 点,涨了三倍多。美国经济也持续 10 多年的增长,几乎克服了经济周期规律,一举扭转七八十年代经济增速低于日本、德国的尴尬局面,重新确立了世界头号经济大国地位。

朝鲜战争期间,美国以日本为后勤补给基地,给日本提供了一个快速恢复发展经济的机会,使日本一度成为当时最大的新兴市场,经济蓬勃发展,吸引了很多资金。1960 年后,日本又开始实行国民收入倍增计划,以国民的消费增长促进经济的增长,极大地提升了日本国内的经济活力。日经指数从 1955 年的 374 点上升至 1989 年 12 月 29 日的 38916 高点为终结,用了 34 年时间使股市上涨了 104 倍,创造了世界股市有史以来的奇迹。

回顾世界股票市场历史可以发现一个规律,当股市市值达到一定的规模后,经济的涨跌之前,总是先有一波股市的涨跌。经济的涨跌与股市的涨跌高度相关。我们先看日本的例子。

日经指数用 34 年时间上涨了 104 倍。日本经济在股市持续上涨的同时，从 1955 年也开始了高速增长。1955～1973 年,18 年间国民生产总值（GDP）增加了 12.5 倍。GDP 年均增长 9.8%。1974 年后虽然遭受两次石油危机的打击,美国经济不振的影响,1974～1990 年,日本经济 GDP 年均增长仍高达 4.3%。

但 1989 年股市见顶后从高位回落并大幅下跌。日本经济也随之陷入危机。1991～1998 年期间年均 GDP 增长率仅为 1%,其中 1997、1998 两年出现负增长。经济发展受阻的主要原因是消费增长非常缓慢,有效需求不足。

再看美国股市例子。

1995 年美国道琼斯指数以 3834 点开盘,一波连续性的大牛市,至 1999 年底收盘在 11497 点,五年涨了三倍。而这期间,美国经济年均 GDP 增长率达到了 4.2% 的高速度。道琼斯指数从 2000 年开始盘整、2001 年开始产生幅度约 35% 的下跌,经济增长率也等同地开始下跌。各年 GDP 增长率分别为：2000 年 3.7%、2001 年 1.2%、2002 年 1.9%。2004 年至 2007 年,道琼斯指数一直在 10000 点至 14100 点的稳定上涨中,GDP 年均增长率约为 3.4%。从 2007 年 10 月 11 日,道琼斯指数创下 14198 点后开始下跌,引发资产价格全面下跌,触发了次贷危机。至 2008 年底收盘在 8776 点,2008 年 GDP 增长立即回落到 1.1%。

通常说股市是经济发展的晴雨表,股市总是先于经济的涨跌而涨跌。很多人将此解释为预期的原因。固然有些预期的因素,但是,先有股市的强弱,才有经济的强弱,一般股市先于实体经济一个季度的规律,仅用预期是解释不通的。应该探索其内在的机制,才有助于我们认识其规律。

4.3　股市的财富本质与作用

股市给人们带来过太多的兴奋与伤感,又给经济发展带来太多的辉煌,以至于人们爱得不行又恨得不行。在我国,由于股市在很多时候都是融资者的天堂,投资者的地狱,在人们发泄对股市的不满时,股市赌场论一度很风行。但是,经济学认识股市不能带有感情。那么,股市的本质是什么呢？

4.3.1　股市的交易本质:未来收益流折现

股市是个市场,必须以市场的交易本质来界定。那么股票价格的交易基础是什么？不是资产,也不是每一股份中所包含净资产的价格。它交换的是该股票在未来一段时间内所能取得的收入,将这种收入折算成现金,就形成股票的交易价格。因此从本质上说,股市是"未来收益流折现交易"。

现实的交易不管是商品交易、货币交换、资产交易,通通都是某种实物的交换,因此我们将它归属于"实体经济"。而"未来收益流折现交易"则与上述的这些交易有本质的不同,它不是一种实物体的交换,也不存在直观的价格。未来的收益流是多少,取决于三大条件:

第一,该公司在未来一段时期的获利能力;第二,经济的大环境因素,大环境经济景气与不景气对单个公司赢利能力影响极大;第三,信心因素,不管第一、第二的实际情况如何,都需要参与交易的人去相信它,有信心以某一价格购买它、持有它。

股票市场交换的是一种获利能力。构成一种获利能力就不仅仅是一种资产性的平面概念,而是由资产所构成的生产能力与市场需求两个平面所构成的立体有机体。仅有生产能力是不行的,即使是十分强大的生产能力,如果产品没有市场,这种生产能力只会造成过剩,不仅不能获利反而可能造成亏损。只有与市场需求结合起来的生产能力才能形成获利能力。

4.3.2　股市的功能与作用:劳动转化为资本

由于股市交易的是一种有市场需求的获利能力,由此在股票市场中就发生了两大功能转化。

4.3.2.1　财富的形态发生了转化

英国著名经济学家戴维·W·皮尔斯在其主编的《现代经济词典》中对财富给予定义:"任何有市场价值并且可用来交换货币或商品的东西都可被看做是财富。它包括实物与实物资产、金融资产,以及可以产生收入的个人技能。当这些东西可以在市场上换取商品或货币时,它们被认为是财富。财富可以分成两种主要类型:有形财富,指资本或非人力财富;无形财富,即人力资本。"

按照这个定义,在股票市场上市的股份公司中,各种生产要素,如厂房、土地、机器设备、原材料等,在购买之前,都是社会中的财富,在非上市的公司中,由这些生产要素所形成的资产,仍然在商品财富范畴中,因为它仍然可以以净资产的价格出让,仍是一种具有商品属性的物品。但是,在股票交易市场上,它的价值形态发生了转化,单纯的各生产要素,包括资本、技术、土地、劳动力都已不再是商品,它已转化为一种生产能力,只是构成价值的要素之一,还必须有构成其价值的另一个要素——"市场"与之相结合。市场是实现生产能力的必备条件。

股市使商品市场需求这种原本与财富无关的东西,也参与了价值的形成过程,并且成为价值产生的要素之一,这有十分重要的理论意义:

(1)价值的构成不再仅是生产问题,有潜质的市场也成为价值的构成。当一个产品由于市场前景好,该股票在股市中的价值升高,通过股市可以更迅速地获得资金投入,实现资金快速地在不同产品、不同行业间的流动。对国家来说,有市场发展潜力的国家,可快速获得国际投资的流入,推动国家经济的快速发展。如日本经济起飞就是一个很经典的例子。

(2)产品的市场效应提前反应,产品过剩危机减少。产品过剩向资金过剩、生产能力过剩转化。

4.3.2.2 劳动的价值形态发生了转化

股市的"未来收益流折现交易"的价值形成过程,将劳动、劳动者的劳动潜力转化为资本。

我们知道,在资本主义生产关系条件下,劳动者没有生产资料,是以劳动力商品的形态参与生产过程。在分配过程中,劳动者的工资只不过是劳动力商品的价格。并不参与资本的利润分配过程,在分配中与资本比较处于弱势。

但股市使一切发生了转化。上市公司中的各生产要素,包劳动者要素,都已由商品形态转化为资本形态,与其他各要素结合形成一种生产能力,同时再与市场结合产生交换价值。

劳动、劳动者的劳动潜力、物化劳动的技术、由劳动者提供的企业管理,这些都是属于劳动范畴,不是劳动力范畴,这两者是有严格区别的。在股市之前的生产体系中,劳动者出售是劳动力的价格,以劳动力的价格参与生产分配过程,由于股市以"未来收益流折现交易",它是以企业的生产能力与市场潜力作为价值的基础,这种生产能力与劳动者的劳动有关,劳动者在这个体系中,出卖的不再是劳动力而是劳动,劳动者是以劳动参与分配,不再是以劳动力的价格参与分配。这是一个十分重要的基础理论问题。

显性的劳动资本化的例子有股票期权、专利技术入股股权、员工股权激励等。隐性的劳动转化为资本的例子有管理层的管理和员工劳动生产率。企业管理者也属于劳动者之列,假设具有能使企业持续获利的管理能力,企业因管理层的优秀管理而持续获利,此企业股票价格必定高走。

企业因员工的劳动努力促使企业业绩增长,同样使企业更多的获利,股票价格高。这时候的企业管理者与员工除了获取工资收入外,还可获得技术股权、激励股权、股票期权收入。因此,劳动转化为资本。劳动者也可与资本等同分配收入。

在资本利润原则的市场经济条件下,通过股市将劳动转化为资本意义重大。它改善了劳动者的分配条件,缩小了劳动与资本的收入差距,扩大了社会消费需求比例,在一定程度上缓解了市场经济的基本矛盾。

4.4 股市创生价值原理

股市是个巨大的价值发生地,同时又是个巨大的价值湮灭地,由此对货币政策、社会经济产生重大的影响。

4.4.1　正价值发生

假设某上市公司股份为1亿股,发行价10元,发行时总市值为10亿元。当市场向好,该股的各价位成交情况假设如表4-1所示:

表4-1　某上市公司各价位成交统计

成交价(元)	成交股数(万)	成交金额(万元)	总市值(万元)
10	100	1 000	100 000
11	100	1 100	110 000
12	100	1 200	120 000
13	100	1 300	130 000
14	100	1 400	140 000
15	100	1 500	150 000
16	100	1 600	160 000
合计	700	9 100	

该股收市价为16元,在此推高上涨过程中,所用的资金成交量为0.91亿元,某收市日总市值16亿元,与发行时的总市值相比(忽略手续费、印花税),多出价值量6亿元。比原发行市值高出的这6亿元,为股市创生的价值。

4.4.2　负价值发生

假设某上市公司股份为1亿股,发行价10元,发行时总市值为10亿元。当股价向下跌时,该股的各价位成交情况假设如表4-2所示:

表4-2　某上市公司股价下跌时各价位情况统计

成交价(元)	成交股数(万)	成交金额(万元)	总市值(万元)
10	100	1 000	100 000
9	100	900	90 000
8	100	800	80 000
7	100	700	70 000
6	100	600	60 000
5	100	500	50 000
4	100	400	40 000
合计	700	4900	

该股收市价为 4 元,在此下跌过程中,在同样的成交股数量情况下,资金成交量为 0.49 亿元,比之上涨过程中成交金额少 0.42 亿元。某收市日总市值 4 亿元,与发行时的总市值相比,减少 6 亿元(忽略手续费、印花税)。在下跌过程中,虽然各持有成本不一样,但股市参与者合计总损失价值量为 6 亿元。

4.4.3 股票的价值决定规律

表 4-1、表 4-2 中所反映的正、负价值发生,是指股市对社会经济所产生的价值。如果我们将社会经济看做是个大系统,股市是个子系统,这里的价值发生是指股市子系统向社会经济大系统输出正或负的价值。但是,在股市这个子系统内部,被输出的价值却是通过股票的成交价格实现的。股票的成交价格绝不是凭空产生的,价格总是围绕着价值波动,股票成交价格的背后一定有股票的价值在起作用。需要特别注意的是这里涉及两个不同层面价值,不能混淆:一个是股市向社会经济系统输出的价值,这种价值的数量是由股票的成交价格决定的;一个是股票的价值,股票的价值决定着股票的成交价格,价格围绕着价值而波动。

那么,股票的价值决定是什么?

我们已经知道,股市是"未来收益流折现交易"。它的交易基础是已形成的企业生产能力加产品已有市场和潜在市场。毫无疑问,已形成的企业生产能力是一种劳动构成,劳动是价值的源泉,从这个意义上来说,股票的价值源泉仍是劳动。但是,与商品的价值劳动构成不一样,商品的劳动价值构成,是由生产这个商品的社会必要劳动时间决定的;至于该商品是否能实现其价值,则需要通过市场交换。商品生产存在着因为市场需求不足,不能完成交换实现其价值的风险。在股票中构成生产能力的物化劳动与活劳动只是构成价值的一个可能因子,这个因子必须与市场结合,市场和潜在市场也是构成价值的一个因子。只有当现有的生产能力与市场结合,形成企业未来的价值流,才构成现实股票的价值基础。

从这里我们可以看出,股票是市场经济的伟大创举。它的伟大之处就在于将资本主义商品经济中的市场也提高到了价值的高度,构成价值的要素不仅仅是劳动,如果劳动产品没有市场,不能实现其价值,仍然是没有价值。只有劳动产品通过市场需求实现了其价值的时候,才是现实的价值。而且,由于社会生产力的巨大发展,在社会生产能力过剩的情况下,市场需求成为稀缺资源时,市场需求就是价值,创造市场需求就是创造价值。而股市却可以通过预期的渠道,通过创造市场需求而创生价值。资本主义经济天生的市场需求不足矛盾,竟然通过股市获得一定程度的缓解。

4.4.4　股市创生价值量计算方法

股市创生价值量可通过下方程式计算：

$$Cv = Mc - Mi - T(F + Sd)$$

式中：Cv 代表股市创生的价值量，Mc 代表收市日总市值，Mi 代表发行时总市值，F 代表交易中产生的手续费总量，Sd 代表交易中产生的印花税总量，T 代表资金成交量。

创生价值量是财富效应的基础。从该方程式可以看出，影响股市创生价值量，首当其冲的是股票的发行价格。发行价格高低直接影响创生价值量的大小，甚至为负值。手续费、印花税也是大的影响因素。因为虽然手续费、印花税绝对值不高，但是我国股票换手率高，所积累的手续费、印花税数量甚至远高于上市公司每年所提供的分红。降低股票发行价与降低印花税是提高股市财富效应的基本方法。

我国有两次股市暴跌都与大盘股发行价过高有关。中国石化 2001 年 8 月 8 日以 4.22 元价发行上市，发行量 28 亿股，占当时沪市的上证指数的权重达 10％，引起股市资金供求不平衡，发行后股价一直成交在发行价之下，直到 4 年后的 2005 年 12 月才真正走出发行价。2007 年 11 月 5 日以 16.7 元发行 40 亿股的中石油，以 48.6 元价开盘，广大散户在开盘后的 40 多元杀入，随后股指暴跌，至今成交仍低于 16.7 元的发行价。由此所生产的负财富效应，以及由此引发的大盘系统性风险，是很难用数量来表示的。

4.5　一个创生价值的模型

我们可以通过如下的抽象模型理解股市是如何通过创造需求从而创生价值，实现社会总供需平衡的原理。

假设社会由唯一一家上市的股份公司组成，该公司生产所有的消费产品。为了简明，再假设没有出口，没有税收，资本家和管理者合而为一。

$$\begin{aligned} \text{社会产品总价值量} 100\% &= \text{劳动者工资} 50\% + \text{资本毛利润} 50\% \\ &= \text{劳动者消费} 45\% + \text{劳动者储蓄} 5\% + \text{资本家消费} 5\% + \\ &\quad \text{资本家投资} 30\% + \text{资本家储蓄} 15\% \end{aligned}$$

"劳动者消费 45％＋资本家消费 5％＋资本家投资 30％"之和形成简单再生产的条件，这些产品得以实现其价值。但是这时的社会还有"劳动者储蓄 5％＋资本家储蓄 15％"等于 20％。因为储蓄，有 20％社会产品无法实现其价值，我们称其为消费缺口。这个消费缺口就是凯恩斯意图通过扩大第二年投资来补填的缺口,但不管如何每年递增地填补,但缺口会一直向上散发性存在。如果任其向下均衡,到第二年,社会生产必然比上年萎缩20%。

假设劳动者和资本家都将储蓄投入该股市,该公司在该年的纯利润率(资本家投资30%＋资本家储蓄15%)为45%,假设市盈率为10倍。则有:

$$劳动者股市收入=5\%×45\%×10=22.5\%$$

劳动者的收入消费比率为90%,

$$由股市创造的社会需求比率=22.5\%×90\%=20.25\%$$

$$资本家股市收入=15\%×45\%×10=67.5\%$$

资本家的收入消费比率为10%,

$$由股市创造的社会需求比率=67.5×10\%=6.75\%$$

由股市创造的社会需求比率两者合计为:

$$20.25\%＋6.75\%=27\%$$

因为储蓄,原来有20%社会产品价值无法实现,现在因股市创造需求27%,这不仅使原本无法实现的20%产品价值得以实现,而且新增了7%的消费能力,使第二年扩大的再生产获得市场需求的支持。

假如这时由于市场预期产品销售市场扩大,预期后市良好,股市交易活跃,市盈率提高到15倍。

$$劳动者股市收入=5\%×6.5=32.5\%$$

劳动者因收入提高,股市收入消费比率下降至80%,则

$$由股市创造的社会需求比率=32.5\%×80\%=26\%$$

资本家因消费已接近饱和,股市收入消费率微升至7%,则由股市创造的社会需求比率由27%上升到33%,扣除20%的消费需求缺口,下一年可以获得新增13%的需求动力。

股市通过下跌湮灭价值与上述过程相反。由于用于购买股票的资金主要是居民用于消费的资金,发生负价值时也就是等同于居民将要用于消费资金的减少,传导到实体经济,也就等于在生产领域中等同部分的商品卖不出去,其价值不能实现,生产规模将发生萎缩,价值被湮灭。

未来收益流的价值表现通过预期来实现,现实的、已实现的收益表现对未来判断有一个正向强化过程。通过预期,股市对社会经济形成一个正向反馈系统。

4.5.1 正向预期

预期市场需求扩大、企业产能扩大或产品销售价格上升→企业效益上升、未来收益流扩大 →股票价格上升,股市创生的价值数量扩大→上市公司投资增加、股市创造的社会需求扩大→企业的产能进一步扩大、效益进一步提升→

市场预期向好的方向进一步增强→股价进一步上升、创造的社会需求进一步扩大,直到资源瓶颈。

4.5.2 反向预期

预期市场需求缩小、企业产品销售价格下降 →企业效益下降、未来收益流缩小 →股票价格下降,股市创生价值的数量迅速缩小 →上市公司产能过剩投资停止、股市创造社会需求功能丧失 →企业的产品积压、效益下降、收益减少 →市场预期向坏的方向进一步增强 →股价进一步下跌、社会需求进一步萎缩,直到崩盘。

股市这个创生价值模型通过省略非本质的联系,将本质的联系抽象出来进行演绎,使我们可以清楚地看到如下几点:①市场经济在正常情况下,由于资本收入比差大所造成的储蓄增加、投资强化,必然会导致产能过剩、社会消费需求的不足。②股市在正价值创生的情况下,能创造出一定比率的社会需求。③股市通过信心增加、预期未来市场需求向好,创生价值、创造需求;通过信心丧失、悲观预期,湮灭价值、湮灭市场需求。股市是一个正向反馈自激系统。④市场需求就是价值。在生产能力过剩的情况下,创造市场需求,就能创造价值。这一规律在股市中表现得特别明显。

当然,为了对原理进行简明的演绎,上述模型实际省略了证券市场上的效益损失、证券市场上因获利不均等因素所造的消费能力损失等复杂因素,在实际运行中股市创造需求的能力必然小于上述例证,而且各国情况会因股市效益的区别而极不一样。我国股市在前 15 年的建设中一直重"圈线"而忽略其价值创生功能的发挥,股市创造需求的能力必然不高。

4.6 财富效应的研究成果

西方传统的经济学由于没有马克思劳动价值论的理论基础,因而没有人发现股市通过创造需求创生价值的规律。但是多数经济学家都发现了股市的财富效应并作了相当广泛的研究。

1985 年诺贝尔经济学获奖者弗兰科·莫迪利安尼(Franco Modigliani)在他获奖的消费和储蓄的生命周期理论中指出,消费者一生的财富由可支配的劳动收入和金融财富组成,消费不仅是可支配收入的函数,也是金融财富的函数。当股价上升,一方面使消费者的金融财富增加,从而总财富增加,从而导致消费支出扩大;另一方面,即使在可支配收入不变的情况下,通过改善居民对未来股市收入的预期,也可以促使居民消费支出扩大。但是,这种收入预期是建立在股价上升具有持续性的特征上的,股价短期上涨引起暂时的财富增加,只会增加当期储蓄,不会对即期消费产生大的影响。弗兰科·莫迪利安尼通过实证研究证实,股市的财富效应,由财富效应所引起的居民消费需求增加是必然存在的。股票价格上升,必然引起居民的金融财富增加,居民的毕生资财增加,必然导致居民的边际消费倾向增加,社会消费需求增加,引起社会总产出增加。

美国著名经济学家罗伯特·霍尔(Robert Hall)教授在其理性预期理论、生命周期理论和持久收入理论中,对股市财富效应的功能进行了较为全面的综合。其消费函数的主要变量包括实际财富、当年可支配劳动收入和上一年可支配劳动收入。假设其他条件不变,而家庭财富除股市财富以外,均不发生变动。此时,受股市持续繁荣的影响,消费者信心增强,边际消费倾向增大。若干因素共同作用的结果,使消费支出扩大,于是产出增大,进而形成股市财富与消费需求和经济增长协同发展的良性循环。反之,当股市萧条时,股票价值下降,实际财富余额较低从而趋向于压缩消费。

美国著名经济学家弗雷德里克·S·米什金(Frederic S. Mishkin)教授在论述家庭的货币流动性效应时认为,当股票价格上升,从而使金融资产的价值也上升,消费者陷入财务困难的可能性较低时,耐用消费品和住宅的需求会增加。

更多的西方学者侧重于财富效应的实证研究。如美国经济学家戈登·塔洛克(Gorden Tullock)教授根据美国历史数据估算得出,每当股票价格上涨后,1美元财富的增加,会导致3～6美分的社会消费支出的增加。马克·赞迪(Mark Zandi)验证,股票市场财富每增加1美元可能使消费增加约4美分,但股市财富每缩水1美元可能使消费减少7美分[1]。美国卡尔·E·凯斯(Karl E. Case)教授等对14个国家近25年的数据进行了实证检验,结果表明财富效应存在[2]。

我国股市是个非典型的股市。粗略估算,在2005年以前股市占GDP的比例很小,并且因为"圈钱"等因素的存在,股市正的价值创生十分微小。这一期间的财富效应情况已为我国学者在2003年所作的实证分析所证实[3]。2005年开始股市经历股改后的快速扩张,沪深股市总市值与国民经济的比例至2007年10月上证指数最高点6124点时一度达到GDP的1.2倍。对应GDP增长速率,2006年为10.7%,2007年为11.9%,经济发展速率与股市快速上涨相对应。但是,2008年股市又经历巨量快速的下跌,在国际金融危机的双重影响下,2008年的经济发展速率也调头直下。当股市规模达到国民经济一

① Mark Zandi. Wealth Worries:*Regional Financial Review*,1999,8:1-8.
② Karl E Case,John M Quigley, Robert J Shiller:*Comparing Wealth Effects：The Stock Market Versus The Housing Market*. University of California,Berkeley, 2001:1-15
③ 夏新平,余明桂,汪宜霞:我国股票市场的货币政策传导功能的实证研究.2003

定比例时,财富效应对经济的影响是宏观调控中必须重视的。

4.7 算计股市的各种公式与应用

股市对货币资金的需求包括存量与流量两部分。收市日总市值是股市中的股票价值存量。股市中仅有股票价值存量所表示的资金是不够的。从表4-1、表4-2中我们可以看到,日常的交易还需要大量资金。满足大盘日成交需求量是维持股市存量的基础。我们将日常交易量看做是股市资金的流量。表4-1显示,当股市在推高上涨时,完成成交所需资金量是递增的。这不仅是因为需要造成对股票需求大于供给的资金优势,也因为随着股价的上涨成交同样数量的股票价值量增加。

4.7.1 资金总量公式

在假定股市信心指数为1的条件下,股市总资金需求量可用下方程式表示:

$$St = Mc + Sf + Sm \qquad\qquad (式 4-1)$$

式中:St 代表股市资金需求总量,Mc 代表总市值,Sf 代表股市流量资金,Sm 代表观望资金量。

股市资金总需求量包括:总市值、一个交易周期中交易所需要的流量资金、等待交易机会的观望资金之和。这是维持市场平衡的必需资金。

4.7.2 总市值计算

总市值是个随着股价与股票数量扩容而不断变化中的数值,随着股价的上涨与股票数量增加,股市总市值会随之增加。总市值增加,股市总资金需求量也会随之增加。但是总市值是股市中的存量资金,它体现在已被股民们持有的股票上。总市值是股价与股票数量的乘数:

$$Mc = Sp \cdot Sq \qquad\qquad (式 4-2)$$

式中:Mc 代表总市值,Sp 代表股价,Sq 代表股票数量。

调控总市值的直接方法就是控制股票的供给数量,股价不能被直接调控,只能间接调控。

4.7.3 股市中的流量、换手率计算

股市中的流量资金是与股市总量资金供求最直接相关的资金,也是股价维持、上涨、下跌中起主要动因的资金。股市中的流量资金量多大才能维持股价?多大才能推动股价?这是需要作实证研究的。

以我国2009年3月15日至2009年3月20日这一周沪深股市成交数据为例:沪深总市值约15万亿;本周成交量8 718.57亿,每日平均成交量

1 743.7亿;本周沪深上涨均值8.48％,每日均上涨幅1.696％;一周成交量占总市值比(周换手率)5.81％,日均换手率1.162％。

表4—3　2005~2008年沪深A股统计资料

年份	年上涨幅度(%)		年日均换手率(%)	日均成交量(亿)
2005	上证指数	-8.33	约1	130.84
2006	沪深300	+121	1.36	466
2007	沪深300	+162	3.5	1903.12
2008	沪深300	-65.96	1.37	1086

通过表4—3数据可以看出,当股市上涨时,需要有较高的换手率,当股市下跌时,换手率降低。我国股市2005年、2006年、2007年这三年日均成交量快速递增,与我国这三年股市快速扩容有关。但2008年股市暴跌65.96％,日均成交量也快速萎缩,绝对值同期减少了43％,说明了股市下跌会伴随成交量的减少有很强的规律性。股市稳定必然存在一个稳定的换手率和日均成交量。

我国A股市场与韩国股市、中国台湾股市的换手率相比较。韩国从1988年至2008年期间,其日换手率均值和最高值分别为0.68％和1.46％。中国台湾股市从1987年至2008年期间,其日换手率均值和最高值分别为为0.86％和1.82％。我国A股市场的换手率显然是比较高的市场。

日均成交量与日均换手率数据,是股市涨跌的重要参量,也是评估股市正价值发生,或是负价值发生的重要参量。从日均成交量、日均换手率数据,就可估算出股市上涨流量资金需求量,维持股价流量资金需求量。虽然股价的涨跌还需要有市场信心等因素综合作用。

股市流量资金需求量一定要大于股市日均成交量,因为我国实行的是$T+1$交易制度,股市资金一个交易周期需要两天时间。因此,可以将股市流量资金需求量看做是日均成交量的倍数。表示如下:

$$Sf = k(Vd) \tag{式4—3}$$

也可用日均换手率作替代计算:

$$Vd = Mc \cdot Rd$$

$$Sf = k(Mc \cdot Rd) \tag{式4—4}$$

式中:Sf代表股市流量资金需求量,Vd代表股市的日均成交量,k代表股市流量需求系数。Mc代表总市值,Rd代表日均换手率。

4.7.4 观望资金量计算

股市中的观望资金与市场信心有关,市场信心高时,入市者持有股票数量增加,持仓比高,处于观望的资金量减少;市场信心低时,入市者持有股票数量减少,处于观望的资金量增加。由于多数人在股市交易时始终会留一部分钱不买股票,不管股市信心如何变化,始终会有一个比例的绝对压仓现金。因此,可以将观望资金量看做是绝对压仓金与信心观望金的函数:

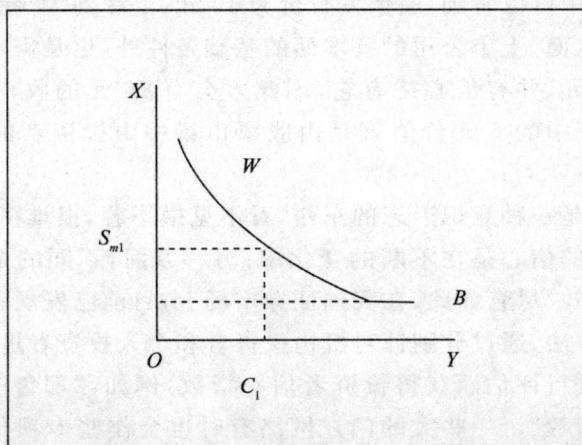

X 轴表示信心指数 C,Y 轴表示观望资金量 S_m,B 线表示绝对压仓金,
不受信心指数的影响;W 线表示信心观望金曲线

图 4—1　观望资金量 S_m 与市场信心关系图

当信心指数处于高值时观望金值最低,当信心指数处于低值时,观望金值最高。当信心指数为 C_1 值时,观望资金量等于 S_{m1}。观望资金量方程式可表示为:

$$S_m = f(C) + B$$

4.7.5　股市信心指数度量方法

什么叫信心?信心就是确信未来之事能够实现,就是对所希望的事有实现的把握,或是指对行为必定成功的信念。信心的表现构成包括对行动实现难度的外在认知、情绪和外在意识三个方面的构成要素。信心构成要素中的外在认知是指人们对行为必定成功的认识过程,由于这种认识过程只能是对行为未来发展状况的预期,所以这种认识过程实际上又是一种对行为过程的想象和推断。

股市是信心经济,这种信心经济包括信心与信誉两个层次。信心是对投资者来说的,股市中的信心是指股市投资者对股市整体和个股的基本面、资金面、政策面、经济的未来走向等的认知状况,是对股市中所投资对象未来收益流的认知程度和实现条件的信任程度。信誉则是对被投资对象来说的,是指

被投资对象对信息披露、实现承诺的诚信记录。

在股市中,投资者信心是建立在被投资者的信誉基础上的,被投资者的信誉是股市的基础。但是,再好的经济发展基本面,再好的有诚信的上市公司,都需要投资者去认知它,去相信它。因此,信心是股市创生价值的必要条件之一。从表4－1中可以看到,股票发行价为 10 元,上涨到 16 元,必然条件除了国民经济的基本面、上市公司的基本面的基础条件外,也是需求投资人认知该股票价值为 16 元,并有信心持有它,因此才会有 16 元的收市价产生。从 10 元至 16 元,这其中的 6 元价值就是由股票市场中由投资者的信心所创生出来的。

但是,信心是一种意识形态的东西,看不见摸不着,很难精确地加以度量。一方面,单个人的信心是在不断的变化中;另一方面,不同的个体对同一事物会有不同的认知。尽管如此,在我国证券市场上,目前已发展一种利用网络系统定期调查的方法,通过分别针对机构投资者和个人投资者进行问卷,定期搜集调查数据并进行评估而获得投资者信心指数,例如,"耶鲁－CCER 中国股市投资者信心指数"。一些大的门户网络有时也会作些专项信心调查。这种信心指数往往是以调查人数的百分比作为信心的指标体系。其实,市场操作层面的实时信心指数还可以透过交易数据通过软件分析获得。对于单一个体投资者的市场信心度的度量,则不可能通过调查数据获得,只能透过交易行为数据反推获得。

例如,信心影响持仓量,影响观望资金量,我们就可以透过投资者的持仓比例反推来度量投资者的信心状况。持仓有主动持仓与被动持仓(套牢),一般来说,主动持仓与投资者的市场信心有关。建议设计一个指标体系,将主动持仓过滤出来,以满仓(扣除绝对压仓金)买进者信心系数设为 1,将全空仓者信心设为 0,建立一个从 0 至 100％的累加的市场投资者信心指标体系,实时反映市场参与者的信心状况。此种信心指数的建立必须依靠权威部门通过交易所与券商客户数据库的配合才有可能。

4.7.6　资金总量公式的多种应用

股市资金需求总量属于内生需求,它是由一定股价条件下股市维持其价格的必要资金量决定的。在假定股市信心指数不变的情况下,股市内生的资金需求量不能满足时,必然通过下跌方式降低股价以降低股市的内生资金需求量,从而形成新平衡。可以通过以下方程式演算:

4.7.6.1　资金总量平衡方程式1

引用股市总资金需求量方程式作适当变换,可获得资金总量平衡方程式。式4－1代入式4－3得:

$$St = Mc + k(Vd) + Sm \qquad (式 4-5)$$

代入式 4-4 得:

$$St = Mc + k \cdot Mc \cdot Rd + Sm \qquad (式 4-6)$$

式中:St 代表股市资金需求总量,Mc 代表总市值,Sf 代表股市流量资金需求量,Sm 代表观望资金量,Vd 代表股市的日均成交量,k 代表股市流量需求系数,Rd 代表日均换手率。

4.7.6.2 流量系数方程式

股市流量需求系数 k 值求值方法:

$$k = (St - Mc - Sm)/Vd \qquad (式 4-7)$$

从式 4-5 中可以看出,k 是一个股市日均成交量 Vd 的倍数。应将 k 值分为三种:第一种是维持股价的 k 值,第二种是促使股市上涨的 k 值,第三种是股市系统性下跌临界点的 k 值。实际 k 值数据可以通过历史数据的实证研究获得。

4.7.6.3 资金总量平衡方程式 2

由此我们可获得主要由股价与股票数量构成的股市资金总量平衡方程式。将式 4-2 代入式 4-6,得:

$$St = Sp \cdot Sq + k \cdot Sp \cdot Sq \cdot Rd + Sm \qquad (式 4-8)$$

式中:St 代表股市资金总量,Sq 代表股市可容纳股票总量,Sp 代表股价,Rd 代表日均换手率,k 代表股市流量需求系数,Sm 代表观望资金量。

4.7.6.4 流通股总量平衡方程式

由式 4-8,经移项可得:

$$Sq = (St - Sm)/(Sp + k \cdot Sp \cdot Rd) \qquad (式 4-9)$$

式中:Sq 代表市场股票总量,St 代表股市资金总量,Sm 代表观望资金量,Sp 代表股价,Rd 代表日均换手率,k 代表股市流量需求系数。

此方程式说明,在一定的资金、市场信心条件下,股市对流通股是有确定的容量的,不可以任意扩容。如果在扩容同时保持股价稳定,这就需要在扩容时增加总量资金的供给,或者在资金供给充裕的条件下,提高市场信心指数,以求得市场平衡。通过本方程式可以计算出一定时期的市场可容纳流通股总量 Sq。

4.7.6.5 股票价格决定方程式

在假定股市信心指数为 1(实际的信心指数为 $0 \sim 1$ 之间的某一数值)的情况下,通过下式可以计算出特定股价 Sp 与资金需求的关系:

$$Sp = (St - Sm)/(Sq + k \cdot Sq \cdot Rd) \qquad (式 4-10)$$

式中:Sp 代表股价,St 代表股市资金总量,Sm 代表观望资金量,Sq 代表市场股票总量,Rd 代表日均换手率,k 代表股市流量需求系数。

从式 4—10 可以看出:股票价格 Sp(平均股价)高低,取决于股市中的总量资金 St 值、观望资金 Sm 值、股票总数量 Sp。在观望资金 Sm 值中包含着市场信心指数在起作用。资金增量、市场信心增量都是股价的乘数,股票数量增量是股价的倒数。从外部推高股价的条件:①增加总资金 St 供给;②提高股票市场信心,以减少观望资金量 Sm;③不增加股票数量 Sp 的供给。因此,调控股市总价格水平可以通过调控资金供给量、流动股总量、市场信心指数实现。经济宏观层面的利率、汇率、准备金率等方面的因素会从影响股市的资金供给量,从而影响到股票的价格。

4.8 股市货币放大

马克思的劳动价值论指出,劳动是价值的源泉。在资本主义生产中,价值增值的秘密在于劳动者的劳动所创造的价值大于购买劳动者所付出的价值。资本通过生产中的劳动而增值。

但是在股市中,资本也实现了增值。如表 4—1 中,股票在发行时 1 亿股 10 元股价,资本向股市共投入 10 亿元的价值量,在满足其存续条件的情况下,某收市日该股总价值量为 16 亿元,增值了 6 亿元。当然,股市存在价值增值的机制也同样存在价值湮灭的机制。如表 4—2 中的情况就是价值湮灭。比较一下商品生产中的价值增值与股市中的价值创生有何不同,人们或许会得到一些启示。

在商品生产中,价值增值表现在,货币资本在投入前,各生产要素都是商品形态,通过劳动生产,劳动者生产出超过自身价值的商品,这里的价值增值,不管是增值前,还是增值后,价值的载体都是商品。货币在这个过程中仅是充当交换媒介,并不是国民经济中所产生的价值增值多少,货币就等同地增加多少,货币的增加规律是按照实体经济中交换对货币需求规律增加的,此符合传统的实体经济货币占用规律。

在股市中的却不是这样,在股市中,价值增值前是货币投入,增值后退出仍然也是货币。货币不是用于交换的媒介,而是股市中运行的实体。在股市内部,当用货币资本购买股票后,价值的载体变成股票,与商品的价值恒定不一样(这里不是指商品的价格变化这个层次,而是指商品的价值层次),未来收益流的大小是变化的,因此决定股票价值也是可变的!因此,与实体经济中的货币仅是充当交换媒介的情况相反,在股市中,货币对股票来说不是交换媒介,货币一旦购买了股票,它的数量就一定不是原来的,它的数量绝对会发生变化。货币是股票价值的交换载体,股票是货币数量的增减器。

如果将股市看做是一个黑匣子,在进入股市之前是货币投入,数量增加或减少后,从股市退出的仍然还是货币,股票的价格变化变成了从股市中退出的货币数量所承载的价值变化。因此,股市是一个货币数量的放大或缩小器。

也许有人说,在炒商品期货中,货币投入购买某一商品期货合约,平仓后也会发生货币数量的增减,因此商品期货具有股市等同的功能。这种观点是错误的。主要原因有两点:其一,实物商品与商品期货炒作的是商品的价格变化,商品的价值等于生产该商品的社会必要劳动时间,在一国内的一定时间内价值是相对恒定的。价格围绕着价值波动,价格通过期货市场的保证金放大作用,为商品的价格炒作者生出了空间,但其价值并没有变化。而股票的要点是因为未来收益流的变化而发生了价值变化,货币只不过是其价值变化的载体。其二,实物商品交换与期货炒作是价值零和交易,一方价值的增加表示所参与的另一方价值的等同减少,而股市并不是零和交易。因此,将股票市场与期货市场等同相视是混淆了它们的根本性质。

经过股市缩放功能作用后的货币与央行发行的货币有没有不同? 可作出如下比较结论:

(1)价值相同。具有与央行发行货币等同的购买力。

(2)价值发生源并无本质区别。央行发行的货币价值来源于国家信用或国家信用担保。国家货币的信用基础是由全体国民所构成的生产能力。股市增生的货币价值基础是"未来收益流"折现,而"未来收益流"是由已形成的企业生产能力和市场潜力所构成。这两者的价值基础最终来源都是劳动者的劳动,因此在价值源泉的本质上并无区别。

(3)股市增生的货币如果进入商业银行,也具有同央行发行货币等同的派生货币能力。从这一点上看,股市增生的货币是一种与央行发行的基础货币相同的货币,同样,股市湮灭的货币也是一种基础货币。

不将股市增生的货币看做是与央行发行货币等同的货币,或者不将股市看成是与央行一样具有对基础货币数量增加与减少的能力,是传统货币理论所犯下的最大错误,也是我们以往货币政策每每失误的根源。

4.9　研究股市财富效应的方法

从以上论述可以知道,由于股市存在着创生价值与湮灭价值的功能,因此,必然地存在着股市的财富效应。财富效应是正还是负,与股市是创生价值还是湮灭价值有关。

4.9.1　研究财富效应的方法

首先应该计算股市创生（或湮灭）价值的价值量，然后通过实证数据计算出创生价值量的边际消费率，正财富效应所产生的增量消费比率比较负财富效应对消费的减量比率。根据已有学者的实证，这种增量比率与减量比率往往不成等比。准确地计算出股市是创生了价值还是湮灭了价值，是整个股市财富效应评估的关键。

引用 4.4.4 节中的股市创生价值量简单方程式：

$$Cv = Mc - Mi - T(F + Sd)$$

通过增加如下项目，可用于计算准确的股市净价值输出量。

（1）对上式中 Mc 代表收市日总市值，改为收市日流通股总市值；

（2）对股市新股发行、增发、配股所筹集资金总量作减式处理，因为股市的筹集资金是对股市资金的总抽出；

（3）对原始不流通股解禁转为流通股后的首次交易资金作减式处理，因为此交易资金大多是原始资本的资金，交易变现后多数都会退出股市转入生产性资金。

4.9.2　股市净价值输出量计算方程式

$$Cv = Mc - Mipo - Ma - Ml - Mb - Md - T(F + Sd)$$

（式 4 — 11）

式中：Cv 代表股市净价值输出量，Mc 代表收市日流通股总市值，$Mipo$ 代表新股发行筹资总量，Ma 代表增发所筹集资金总量，Ml 代表配股所筹集资金总量，Mb 代表解禁转为流通股后的首次交易资金总量，Md 代表退市股发行时总市值以及所费交易总成本，F 代表交易中产生的手续费总量，Sd 代表交易中产生的印花税总量，T 代表上市以来的资金成交量。

从上述公式可以看出，股市是否有净价值输出首先取决于上市新股发行筹资总量 $Mipo$。当新股上市发行价格高，或价格不高，但市场总资金量不足时，或上市公司并没有真实的业绩支持其发行价时，刚发行上市或上市后的一段时间就会跌破发行价，那么该股立即就产生出负价值输出。增发、配股虽然数量较少于首次发行，但价格和数量的作用是与首发一样的。我国特有的解禁股流通数量巨大，对市场的抽资作用十分明显。而手续费、印花税的降低，对我国高成交量、高换手率，低价值发生的股市来说，也是增加股市价值输出的必要的、有效的措施之一。股市净价值输出量 Cv 并不存在天生为正的情况，在重集资重发行而不重质量、不重上市公司真实价值的情况下，股市净价值输出量 Cv 为负的可能大于为正的可能。

当股市净价值输出量 Cv 为正时，是否就立即产生出财富效应？根据中外学者的实证研究,大起大落波动频繁的股市既使短期 Cv 为正,也不会产生出财富效应,只有较长时间股市持续上涨,由股市创生的价值才会从股市中溢出,转变为消费资金。

在我国,国家禁止银行、国有企业参与股市投资,股市投资资金构成是以居民的消费资金为主。从理论上推测,我国股市净价值输出量 Cv 的正负,对居民的消费影响必然大于不作这些限制的西方国家。

股市通过净价值溢出能产生补充的消费能力,对于解决实体经济中因劳动与资本分配差距所产生的整体经济生产与消费失衡问题十分重要。实体经济中劳资分配比例失衡,经济体中的有效消费不足是资本主义的痼疾。我国较之西方发达国家在此方面更是有过之而无不及,消费失衡在我国已经到了十分严重的地步。从下面一组数据,可知我国一次分配比例失调的情况。

美国 1870～1880 年期间的生产体系中,劳动收入所占比重为 50％;在 1980～1984 年期间,劳动收入所占比重为 74.3％。英国在 1860～1869 年期间,劳动收入所占比重为 45.2％;在 1975～1979 年期间劳动收入所占比重为 68.8％。英国学者曾经计算过 1991 年时的个人收入,结果是就业工资所得占 63.5％,资本市场收入所得占 11％[①]。日本经济快速增长,除了实行国民收入倍增计划,以国民的消费增长促进经济增长的有力措施外,更与股市的支持有极大的关系,日经指数 1955～1989 年,34年间使股市上涨了 104 倍,同期经济也增长了 94 倍,这期间股市对经济的助推作用不是斥之为"泡沫"那么简单的。

据代强《中国收入分配体制实证分析》中的实证分析,我国在 1980 年、1990 年和 2000 年,工资总额占 GDP 的比重(即分配率)分别只有 17％、16％和 12％,2000 年以后,这一比重略有上升,但最终没有超过 15％。据仲大军《劳动收入与资本收入的比重缘何相差悬殊》一文中所列的数据,2002 年我国总的劳动收入在国民收入分配中的比例大约为 30％。劳动收入在国民收入总分配比例上只有英国的 47％、美国的 40.4％。

我国劳动工资在一次分配中本已严重偏低,但是在通过股市补充居民消费能力方面我国做得更为不好。多位学者的实证研究已证明我国股市至今并没有产生过财富效应,甚至可能处于负财富效应中。刘婷在《基于 VAR 模型的中国股市财富效应实证研究》一文中,以 2001 年第一季度至 2008 年第一季度的季度数据为样本,研究了我国股市的财富效应问题,认为我国股市的财富

---

① 　数据引自王振中:《劳动与资本在分配中的地位》,中国社会科学院院报。

效应未明显显现。湖南大学刘鸽在《我国股票市场财富效应研究》、暨南大学吴赠英在《基于 VAR 模型的中国股市财富效应研究》等文中,都发表过类似的研究结论。这些都是因为我国股市重集资、轻价值创生的错误发展战略所引起的。今后的股市管理必须改以集资指标、市场发展规模的管理目标,为股市创生价值量、股市净价值输出量、股市的财富效应的管理目标,使股市真正成为我国经济增长的助推器。

第五章 投资、消费与股市
货币三大需求揭秘

　　为什么说有三大货币需求？为什么先有股市对货币的需求后有实体经济对货币的需求？为什么只有分清了投资货币与消费货币才能认识通胀与通缩？为什么紧缩的货币政策会引发股灾？经济增长与货币增长有何关系？

　　生产商品是为了满足消费需要，生产货币则是为了进行商品生产，实现商品交换。此外，人们还通过对货币的持有实现对财富的占有。货币供给数量少了，会产生通货紧缩；货币供给数量多了，则又担心引起通货膨胀，已实现持有的货币财富缩水。同时，货币数量还是宏观调控、社会财富分配的重要工具。因此，货币数量理论可说是经济理论中的皇冠。

　　经济过程对货币有三大需求：人们在生产消费、生活消费过程中对货币有交换媒介需求；资本在实现价值增值过程中对货币有价值持有需求；股市价值放大需要投资货币支持。货币需求是刚性的，是维持经济正常运转所不可缺少的。

　　当前占主流、统治地位的货币需求理论，包括流行极广的凯恩斯、弗里德曼货币需求理论，全部都是错误的。这些理论对货币的本质认识错误，仅将货币看做为流通媒介，忽略了货币的价值持有功能。资本主义生产的目的就是为了实现价值增值，资本必须首先获得其对货币的价值持有，才能组织生产，并完成其价值的增殖的过程：$G—W—G'$。因此，货币的内生需求不仅仅体现在流通中对媒介货币的需求，更主要的是体现在资本为实现价值增值而对货币的需求。

5.1　货币分类:投资货币与消费货币

为什么要对货币的需求进行分类? 由于货币具有价值尺度、流通手段、支付手段、持有手段、宏观经济的调节工具五大职能,不同职能导致货币在不同场合的应用。其价值尺度、流通手段、支付手段此三项职能主要用于完成流通媒介的功能;持有手段主要用于完成人们对价值的保持功能和占有功能。虽然信用货币失去了价值的贮藏功能,但在一定的时期内,货币的价值仍能保持相对稳定,此为人们短期的价值持有以实现交换等待提供了依据。如果货币价值不能实现相对稳定,那么人们获得货币后,就会尽快地交换成实物商品而形成抢购。由于货币具有价值保持功能,持有货币也能实现对财富的持有。资本生产的目的是为了获得剩余价值,为了实现占有剩余价值而不是占有剩余商品这一目的,持有货币也成为资本生产的目的。也正如马克思所说的,为了占有更多的货币而生产。

这样,人们对货币的持有实际上可归结为两种目的:一种是为交换而持有货币,这种货币功能性质是处于交换等待状态,通常为消费性质,也包括生产过程中的中间物交换;另一种是为投资、价值增值而持有货币,通常为投资性质,持有货币是起点,也是终点。此主要是指资本对货币的持有①,也包括居民为股市投资而对货币的持有。

因此,根据持有动机的不同,我们将货币划分为投资货币与消费货币。但一定要知道,投资中的货币也要承担交换媒介功能,不过在其运行的过程中更侧重于持有功能。消费中的货币也需要在交换等待中保持货币价值,但更侧重于交换媒介功能。

5.2　资本循环对货币的需求

传统的货币理论无一例外地都无视货币的这种需求分类,其根本原因在于西方经济学对货币本质属性的理解有缺陷。西方经济学将货币定义为"人们普遍接受的,充当交换媒介的东西",仅将货币理解为交换媒介。整个货币需求理论也仅仅停留在交换媒介对货币的需求上,如第一章所论,费雪和剑桥学派的货币数量论,完全忽略了投资对货币的需求;当代经济理论大师凯恩斯和弗里德曼的货币需求理论虽然都已将投资需求作为货币需求的一个重要部分,但由于他们的理论是继承传统的费雪货币数量论,以及马歇尔、庇古等剑桥学派的货币理论,在逻辑的起点上就已产生了错误,致使理论的结构性错误

---

① 马克思对资本人格化有十分精彩的论述:"作为资本家,他只是人格化的资本。他的灵魂就是资本的灵魂。而资本只有一种生活本能,这就是不断增殖自身,获取剩余价值。"见《资本论》第一卷260页。

被保持了下来。

天才的凯恩斯是第一个将投资需求纳入货币需求理论的。他从人们对货币的持有动机出发,分析认为人们对货币持有包括三个动机:货币的交易动机、谨慎动机和投机动机,并分别归结到货币的交易需求和投机需求之中。虽然这个货币需求理论仍仅局限于流通中的货币,但相对于简单货币数量论来说,凯恩斯正视了当时社会已经大量存在的股票、债券投资这一事实,将人们的投资行为纳入了货币需求分析,这无疑是货币需求理论发展史上的一个巨大的进步。

20 世纪 70 年代经济滞胀后,弗里德曼以其更精细的货币数量论替代了凯恩斯主义的货币需求理论。弗里德曼货币数量论的主要特点是将人们的恒久性收入看做是货币需求的主要函数,同时弗里德曼也继承了凯恩斯视货币为一种投资资产的思想,详细地研究了股票投资预期收益率、债券投资预期收益率、货币定期存款的利息收益率等对货币需求的影响。弗里德曼学派在细节的分析上精彩之极,由于理论逻辑上的重大缺陷,对每日发生的、更大规模的资本对货币的价值持有需求视而不见。资本在实施商品生产的过程中因生产资料①交换而产生的对货币的需求,资本因流动资金需要而对货币的需求,资本在对剩余价值保存时对货币的需要通通被大师们忽略。这种理论上、方法上的根本性错误,使得传统的货币理论在这次国际金融危机面前全军覆没。

特别是弗里德曼货币数量理论,在反滞胀中战胜凯恩斯的货币理论后的几十年间,有不少人发现其难于应用,尤其是不能进行量化性应用计算。在我国的应用,尽管与观察到的现实总是严重脱节,但还是被照搬论者奉为经典。从 2007 年底中央经济工作会议所确定的"两防"②目标及其一系列政策的制定和其后对"两防"政策的经济理论界的反映上,充分显示了我国的货币数量论者照搬理论,错误指导所造成的对经济的危害和破坏作用,远胜于经济危机本身。

其实,马克思早在一百多年前的《资本论》中就为我们指明了货币数量理论的逻辑方法。马克思指出,作为货币的货币与作为资本的货币,是有着本质上的区别的。作为货币的货币是一般等价物基础上的货币,在商品流通中起媒介作用,其流通公式是:

$$W - G - W \qquad\qquad (式\ 5-1)$$

---

① 关于生产资料的概念,这里是取马克思的定义:人们从事物质资料生产所必需的一切物质条件,即劳动资料和劳动对象的总和。其中劳动资料是指人用以影响和改变劳动对象的一切物质资料的总和,包括生产工具、土地、建筑物、道路、运河、仓库、机器、设备、厂房等。劳动对象指在劳动中被采掘和加工的东西。

② 2007 年 12 月 3 日~12 月 5 日召开的中央经济工作会议确定:要防止经济增长由偏快转向过热,防止物价由结构性上涨演变为明显的通货膨胀。

式中：W 为商品，G 为货币。

当货币转化为资本后，作为资本载体的货币，就不再是流通中的媒介了。它既是流通中的起点，又是流通中的终点。相反，商品则变成了资本的流通媒介。马克思所描述的资本的货币流通公式是：

$$G—W—G'$$　　　　　　（式 5—2）

式中：$G' = G + \Delta G$。

这两个公式区别明显。在式 5—1 中，商品 W 是起点，也是终点，货币 G 只是起媒介作用。完成商品的交换后，货币职能完成，不需要存在。虽然货币总的交换量等于总的商品生产的价值总量，但由于同一个货币可用于交换多次，所需要的货币数量必然小于商品生产的价值总量。因此，处于流通中的货币数量为：

$$M = PY/V$$

式中：M 为货币需要数量，PY 为交换量，V 为流通次数。

在式 5—2 中，货币是起点，也是终点，生产商品不是目的，获得增值货币才是目的。商品是资本的流通媒介。因此，在组织商品生产前，资本必须要持有与资本等额的货币，这时候，货币的数量必须与简单商品再生产和扩大的商品再生产的总量相等。资本投入生产后，实现了价值增值，资本 G' 所代表的货币必须重新全部地回到资本的手中，否则，就会有部分的商品 W 价值不能被实现。资本的逻辑是，商品 W 是货币 G 的增值媒介，完成一个价值增值的循环后，资本手中仍然获得的是对 G' 的持有，那么此时的货币需要量等于 G'。可表述为：

$$M = G'$$

在资本主义生产中，商品是货币获得增值的媒介，货币必须首先以资本的形态出现，以资本的形态组织生产，有多少货币资本才可能组织有多大规模的生产，当所生产的商品全部卖出去都实现其价值后，此时又成为货币形态为资本所持有。这完全与现实中资本运行相吻合。因此，货币需要量最少是等于资本的收入总量，即 $M = G'$，此应该是个最少的货币需要量。因为，此时的货币需要主要表现为资本对货币的持有需要，商品生产中还必然会有对交换媒介货币的需求，这部分货币需求虽然与资本持有货币需求是属于一种交叉需求，但此必然会使得货币总需求量 $> G'$，因此，在以资本为目的的生产中，货币总需求量应该为 $M > G'$。

毫无疑问，当今世界实行的都是资本主义的市场经济生产方式，货币必然是以式 5—2 的方式流通，不可能以式 5—1 的方式流通。过去的货币理论都是以式 5—1 的逻辑来描绘货币需求，必然产生根本性错误。

5.3 资本货币需求实证分析

表 5-1 是我国 1978~2009 年国民生产总值(GDP)与货币 M_2 的数据。

表 5-1 我国 1978~2009 年国民生产总值(GDP)与货币 M_2 数据

年度	GDP	GDP 年增长率 (%)	货币 M_0 (亿元)	货币 M_1 (亿元)	货币 M_2 (亿元)	M_2 年增长率 (%)	贷款余额 (万亿元)	个人消费贷款 (万亿元)
1978	3645.2	11.7	212	948.4	1159.1			
1979	4062.6	7.6	267.7	1210.9	1458.1	25.8		
1980	4545.6	7.8	346.2	1521.3	1842.9	26.5		
1981	4891.6	5.1	396.34	1755.8	2234.5	21.3		
1982	5323.4	9.1	439.12	2022.3	2589.8	15.9		
1983	5962.7	10.9	529.78	2336.4	3075	18.7		
1984	7208.1	15.2	792.08	3173.1	4146.3	34.8		
1985	9016.0	13.5	987.78	3528.7	5198.9	25.4		
1986	10275.2	8.8	1218.38	4415.2	6718.1	29.2		
1987	12058.6	11.6	1454.48	5291.4	8252.8	22.8		
1988	15042.8	11.3	2133.98	5985.9	10099.6	22.4		
1989	16992.3	4.1	2343.98	6382.2	11949.6	18.3		
1990	18667.8	3.8	2644.4	6950.7	15293.4	28.0		
1991	21781.5	9.2	3177.8	8633.3	19349.9	26.5		
1992	26923.5	14.2	4336	11731.5	25402.2	31.3		
1993	35333.9	14.0	5864.7	16280.4	34879.8	37.3		
1994	48197.9	13.1	7288.6	20540.7	46923.5	34.5		
1995	60793.7	10.9	7885.3	23987.1	60750.5	29.5		
1996	71176.6	10.0	8802	28514.8	76094.9	25.3		
1997	78973.0	9.3	10177.6	34826.3	90995.3	19.6		
1998	84402.3	7.8	11204.2	38953.7	104498.5	14.8		
1999	89677.1	7.6	13455.5	45837.3	119898.9	14.7		
2000	99214.6	8.4	14652.65	53147.15	134610.26	12.4		
2001	109655.2	8.3	15688.8	59871.59	15.8万	13.4	11.2*	

续表

年度	GDP	GDP 年增长率 (%)	货币 M_0 (亿元)	货币 M_1 (亿元)	货币 M_2 (亿元)	M_2 年增长率 (%)	贷款余额 (万亿元)	个人消费贷款 (万亿元)
2002	120332.7	9.1	17278.43	70882.19	18.5 万	19.9	13*	
2003	135822.8	10.0	19745.99	84118.81	22.1 万	19.6	17	
2004	159878.3	10.1	21468.3	95970.82	25.3 万	15.3	18.9	
2005	18.2 万亿	9.9	2.4 万	10.7 万	29.9 万	17.6	20.7	2.2
2006	20.9 万亿	10.7	2.7 万	12.6 万	34.6 万	16.9	23.8	2.4
2007	24.7 万亿	11.4	3.0 万	15.3 万	40.3 万	16.7	27.8	3.3
2008	30.1 万亿	9.0	3.4 万	16.6 万	47.5 万	17.8	32	2.99
2009 二季	14 万亿	7.1	3.4 万	19.3 万	58.1 万	28.5	39.8	3.65

资料来源:《中国统计年鉴》、《中国金融年鉴》。其中标有万亿的数据来自《中国货币政策执行报告》。在贷款栏中标有 * 号的为人民币贷款余额,未作标注的为本外币贷款余额数据。GDP 年增长率 1993~2005 年取修订后的数据。

表 5-1 说明:我国货币 M_2 供应量首次超过 GDP 为 1996 年。这是在进行了一系列投融资体制、物价体制、汇率等市场化改革之后,在此之前为经济转轨时期,货币供需机制很有不同。因此,这些处于改革过程中的各年度数据仅能作为参考,并不能作为严密逻辑分析的资料。2005 年银行体制改革后,银行照国际准则运行在全商业模式下,货币 M_2 供应量连续 4 年平均年增长率开始稳定在 17.25% 左右,应该说这也是央行货币政策调控的一个结果。

表 5-1 中特别列举了 2001~2008 年间人民币贷款余额数据。商业银行贷款,主要包括投资贷款和个人消费贷款。其中投资贷款部分并不是当年资本的全部投资量,投资总量中还有一部分是自有资金转化的。广大中小私人企业也不能从银行获得投资贷款。因此,资本实际投入货币 G 的量一定大于金融机构的贷款量。金融机构的本外币贷款余额还包含一部分个人消费贷款,个人消费贷款不属于资本投资,这里应予扣除。

5.3.1　资本贷款与上年 GDP 值比较

用上年 GDP 与当年的资本贷款值比较,其意义是指在 $G-W-G'$ 的资本循环中,上年的 GDP 为当年的起始生产,上年的 GDP 值即为当年起始资本持有货币开始新一轮生产投入值,其投入比值与当年 GDP 增长的关系。我们可以通过式 5-3 的计算观察一下 2005 年至 2008 年期间资本贷款与 GDP 的关系。

$$L - L_p - GDP_0 \qquad\qquad (式5-3)$$

式中:L 代表贷款总额,L_p 代表个人消费贷款,GDP_0 代表上年 GDP。

2005 年:20.7 万亿-2.2 万亿-15.988 万亿=2.512 万亿元;

2006 年:23.8 万亿-2.4 万亿-18.2 万亿=3.2 万亿元;

2007 年:27.8 万亿-3.3 万亿-20.9 万亿=3.6 万亿元;

2008 年:32 万亿-2.9831 万亿-24.7 万亿=4.3169 万亿元。

贷款是指对货币的需求,资本贷款是指在一个生产的起始阶段资本对自有资金之外的银行的货币的需求,从计算的结果可以看出,当年资本对货币的需求高于上一年的 GDP 总值。各年高于上年 GDP 总值比:

2005 年:(20.7 万亿-2.2 万亿-15.988 万亿)÷20.7 万亿=12.14%;

2006 年:(23.8 万亿-2.4 万亿-18.2 万亿)÷23.8 万亿=13.45%;

2007 年:(27.8 万亿-3.3 万亿-20.9 万亿)÷27.8 万亿=12.95%;

2008 年:(32 万亿-2.9831 万亿-24.7 万亿)÷32 万亿=13.49%。

当年资本贷款高于上年 GDP 的比值,平均为 13%,与这四年 GDP 平均增长 10%的比率相近且高三个百分点。

5.3.2　资本贷款与当年 GDP 值比较

其意义在于通过资本贷款所投入的货币数量是否能满足 G' 对货币持有的需要。

$$L - L_p - GDP_1 \qquad\qquad (式5-4)$$

式中:L 代表贷款总额,L_p 代表个人消费贷款,GDP_1 代表当年 GDP。

2005 年:20.7 万亿-2.2 万亿-18.2 万亿=0.3 万亿元;

2006 年:23.8 万亿-2.4 万亿-20.9 万亿=0.5 万亿元;

2007 年:27.8 万亿-3.3 万亿-24.7 万亿=-0.2 万亿元;

2008 年:32 万亿-2.9831 万亿-30.067 万亿=-1.05 万亿元。

这四年数据很有典型意义。前两年(2005 年、2006 年)央行实行较宽松的货币政策,没有严控贷款的情况,银行的投资贷款应表现为内生性的投资对货币的需求。从比较数据看,2005 年资本贷款数高于当年 GDP 0.3 万亿元,2006 年资本贷款数高于当年 GDP 0.5 万亿元。

后两年(2007 年、2008 年)央行开始实行紧缩的货币政策,特别是 2008 年在"两防"政策指导下,存款准备金率提高到空前的 17.5%,并且实行严格的贷款窗口指导,严控货币贷款的投放。2007 年当年贷款已低于当年 GDP 0.2 万亿元人民币,2007 年下半年现实生产中因输入性通货膨胀需要追加因而引起的对货币的需求,而央行反而紧缩货币引起货币短缺。2008 年资本贷款低于当年 GDP 值已高达 1.05 万亿元人民币,与此数据印证的是企业生产体内的货币资金严重紧缺,至 2008 年上半年倒闭企业已达 6.7 万家,GDP 增长速率急转直下。货币投放-1.05 万亿元引起如此严重的后果,表明内生的货币需求是刚性的,给资本的货币贷款投放不能低于当年的 GDP 值。

之所以用 2005 年至 2008 年的贷款数据作样本比较,是因为我国商业银行在股份制改革前,贷款通行的是权力原则,主要靠指标控制,2005 年股份制改革后,银行贷款转向风险控制,放贷行为趋为谨慎,其数据所反映的资本对货币需求与 GDP 的关联度高。从表 5-1 中还可以看出,改革前银行各年贷款余额平均高于当年 GDP 值的 10%。股份制改革后,2005~2007 年连续三年贷款余额高于当年 GDP 的值都在 7%附近。2008 年因央行执行高度紧缩的货币政策则是个例外。

实证数据已证明,当年货币需求量大于当年的 GDP 值,即 $M > G'$。这是由投资中的货币需求所决定的。在资本主义的生产方式下,资本必须是首先通过持有货币才能开始组织生产,在完成一个资本循环后,仍然需要实现对货币的持有,才能完成对价值增值的循环。因此,货币的内生需求使得货币在数量上必然高于当年的 GDP 总值,否则,就会使企业不能实现价值的循环,必然产生库存增大,产品卖不出去。如果当年的货币的供给量低于当年的 GDP 值,就必然使后续的生产发生萎缩。

生产中的货币数量投放在实践中主要是通过企业的银行信贷实现。商业银行用于信贷的货币主要是派生货币层 M_2。从我国近年 M_2 数据看,一般高于当年 GDP 值平均在 60%以上。

5.4　消费过程对货币的需求

5.1 节中,我们抽象地将货币分为投资中的货币与消费中的货币,不仅生产对货币有需求,消费对货币也有需求,不过这种需求完全是对媒介货币的需求。

在 $G-W-G'$(式 5-2 中:W 为商品,G 为货币,$G' = G + \Delta G$)中,当资本用货币投入生产时,是用货币购买生产资料和劳动者。购买生产资料的部分货币分流到生产性消费市场,购买劳动者的货币分流到生活性消费市场。生产性消费市场和生活性消费市场如果中间再发生交换,本质上并没有不同,可用式 5-1 表示。

例如,当劳动者获得工资收入时,劳动者是将自己作为商品出卖给资本,资本手中获得商品,并使用于生产,生产出更多的商品等待交换换回货币。而劳动者手中持有货币,在数量上是资本原始投入中的一部分(另一部分进入生产性消费市场),已包括在 G 对货币的需求内;劳动者持有货币的目的除了部分进入证券市场加入新的货币循环外,最终是要换回商品用于消费,并终结这个循环。

假如劳动者用手中的货币购买的是粮食,劳动者完成了消费过程,但粮食生产者获得了货币,实现了 $G-W-G'$ 中货币到 G' 的循环,此时粮食生产者持有的 G' 存入银行,并进入当年 GDP 的统计,由此粮食生产者获得了进入下一个 $G-W-G'$ 的条件。在生产资料生产者那里也是同样的过程。每交换一次,当年的 GDP 获得累加,在 $G-W-G'$ 中的 G' 也进入资本持有货币的总计中。

因此,用 $W-G-W$ 式表示生产性消费与生活性消费中对媒介货币的需求过程,由于它仅是 $G-W-G'$ 货币循环中的一个子过程,在运行中的货币需求都包含在 $G-W-G'$ 的货币循环中,并没有超出 $G-W-G'$ 式中货币 G 的数量范围。所以,不管是生产性消费中的交换,还是生活性消费中的交换,都不是独立的货币需求过程。

传统的货币数量论全部的理论都是局限在 $W-G-W$ 这个子过程中作研究,属于只见树木未见森林,没有看到当代生产体系是资本决定生产,是 $G-W-G'$ 货币循环而不是 $W-G-W$ 的商品循环。

5.5　股市对货币的需求

股市对货币需求有着十分复杂的形式。这是由股市的本质决定的。

股市是有形的,股票是实体的,但是它的价格决定却是由信心、信誉、预期等人的主观心理因素起作用。而国家的经济环境、股市法律政策环境、货币供求环境也在作用着股市。因此,这里存在着多种因素相互影响,作用与反作用。当我们在定义某一需求因素时,并不能排除其实际存在的反作用与相互影响。

股市对货币的需求应分为两个层次:一是客观需求层,由于股市是有形的实体市场,股票、股份公司都是实体范畴,当它发行股票,扩充市场容量时,都需要有确定的资金才能实现;二是主观需求层,由上市公司基本面、经济环境基本面、货币政策基本面等因素作用于投资者的信心与预期,从而产生的对货币的需求。

从投资者主体的角度看,与实体经济中的生产体系不同,股市投资者不仅包含有从事实业投资的资本,也包含广大劳动阶层的用于消费的资金;既包含有在实体经济中的投资货币,也包含有劳动阶层手中的消费货币。货币资金的供需直接牵连生产效率与消费均衡。

5.5.1　股市客观货币需求

股市客观货币需求包括两个方面:一是股市发行、增发等扩容,流通股数量增加，会产生绝对的货币需求；二是市场交易成本，如印花税、交易手续费，是市场成交量的乘数，随成交量的增加而增加，也属于绝对的货币需求。所谓绝对的货币需求，是指这些资金全部都要流出股市，是股市创生价值功能的反作用力。

引用上文股票发行量与资金平衡公式：

$$Sq=(St-Sm)/(Sp+k\cdot Sp\cdot Rd)$$

每当股市流通股数量 Sq 增加时，股市的资金总量必须成倍数增加，否则，股价 Sp 就要下跌。股票数量与需求资金成正比，与股价成反比。股市的首发新股、增发股票，解禁股上市等任何扩充股市容量，都是客观的对货币的新增需求。相反的，股价的下跌、股票的退市却不是对货币资金需求的减少，而是已进入股市资金的价值湮灭。股市对货币的需求只有增量需求，没有减量需求。从这个意义上说，股市对货币的需求是刚性需求。如果因发行而引起股价的下跌，所引起的价值湮灭的数量是会数倍于所发行股票的货币需求量。

例如，中石油发行后价值湮灭巨大。中石油 2007 年 11 月 5 日以 16.7 元价发行 40 亿 A 股，上市公司为此获得筹集资金 668 亿元人民币。中石油总股本 1830.2 亿股，以发行价计总市值为 3.0564 万亿元人民币。至 2009 年 4 月 3 日收市价仅为 11.58 元，此时的总市值跌落为 2.1193 万亿元人民币。总市值价值湮灭 0.9371 万亿元人民币，是公司筹集资金的 14.03 倍。与发行价比投资者价值湮灭 204.8 亿元人民币。实际上普通中小流通股东损失的价值是 204.8 亿元的 4 倍。因为此股开盘价高达 48 元，发行价股票大都由机构投资者所获，中小股民都是在开盘价附近承接。中小股民的价值损失是直接的消费需求的损失。股市大盘股的不当发行常常造成巨量的价值湮灭，给终端消费需求损失巨大。满足新股发行对货币的需求，是审慎发行政策的基本条件。

股市交易成本对货币需求量可由下式计算：

$$股市交易成本货币需求量=T(F+Sd)$$

式中：T 代表资金成交量，F 代表交易中产生的手续费总量，Sd 代表交易中产生的印花税总量。

5.5.2　股市主观货币需求

股市的主观货币需求是通过人们的预期而产生的，当人们股市信心提高、预期向好时，必然会增加股市对货币的需求。影响预期的主要有如下因素：

（1）宏观经济处于上升周期。国家的经济向好会促使上市公司业绩普遍向好，引起股市整体向好的预期。

（2）股市市场环境向着有利于投资者的方向改善。例如，法律环境更多地向着保护投资者利益的方向改善，更严密地防止市场欺诈、规范上市公司行为的法律,更严密的发行、增发股票、防止"圈钱"的政策出台,都能增强投资者的市场信心。

(3)降息、降低存款准备金率。降息会引起上市公司资金使用成本降低、盈利能力增强。降息同时降低进入股市投资的资金成本,引起人们对股市收益向好的预期。有些股市投资理论以利息的倒数作为计算投资市盈率的依据,在当前世界各国普遍低利率的情况下,利率的升降作用已开始弱化(凯恩斯的"流动性陷阱"理论起作用)。降低存款准备金率使银行的放贷环境宽松,预示股市能获得充裕的资金支持,同样引起人们的向好预期。

(4)股市参与者的队伍扩大,市场扩容减少。例如,增加新的国内外投资者、增加新的大资金拥有者入市、市场扩容速度降低或者市场新增资金速度能抵偿新增股票的扩容速度,都能增强市场内已有投资者的持股信心。

(5)上市公司个股基本面向好、盈利能力增强、利润增加,以及引起盈利能力增强的各种因素向好。例如,产能扩大、产品涨价、需求旺盛、市场占有份额提高、管理层管理能力增强,等等,都会引起投资者的向好预期。

(6)降低市场成本,提高市场效率的政策措施出台。例如,降低印花税率、降低红利税、降低交易手续费,这方面的措施能增加股市的创生价值能力,引起股市向好预期。

(7)市场估值、市盈率因素。当市场处于低市盈率端低于市场估值区,或是波段的底部时,在市场信心恢复时会产生较强的上涨预期及较强的货币需求。低市盈率区在我国往往是股民套牢区(因我国股票发行市盈率偏高),此时的股市属于单边吸纳货币区。

5.5.3 消费货币持有者股市投资决定依据

预期收入是消费货币持有者决定是否对股市采取投资行为的根本原因。消费货币持有者投资股市是在当期消费、安全性保障(指以储蓄对生老病死等安全性需求进行保障)、投资股市以求增值三者中间选择。只有在股市所预期的风险收益高于投资债券、银行定期存款利息时才会入市。股市收益率有两种,一种是股价波动所造成的股价上涨收益率,一种是由股票分红所造成的红利收益率。以股价波动为投资对象的称其为股价波段投资者;以股票红利为投资对象的称其为价值投资者。在消费货币持有者中,这两种投资行为是并存的。股价波段投资者通常并不太注重市盈率,判断出、入市的标准为波顶、波谷。价值投资者的入市判断标准为:

个股市盈率(或股市平均市盈率)< 1/一年期银行存款利率
市盈率 = 当前每股市场价格/每股税后利润

激进的投资者,或在股市信心高涨时,或者股市处于波段的底部时,有时也会以下面判断作为入市的标准：

$$个股市盈率×(1＋成长率)＜1/银行存款利率$$

以存款利率而不是以贷款利率作为判断入市标准，是消费货币持有者不同于投资货币持有者的地方。这是因为消费货币持有者并不能从银行贷款从事股市投资，因而总是以银行的存款利率作为自己投资股市的机会成本。我国股市大起大落，股票红利收益对于股价波动来说显得微不足道，因此在我国股市目前阶段，散户投资者中进行价值投资的人并不多。当股民的资金源源不断地投入股市促使股价逐步攀升时，会导致股价收益率下降，此时的部分股民会依据上述的价值判断减少入市的资金；但同时由于财富效应的示范作用，使股市投资者的信心增强，又有部分股民会依据波段操作原理增加入市的资金。股价平衡取决于场内的资金平衡与股民的持股信心。

消费货币持有者是持有对生活消费的货币入市，表示对即期消费的减少。在股市套牢或发生价值湮灭，是对社会总消费的直接损失，由此会加大社会总生产与消费的失衡。股市财富效应的作用对象主要是消费货币持有者。当股市在净价值输出的条件下，消费货币持有者获得价值增值。在一个相对稳定而持续产生价值增值股市里，只有消费货币持有者的股市投资产生了价值增值，才会产生新增的生活消费需求。相比较而言，投资货币持有者投资股市所产生的价值增值，不会产生新增的生活消费需求。股市对经济能否产生推动和促进作用，主要就在于消费货币持有者的股市投资能否产生持续的价值增值。

5.5.4　投资货币持有者股市投资决定依据

投资货币持有者通常为资本的化身。对投资货币持有者的分类不是对具体人的分类，而是对资金性质的分类。除了企业外，对一些同时兼有投资货币持有者与消费货币持有者两种身份的人来说，只有从持有货币的性质才能进行区分。

投资货币持有者通常包括两大部分：一是原始股权、一级市场股权投资者，包括控股股东、各种法人股东，投资群体主要为产业资本，一般投资周期比较长。一些原始不流通股权也已逐步解禁于可流通股，或新股权投资也只锁定三年后便获流通。二是在股市二级市场上从事投资的各种机构投资者、私营企业主等，主要表现为金融资本。

投资货币持有者除了自有资金投资外，货币需求通常依赖于货币政策环境的宽松。与消费货币持有者不同的是可以通过银行贷款获得货币资金来投入股市。在我国，银行对贷款货币的使用通常设置了不准进入股市的政策限制，银行资金直接进入股市的渠道通常是被阻隔的（间接进入股市是无法进行阻隔的)。产业资本对原始股权是否持有、新的股权投资者是否进入投资,其决策模式比较复杂。考虑的因素通常有:控股因素、重置成本、本行业的平均利润率与当期阶段股市中长线风险收益等多种因素进行比较与权衡。当预期股市的中长线风险收益高于本行业新投资的平均利润率时,会选择投资入市或对已有股权继续持股。

金融资本投资选择模式相对简单,通常会依据下式计算是否入市:

平均市盈率×(1+成长率)< 1/银行贷款利率

与消费资金持有者的投资选择区别在于,这里是用银行贷款利率,而不是用银行存款利率作标准。此反映资金的来源不同,使用成本不同。

由于资本在与劳动的比较分配中获得较高的比例,产业资本会迅速积累,而劳动者生活消费并没有获得与产业资本增长同步的消费能力,这样产业资本会很快产生相对过剩,充裕的货币资本在市场化利率中会使利率逐渐走低。而股市是以利率作为投资资本的选择依据,较低的利率能使股市容纳更多的过剩资本,在一个良性的股市里,当过剩资本更多地进入股市时,引起股价上涨,会使股市创生出更多的价值,消费货币投资者获得价值增长,引起社会的最终消费能力增长。当社会消费能力增强后,又会引起实体经济的投资效益转好,资本对实业投资数量增长。一个管理良好的股市是过剩货币贮水池、消费需求增生器、经济发展助推器。

5.6　货币需求新公式

依据资本对货币需求、消费对货币需求、投资对货币需求这三大货币需求分析,社会经济过程中客观货币需求可用方程式表示如下:

$$M+Cv=(\mathrm{GDP}_1+Cl+Bp)/k$$

式中:M 表示基础货币总需求,Cv 代表股市价值净输出量,GDP_1 表示当年GDP值,Cl 表示消费贷款,Bp 表示银行业务流转金,k 表示派生货币乘数。

GDP_1 表示与当年 GDP 相等值的货币量。其意义是社会生产所有的商品,必须有等值的货币购买,其商品价值才能实现,资本才能完成一个资本的循环。因此,GDP_1 是一个绝对货币需求量。它是当年 GDP′ 实现的条件,一旦货币供给低于这个量,就必然会产生当年所生产的商品卖不出去,价值不能实现。

流通中的现金部分是被包含在 GDP_1 值中的,原因是只有生活消费货币才进入现金流通,而生活消费是资本在生产中支付给劳动者的工资,这一部分在 $G-W-G'$ 资本循环中,体现在"$-W-$"商品循环过程中。因此,流通中的现金在此式中并不能单独列出。

GDP_1 是个有些特别的数据,当年的 GDP 通常需要到年底的统计中才能获得,在年初只有上年的 GDP 作参考,而上年的 GDP 通常又是当年简单再生产的起点,那么当年 GDP 增长多少合适?是否只要增加对货币量的投入,就可获得比例的 GDP 增长?GDP 增长与货币增量的关系,这将是后文的重点。

Cl 消费贷款货币量。消费贷款是指消费者透支未来的收入,虽然同未来的价值发生平衡,但当期必须要有 GDP 值之外的追加的货币提供。为什么是 GDP 值之外的货币?因为 GDP 值内货币都表现为生产体系内的工资、生产资料、资本利润这三种价值形式,消费贷款不属于这三种价值形式中的任何一种。因此,消费贷款必须是追加的借贷货币,它由派生货币层负责对其的提供,以便在一个借贷周期内由银行负责完成价值平衡。

消费贷款主要应用于房地产业,在实行的初期会因为较大的透支未来而形成对远超已有生产能力的市场需求,从而会推高房价,只有经过一个较长时段的生产与市场需求均衡过程,才会获得均衡的价格。

Bp 银行业务流转金。不是银行超额准备金,而是银行为日常各项业务开展的各种备付、流转金。银行必须要有两种流转货币才能完成业务过程,一是用于应付日常的流动支付的货币,此货币通常属于 M_1 电子货币层中的流转支付货币;二是发放贷款过程中的贷款等待、或是贷款流转货币。

k 表示派生货币乘数。第三章论述已经证明,货币乘数的实质是货币流通速度。从本式可以看出,GDP_1 是通过派生货币层实现的。

Cv 表示已从股市输出的净价值量。其计算公式见 4.7 节。与 4.7 节计算公式不同的是,这里的 Cv 是指已从股市中溢出的价值量。当 Cv 为正数时,指股市产生净价值输出,此输出的价值量能替代央行对基础货币的发行。当 Cv 为负数时,表示股市湮灭了价值,此能抵消央行对基础货币的发行,产生货币数量短缺,要使货币需求等式两边平衡,就要增发基础货币或者加大货币乘数。传统货币理论没有将 Cv 值纳入货币公式,主要是因为不懂得股市创造价值与湮灭价值的原理。而缺少 Cv 值的货币公式,既不能解释现实,更不能应用于宏观调控。

这里要特别强调一个概念,就是股市中的市值。我们将股市中的市值定义为股市价值,不是货币。货币是价值属性与交换媒介属性的统一,而股市中的股票市值不具有交换媒介属性。当投资货币进入股市前仍是投资货币,进入股市购买股票后,就成为价值形态的市值,不再是货币形态的货币了。只有当其退出股市时,这种股票市值才会转换成为货币。就像在实体经济中,货币与商品交换后,货币的价值形态转变为商品的价值形态一样。因此,股市输入的是货币,输出的仍然是货币,股市对货币的需求量是股市对价值的净输出量。

　　已有不少学者注意到了股票价格波动对货币数量所产生的影响并作了一些研究。Sprinkel 是最早提出货币供求对股市影响的学者,Rozeff、Mookerjee、Lee、Darrat & Dickens 对货币供给影响股市的机制进行了更为深入的研究。Palley 通过对美国 1976～1991 年数据实证分析表明,证券交易对 M_1 产生了显著作用。Field 甚至提出,美国 1929～1933 年大危机的发生就是因为政策当局没有充分考虑股市交易对货币的需求,盲目压缩货币供给使实体经济运行得不到货币支持而引发的。对我国 2008 年实体经济的突然失速,被不少学者解释为美国次贷危机的影响,而事实真相同样是因为 2007 年股市高速扩容、中石油等大盘股高价发行、"股权分置改革"解禁股释放,股市正需要大量货币支持时,偏偏却开始严厉的货币紧缩政策,从而导致股市的崩盘,实体经济直线下滑,这个教训应是十分深刻的。

5.7　一个简单的货币流通模型例证

　　下面用一个简单的货币流通模型来说明货币需求公式。

　　假设有炼油厂 A、机器厂 B、钢铁厂 C 这三家产业链上的工厂,炼油厂 A 为满足消费者的汽油需求生产汽油,预先从银行贷款购买机器厂 B 生产的机器;机器厂 B 为炼油厂 A 生产机器,预先从银行贷款购买钢铁厂 C 的钢材。钢铁厂 C 为流动资金向银行贷款,预先生产了钢材。因为这三家生产厂不可能发生同一时点上的支付,因此,银行将消费者存在银行准备用于支付购汽油的存款同时借给了 A、B 两厂家,钢铁厂 C 的短期流动资金贷款从银行的流转货币中贷出。此时银行手中已没有货币支付手段。

　　在第一个时点,当机器厂 B 获得银行贷款具有支付手段时,立即用贷款支付购买钢材款。此时,钢铁厂卖出了钢材实现了从商品到货币的循环,获得增值的 GDPc 量货币,同时也获得了抵偿成本的货币,钢材厂这时偿还向银行的原属于成本开支的借款。银行收到还贷款,同时获得支付手段货币 C。

　　在第二个时点,当炼油厂 A 用银行贷款支付购买机器款时,银行在原贷款时点上并没有将此贷款的支付手段给炼油厂,但现炼油厂需要贷款的支付手段时,刚好此时银行已获得支付手段货币 C,银行用货币 C 完成支付,机器厂 B 实现了所生产的商品到货币的循环,获得增值的 GDPb 量货币,同时也获得了抵偿成本的货币,机器厂这时偿还向银行的原成本借款。银行收到还贷款,同时获得支付手段货币 B。

　　在第三个时点,当消费者需要取出自己的工资存款用于支付购买汽油时,银行在消费者原存款时点上曾将此款贷出,在刚贷出的那个时点上并没有货币。现在刚好已获得支付手段货币 B,银行用货币 B 偿还消费者的存款,消费者用于购买汽油。从而,炼油厂 A 实现了所生产的商品到货币的循环,获得增值的 $GDPa$ 量货币,同时也获得了抵偿成本的货币,炼油厂这时偿还向银行的原成本借款。银行收到还贷款,此款返回银行的流转货币库。

如果消费者购买行为不与银行发生关系,例如,直接用现金向粮食厂商购买粮食,粮食厂商实现了所生产的商品到货币的循环,获得增值的 $GDPx$ 量货币持有,同样要进入 GDP 总值。

因此,从这个模型可以看出:

(1)生产过程中的各厂家产值,每个厂家都是通过出售商品后的货币持有,积累在各自的 $GDPa+GDPb+GDPc\cdots\cdots$ 中。

(2)当年的国民总产值 GDP 是最低的货币需求满足条件,否则,就有部分厂家所生产的商品不能实现价值。

(3)货币在 A、B、C 三厂家通过银行贷款在不同时点上流通了三次,但都是由同一笔工资存款所派生的货币完成的。这说明,实现 GDP 的价值生产过程,其中所发生的中间生产过程中的货币流通,可以通过派生货币提高货币流通速度的方式实现。资本的货币持有是构成基础货币的一大组成部分。但是,现实中资本的资产形式,有由固定资产所构成的实物资本,也有由流动资产和金融资产所构成的货币资本,资本的货币持有并不是唯一持有形式。因此,基础货币并不等于 GDP,而应该是 GDP/k 值。

(4)货币 M_2 的数量大小是受生产的中间环节中货币流通次数的影响,由于有银行的价值链保证,其数量的增加并不会造成通货膨胀,但人为地控制压缩货币 M_2 数量却会引起生产链条的中断。

第六章 **被忽视的内供给**
货币的内外供给揭秘

　　为什么货币"外供给"不仅来自央行？股市也是货币供给之源？什么是货币"内供给"机制？为什么货币内供给不平衡才是经济发展的障碍？货币升值不升值奥妙在哪儿？美元指数的波动为什么同道琼斯指数相关？

　　货币供给分外供给与内供给。传统的经济学只研究了外供给，而且仅局限于媒介货币的供给，没有看到股市的净价值输出对基础货币的供给量所产生的重要影响。股市的净价值输出能叠加到基础货币的供给量上，并产生财富效应；当股市发生负价值输出时，不仅抵消基础货币供给量，而且会因为股市湮灭的主要是消费性货币，会使本已失衡的社会总供需更加失衡，所产生的负面作用远大于等量的正价值输出。当金融危机时，货币乘数有可能会等于 1，同时引发的股市大幅下跌会使股市产生负价值输出，加重危机深度。因此，货币的外供给是个十分重要的并需要作调节的经济参量。

　　货币的增量由外供给决定，货币的体内循环的流量由内供给决定。内供给通过分配产生不同的投资性货币与消费性货币的分配比例，对总供需的均衡产生影响。资本的利润原则与竞争原则决定着在生产过程中消费性货币必然供给不足。这些可运用调节货币外供给方式加以解决。例如，利用外生的财政透支增发，就可补充内生的消费性货币价值增量供给不足。由分配所产生的投资性货币过剩可通过股市对过剩资本容纳池作用所产生的财富效应得到缓解。

6.1　货币外供给公式

金本位制货币体系崩溃以后,货币的供给再也不受制于贵金属量的供给,这是人类经济历史上最巨大的进步,此进步意义一点也不亚于工业革命。否则,与 GDP 等值,甚至超过 GDP 值的货币供给量,就需要人们同时为生产贵金属货币而付出与 GDP 等值的劳动,也就是说,人们的生产活动,必须要拿出一半时间用于生产货币。也许有人说,基础货币并不与国民生产总量等值,M_2 也是可以通过放大货币流通速度来实现的。金本位制是依靠黄金作保证金,是一种保证金杠杆放大关系。当危机来临时,处于杠杆中的保证金信用不足必然引发迅速的挤兑,市场要求货币与黄金等量,此恰恰是金融危机进一步深化的根源。而在金融支付危机的同时,银行派生货币的能力也会迅速消失,金融危机时要求的货币量必须与实物等值。本次美国在危机中银行流动性突然消失就是明证。如果以前对此还缺乏认识,本次国际金融危机应可使大部分人清醒。美国在本次金融危机中,拼命地加印货币,使美联储直接提供的货币量与原 M_2 相较,没有现代的信用货币制度,这是不可能做到的事。

有些人出于中国手中存有大把美元反对美国印钞。美国出于自身利益肯定会置之不理。其实这里需要清楚三个问题:一是认清信用货币的性质,信用货币并不具有保值贮藏功能,如果明知如此还要大把地存有美元那是自误。二是信用货币来自劳动者通过劳动所创造的国家信用,因此,应以信用货币为国民福利服务工具,而不是相反。各国货币政策的目标首先是为了发展国民经济,而不是为了保值。除了流动性需要外,任何国家持有信用货币保值的想法都是极端错误的。三是印货币发行并不等于是通货膨胀,此要看央行对货币的发行窗口是哪一个,如果通过财政赤字、国债窗口发行,表明有等量的购买力进入经济体;如果是央行贷款窗口发行,则只是增加短期货币流动性,这种货币流动性会在不需要时自动返回央行。

必须要深刻理解现代信用货币的两大价值源泉:国家信用与股市价值创生。银行派生货币只是提高货币的使用效率,并不能产生价值。多数人都能理解的是国家信用中的价值创造,不太容易理解的是股市中的价值创造。他们受到了传统的、直观的、过时了的财富观的束缚,缺乏对现代财富的本质认识。

在当代社会生产能力已获得高度发展的国际环境中,资本追逐利润的动机使市场需求成为一种稀缺的资源。股市为其找到了一种可解决有效消费需求缺乏的新的方案,虽然股市并不能最终解决资本主义的基本矛盾。股市的价值产生于"未来收益流折现",因此,"有市场需求的生产能力"通过股市的转换,就使其成为价值的源泉、财富的基础。一国的生产能力再强,如果是过剩了的,这个生产能力便是没有价值的,而最终会湮灭。在生产能力过剩的条件下,市场会因消费需求稀缺而通过股市转换成价值。股市创生价值的原理就在这里。

货币供给是保障生产过程的实现与完成,这一点传统经济学已经说清楚了。货币供给的精要在于,存在过剩生产力时,在一定的条件下,印货币就是印市场,就是实现价值。例如,当前的中国存在着巨大的生产能力过剩。自己既不会印货币造市场,又不能建一个能创生价值的股市来救市场,只好由美国人印货币来帮助中国消费这些过剩的生产能力。

只有理解了这些原理,才能真正理解货币供给公式的含义。

货币外供给公式:

$$M=k(B+Cv)$$

式中:M 表示货币总供给量,B 表示基础货币发行,Cv 表示股市净价值输出量,k 表示派生货币乘数。

货币外供给公式的含义是,通过经济体的外部,例如货币发行、存款准备金等货币政策,调节货币的供给量。

M 货币总供给量。货币总供给量是个十分重要的参量,它表示一个国家的货币配给能力。在金本位制条件下,当危机发生的时候,往往受制于黄金的供给不足而崩溃。信用货币时代也并不是没有问题。当金融危机时,有可能会产生 $k=1$ 的极端情况,而股市也会同时大幅下跌而产生负价值输出,有引起经济崩溃的危险。要使经济少受损失,客观上要求央行有 $M=M_2$ 货币发行能力,以备金融危机时急用。虽然信用货币的发行可以不受限制,但实际上仍有很多的制约。第一,由于过去货币理论的缺陷,人们在观念上往往很难接受几倍于基础货币的发行。像本次国际金融危机中,美国的商业银行派生货币功能丧失,同时,股市市值下跌了一半,原来基础货币的发行只用提供 8 143 亿美元就足够,现在突然需要增加 10 倍以上的货币发行,传统的货币理论根本无法解释,以致美国政府仅说服国会批准就费了很大的劲,要不是眼看经济就要崩溃,美国国会不可能批准 10 倍于基础货币的货币增发。第二,国际货币、区域货币都会受制于成员国。像欧元在危机中就很难像美元那样地增发货币应急。美元是美国主权货币承担国际货币,虽然并不会受制于其他国家,但也会受到来自国际社会道德上的指责。第三,发行机制的不同,会直接打破原有制度下的平衡。像美国在危机情况下,当需要由美联储局直接提供 M_2 时,银行的所有制矛盾就立即显现,产生了用纳税人的钱为贪婪的华尔街私人银行家的亏损埋单的怪状。我国的商业银行也已全面的股份制化了,直接由

央行发行到 M_2 的货币层,由于所承担的风险不同,也会产生制度性的矛盾冲突和道德风险。

但无论如何,信用货币制度下的货币供给相较于金本位制下的货币供给,是软制约而不是硬制约,只要理论上贯通,制度设计上充分考虑到危机下的情况,就能保证供给上不出问题。

货币供给与货币需求的关系微妙。货币供给量不等于货币需求量,而且货币供给分为外供给与内供给两种性质不同的供给。货币外供给是指在一定的货币发行制度条件下的货币提供能力和应变提供能力,货币内供给则是经济体内价值创造能力,分生产中的价值增值和股市价值创造。货币需求则是指经济体内因为生产、流通、交换需要而产生的客观对货币需求。货币需求是内生的,但是可以通过对利率的调节在一定的程度上调节其数量;货币供给则是对货币需求的外生,它会从外部作用于货币的需求水平和需求量,这种作用的程度与货币供给的方式和中央银行的有意调节有关。后面的章节所讨论的内容会再涉及货币供给对货币需求的影响。

B 基础货币发行量。基础货币发行量是指一个国家经济运行中最低要求的货币发行数量。传统货币理论认为,基础货币唯一来源是中央银行的货币发行,这是错误的。中央银行是基础货币唯一的发行来源,并不是基础货币的唯一来源,股市的价值净输出或价值湮灭会对中央银行所发行的基础货币造成量的增加或抵消。

k 派生货币乘数。在第三章中,对派生货币乘数 k 问题已有详尽的讨论,派生货币乘数本质是货币流通速度。利用商业银行派生货币目的是为了在价值保证的前提下,提高货币的使用效率。因为央行如果直接向企业提供货币,并不知道那家企业能保证有效率的使用,必须要通过商业银行中介。商业银行用自身的信用作保证,利用时间差使 1 元货币作多次支付使用。但也由此会产生当银行信用丧失时,k 值等于 1。当 k 值等于 1 时,则要求 $M=B+Cv$。而危机时的 Cv 值往往为负数,在极端情况下的 $B=M=M_2$,也就是说,要求中央银行所提供的货币量直接等于 M_2。从这次国际金融危机的美国情况看,要想走出危机,美联储局就须直接提供 M_2 的货币量。这就不仅仅是因为 k 值接近于 1,而且也包括 Cv 值为负数。

在平常适当宽松的货币政策的环境条件下,当存款准备金率不变时,决定货币乘数的是利率与实业投资预期收益。当利率较低而又有好的投资预期收益时,会产生较高的货币乘数,反之则会产生较低的货币乘数。

Cv 股市净价值输出量。按照 4.7 节中的股市净价值输出公式计算,Cv 量有可能是正数也可能是负数。故对基础货币量有可能累加,也有可能抵消。

股市净价值输出是一个不可否认的客观存在。只要有股市就会有输出，就会对货币的供给产生影响，其影响的大小与股市的规模有关系。我国股市经过股权分置改革后的流通股快速扩容，其规模总量占 GDP 的比重在 2007年上证指数 5000 点时已经与各发达国家相当，对国民经济已举足轻重。因此不可忽视股市的净价值输出对基础货币量的影响。

6.2　股市价值输出影响货币供给

我们可以用中、美两国的货币数据作实证研究，以证实股市净价值输出对基础货币供给影响的存在。

表 6—1　我国相应时间存款准备金率

时间（年）	准备金率（%）	时间	准备金率（%）	时间	准备金率（%）	时间	准备金率（%）
1985	10	2006.07.05	8	2007.06.05	11.5	2008.03.25	15.5
1987	12	2006.08.15	8.5	2007.08.15	12	2008.04.25	16
1988	13	2006.11.15	9	2007.09.25	12.5	2008.05.20	16.5
1998	8	2007.01.15	9.5	2007.10.25	13	2008.06.15	17.5
1999	6	2007.02.25	10	2007.11.26	13.5	2008.09.25	16.5
2003	7	2007.04.16	10.5	2007.12.25	14.5	2008.10.15	16
2004	7.5	2007.05.15	11	2008.01.25	15	2008.11.26	15

美国从 1980 年《货币控制法》确定存款准备金率后的变化情况：1990 年12 月将非交易账户和欧洲货币负债的准备金率由原来的 3% 降为 0%，1992年将交易账户的准备金率由原来的 12% 降为 10%。目前为止，440 万美元以下的存款准备金率为 0%，440 万至 4930 万美元为 3%，4930 万美元以上为 10%。

本次国际金融危机前，美国股市相对平稳地上涨，道琼斯指数在 1995 年 1月至 2007 年 12 月，上涨了 248%，是公认财富效应较显著的国家。我国股市2005 年前规模较小，2005 年股权分置改革后快速扩容，股市大起大落，据前面已引证的数据证明财富效应微弱甚至于负数的国家。通过表 6—1 可以看出，我国从 1998~2006 年银行存款准备金率简单算术平均在 8% 左右，2007 年由于股市上涨一年内从 9.5% 调至 14.5%，平均 12%。美国大银行存款准备金率一直稳定在 10%。取本次金融危机前的 2007 年数据，如果以存款准备金率简单计算货币乘数，与 M_2/B（基础货币）所计算出来的实际货币乘数相比较，

GDP 与基础货币相比较,计算结果如表 6-2:

表 6-2   2007 年中国与美国相关数据比较表

	平均存款准备金率 名义货币乘数	基础货币 (万亿)	M_2 (万亿)	M_3 (万亿)	实际货币乘数 (M_2/B)
中国	12%/8.33	10.2	40.3	—	3.95
美国	10%/10/14.72	0.8143	7.1-7.5	12(估算)	9.21

上表中,名义货币乘数与实际货币乘数的比率,中美两国相差巨大,中国 3.95:8.33,比率约为 1:2,美国 9.21:10,比率约为 1:1。二者相差近一倍,直观这两个数据是无法作解释的。在商业银行发放贷款的实际中,影响到货币乘数的因素,除了存款准备金率外,还要有超额存款准备金、银行备付周转金等因素,实际货币乘数是不可能达到名义货币乘数的。相反,我国的货币乘数应较接近实际应该有的货币乘数。我国历年的存款准备金率在 6%~12% 之间波动,货币乘数在 3.5~4.8 区间波动,在准备金率为 10% 时要达到 9~10 倍左右的货币乘数从理论到实践都绝无可能。

那么,我们再用美国货币 M_3 来作比较(我国没有 M_3 统计分类,美国货币 M_3 实际与我国的 M_2 相当),实际货币乘数与名义货币乘数 9.21:14.72,比率为 0.626。这就是说,当名义货币乘数为 14.72 倍时,在实际过程中产生 9.21 倍率的实际货币乘数,如果如此,这才有可能符合实际。但是,当存款准备金为 10% 时,其最大货币乘数也仅为 10 倍,怎么可能产生出 14.72 倍的货币乘数?这是一个巨大的,不可解决的矛盾!

只有一个解释,就是美国用于派生货币的起始数量根本不是 8 143 亿美元。如果认为我国派生货币的货币乘数比例比较合适,当存款准备金为 10% 时,再往高估美国的货币乘数为 5.5,那么美国派生货币的起始数量最低也需要 2.18 万亿美元。在肯定美国股市有财富效应的情况下,也就是承认了美国股市存在有净价值输出,那么现在我们可以找到的唯一的解释就是,美国股市中的净价值输出增加了对美国基础货币的供给量,或者说是:基础货币加上股市净价值输出为 2.18 万亿美元。只有以 2.18 万亿美元为派生货币的起点,才产生出 12 万亿美元的 M_3 货币。我国股市这些年来一般的认为还没有产生净价值输出(没有产生财富效应),因此,在货币乘数中起作用的只有基础货币。

股市净价值输出,可能是正数,也可能是负数。为了给大家一个量的概念,这里先举例说明。当股市规模与 GDP 值等比时,如果产生 10% 正价值输出,对 M_2 货币量的影响:

设货币乘数为 4,则 2007 年 GDP 为 24.7 万亿元人民币,那么:

所增加 M_2 的货币量=4GDP/10=0.4 GDP=9.88 万亿

这就是说,当股市市值等于 GDP 值时,股市产生 10% 正价值输出时,在货币乘数为 4 的条件下,可以增加的货币 M_2 大约为 9.88 万亿人民币。这个数字大概是当年 M_2 量 40.3 万亿元的四分之一弱。相反,如果负价值输出为 10%,那么 M_2 的量立即减少 9.88 万亿元。

注意这里所讲的股市净价值输出的条件,是按照 4.7 节中的股市净价值输出公式计算的余额,并且是已从股市中的客户保证金账户中退出回到普通的储蓄存款账户的资金。不是指股市涨了 10% 就有 10% 的净价值输出。计算一个时间段的净价值输入,也是以这个时间段进出股市客户保证金账户的数量为计算依据,只有从一个较大的时间段,客户保证金账户中货币退出的数量大于进入的数量,才属于股市正的价值输出。当股市发生大的下跌,股民的资金被严重套牢,或是股市在底部开始回升阶段,会发生一段时间的资金只进不出,这时股市虽然是上涨,但由于股市是处于资金只进不出的上涨初段,仍会产生对基础货币的绝对减少。股市发生净价值正输出需要股市有一个稳定的较长时间的持续上涨,而且对 M_2 的影响时间上是滞后反映,如果发生的是负价值输出,对 M_2 的影响往往则是即时的反映,因为是对实体资金的抽资。

2008 年我国股市暴跌,货币市场由流动性过剩立即进入极度资金短缺,大面积的中小企业倒闭就与这种股市发生的价值湮灭而又同时紧缩货币供给有关。正常情况下,股市资金有进有出,当发生大幅下跌后,股市价值湮灭发生,货币资金只有进没有出,在紧缩的货币政策下,企业资金链立即断裂。从 2008 年初开始,我国中小企业的资金链就发生了短缺。2008 年 3 月间,江浙一带的地下拆借市场资金一度高达年息 60%。

据“今视网”2008 年 3 月 26 日新闻《宁波民间拆借高利息内幕:短期借贷月利率达 10%》报道:鄞州一家从事装饰品半成品加工业务的企业主张伟告诉记者,他就曾经借过 30 万元的高利贷,5 分利,就借了 10 天。5 分利是什么概念? 张伟以 5 分利借了 30 万元,借 10 天的利息就是 5000 元。月利是 5%,年利率算起来是 60%,已经远远超过当前法定的 1 年期贷款利率 7.47% 的 8 倍,已构成高利贷行为。记者在媒体上发现了几家投资公司的广告,接下来以企业主的身份向他们打听了目前的融资价格。一家投资公司的广告是这样写的:“快捷办理转贷、增贷,实业投资,抵押、借款、垫资”。记者向这家投资公司咨询时就说自己的公司成立几年了,现在急需借 100 万元资金周转,但是自己是没抵押物的。这家投资公司的员工告诉记者,没有抵押没关系的,有担保就可以借,只要借款人找一个公务员来担保就能借到款,但是他们这边的贷款一般是日息为 0.35%,算起来月息就是 10.5%,用民间的俗称来说就是"1 毛利"了。在某大银行工作的毛先生有一些朋友是做民间拆借的,他告诉记者,1998年信贷紧缩的时候,民间借贷也就是 2 分利、3 分利,而现在短期借贷利率已达到了 1 毛利,为历史最高价。

上面就是股市下跌引发货币资金短缺的例子。相反,当货币政策宽松的时候,股市也会因自身投资价值的不同而吸收大量的货币资金。

2009 年我国实行适度宽松的货币政策,至 6 月底,信贷资金增量高达 7.37 万亿元人民币,M_2 同比增长高达 28.5%。对如此巨大的货币增量不少人又依据传统的货币理论向央行施压说巨量货币资金的发行必然引发通货膨胀。其实,2008 年我国股市从 6214 点下跌至 1664 点,其市值损失以最高最低点计算高差达 17 万亿元人民币之巨,股市指数 2009 年初仍处于 2000 点以下的极低位,需要巨量的货币资金来恢复行情,当股市有行情时,增量的货币会自动地选择进入股市,再大的货币发行增量不可能引起通胀。实际经济数据也已证实,虽然货币 M_2 的增时高达 28.5%,至 2009 年 6 月末消费物价指数仍为 -1.3%。

美国次贷危机所引发的金融危机,链式反应到股市暴跌,而股市的暴跌,所发生的负价值输出,其对货币供给的严重影响,也没有被持有传统货币理论的经济学家们所认识到。只有格林斯潘 2009 年 4 月在为英国《金融时报》所写的《股市将引领经济复苏》一文中,指出股市市值恢复对走出金融危机的重要性。让我们来看看这位掌控美元霸权近 20 年、深通货币精粹的人是怎么说的:

在 2007 年 8 月危机爆发前的几个月时间里,危机完全局限在金融领域。全球非金融领域的资产负债表和现金流都处于良好状态。但 2007 年秋,危机开始从金融业蔓延。全球股市在 2007 年 10 月底触顶后逐渐下跌,历时近一年,直到雷曼(Lehman)破产。当时全球公开交易的公司股票亏损达 16 万亿美元。在雷曼破产后的 10 周内,亏损增加逾一倍,这导致全球累计亏损高达近 35 万亿美元,股市市值蒸发逾一半,企业实际杠杆比率也提高一倍。再加上数万亿美元住宅股本损失以及未上市公司和非公司企业的亏损,股本亏损总额很可能远远超过 40 万亿美元,占去年全球国内生产总值(GDP)的三分之二,令人震惊。

上述总亏损对于全球金融体系的瘫痪至关重要,因为股本为所有企业和按揭债务及其衍生品提供根本支持。这些资产是推动全球金融中介的抵押品,其过程将引导一国储蓄流向各种生产性投资,从而促进增长。

随着恐慌程度的减退,股市市值将回升。即使我们仅仅收复 35 万亿美元全球股市亏损的一半失地,新创造的股本价值数量及其可支持的额外债务,也将是银行融资的重要来源。就像几乎所有人都开始意识到的那样,恢复某种可行程度的金融中介是复苏关键。如果无法做到这点,财政刺激带来的任何积极影响都将大打折扣。

幸好美国的货币政策实际操作层并没有墨守西方货币主义理论,否则金融危机对实体经济的破坏性远甚于世界上任何一次经济危机,不可能在2009年就见底回升。

股市净价值输出(正或负)对基础货币数量的影响,从而改写了的货币外供给公式,从操作层面上来说具有十分重要的意义。因为,经济体内的基础货币数量不再是中央银行所发行的部分,与股市的净价值输出(正或负)动态相关。当股市发生大幅下跌引起价值净输出为负时,实体经济对货币的需求就得不到满足,产生货币紧缺现象。我国2008年股市大幅下跌引发中小企业资金全面断裂,2009年上半年股市回升过程中银行信贷资金产生超常的28%的增长率,就与这一货币供需规律相关。美元是开放汇率的国际货币,其供需数量直接通过币值反映出来。预测美元的涨跌对美元炒作者来说一直是个世界性难题。既然股市净价值输出(正或负)会对基础货币数量产生影响,那么,实际上,本货币公式也清楚地告诉了大家,美元的涨跌与道琼斯股市指数紧密相关。

6.3　被忽视但更为重要的货币内生供给

按照西方传统货币理论的思路,货币是由中央银行通过基础货币发行供给的,通过商业银行派生货币,货币只不过是流通工具。确实如此,这就是货币外部供给。货币的外部供给为经济过程的进行创造了条件。但是,如果将货币供给理论认识止步于此,那就大错特错了。

货币是流通的产物,货币并不是一种能够脱离市场流通而存在的东西。以黄金货币为例,当黄金脱离市场流通时,只不过是普通的商品而已,只有进入流通才进入货币的角色。而货币在市场流通,就不可避免地承担着市场的角色。

我们已经知道,市场流通存在着本质上有区别的两种流通方式,一种是$W-G-W$的商品流通方式,在商品流通方式中,货币是中介。此种流通方式主要表现在消费品的交换领域(包括生产性消费)中。外生货币供给就是为满足这种商品交换意义上的货币需求。但是资本生产过程是以$G-W-G'$的货币流通方式进行流通的,在货币流通方式中,商品是中介,货币是流通的目的。在流通的起始G阶段,资本为生产进行货币准备,在商品生产的W阶段,货币产生了分配。资本将货币分为两部分,一部分提供给劳动者作为工资,一部分提供给资本作为利润。就货币循环的角度看,分配是一种货币供给。

当分配将货币提供给消费者时,消费者将主要用于生活消费,我们称其为消费性货币,当分配将货币提供给资本时,资本将主要用于投资,我们称其为投资性货币。央行发行货币不过是外在增量货币的供给,而经济体内每一次 $G-W-G'$ 货币循环,提供的是流量货币的供给。在本次的 $G-W-G'$ 货币循环过程的货币供给,为下一个资本循环提供货币准备。提供的是投资性货币,还是消费性货币,取决于劳资的分配比例。因此,每一次 $G-W-G'$ 货币循环过程,也是内生存量货币的循环供给过程。

$$G-W \begin{cases} A(\text{劳动者工资,形成消费货币}) \\ Pm(\text{生产资料购买,形成企业利润、投资货币}) \end{cases} \cdots P \cdots W' \cdots G'$$

上图是马克思资本循环完整的过程图,内中增加了资本循环在生产过程中,通过分配所形成的消费货币与投资货币的供给过程。当我们用 $G-W-G'$ 式表达通过分配而产生的货币内生供给时,实际是对上图式的简写。

货币内生供给是由资本在生产中的分配而来。分配比例决定投资性货币与消费性货币的数量比例。货币实现到 G' 的循环并不是必然的,取决于在生产过程中对消费品生产和对生产资料生产与所提供的消费性货币与投资性货币相互量的配合比例。

在同一个生产与货币循环过程中,所生产的商品与内生的货币供给在总量上是匹配的,不匹配产生于内部通过分配供给的投资性货币、消费性货币与生产的生产资料商品与消费资料商品类别品种的不匹配。因此,在同一个循环体内,不可能同时产生生产资料商品与消费资料商品的过剩或紧缺,或者是消费性货币与投资性货币同时产生通胀(或通缩)。通胀(或通缩)要不就发生在消费性货币方面,要不就发生在投资性货币方面。内生的货币供给不平衡所产生的通胀(或通缩)总是结构性的。

6.4　货币升值与否:增发消费货币的奥妙

在资本生产循环 $G-W-G'$ 中,G' 是指 $G'=G+\Delta G$,是代表增值的货币,说明的是每一次资本的循环都产生价值增值。价值在未实现增值前表现在商品数量的增加。当通过劳动增加了商品数量时,对这个商品有两种标价的方法,并由此决定着货币是否升值。

第一种方法是以消耗的劳动量(按照马克思的定义,生产资料是物化劳动)作为基准的标价方法:假如原来一小时工资为 10 元,1 小时生产 10 件商品,每件商品标价 1 元钱,现在提高了劳动生产率,每小时生产 20 件商品,工人工资仍为 10 元,每件商品以 0.5 元的竞争价出售,在这种情况下,资本利润没有变化,工人的工资也没有变化,货币供给总量没有增加,但是竞争取得了优势,货币产生了升值,物价产生了下跌,整体经济可能发生通缩。

第二种方法是以商品数量为基准的标价方法,仍然假定原来 1 小时工资为 10 元,1 小时生产 10 件商品,每件商品标价 1 元钱,现在提高了劳动生产率,每小时生产 20 件商品,商品每件标价仍为 1 元,这时,如果工人工资仍为 10 元,资本家可以多赚到代表 10 元钱的 10 件商品,但这 10 件商品最终肯定会因没有购买力而放在仓库卖不出去。在微观上表现为产品过剩,在宏观上表现为生产能力过剩或最终表现为资本过剩。

第三种方法仍是沿用第二种商品标价方式,提高了劳动生产率后,每小时生产 20 件商品,商品每件标价仍为 1 元,但同时将工人的工资提高到 20 元,将多生产的产品给工人消费。这时的资本利润保持不变,工人获得多一倍的消费,物价保持不变,货币产生增量供给。整体经济不通胀也不通缩。

资本是以利润为生产目的,在竞争的环境条件下,没有任何企业会采用第三种方式生产标价和工资分配,这也不仅仅是因为资本自私的目的,在竞争环境条件下,单个企业单独地采用第三种方式等于自杀。因为自由竞争博弈的结果是,商品价格必然下降。只有在垄断情况下,价格不会下降,国内有些企业,如电信、电力、石油、房地产等可以天生地获得行业垄断,但因社会平均工资水平、大量的人口就业压力更是使得劳动者处于不利的工资竞争地位,劳动者的工资也不可能获得像第三种分配方式中的提高。因此,我国在任何情况下都不可能产生第三种分配情况。在竞争中的企业为取得竞争优势,都会采用第一种分配方法,当获得垄断优势不需要降价时,资本的利润目标使第二种标价和分配方式成为资本的自动选择。但只有第三种方式才是理想的宏观经济健康的发展的方式。

其实这也是个增量货币供给问题。单个企业无法实现的货币分配方式,通过宏观调控方式很容易解决。第一种物价下跌的实质是生产中价值发生了增量,但在生产体系内货币供给不使其增量。这在宏观经济中,货币与对外币的价格中会反映货币升值。解决的方法就是通过宏观调控的手法从外部增加消费货币的供给,用此增量的消费货币供给,将第一种方式中的物价下降(从 1 元降到 0.5 元),通过需求拉动使其回到原来的(仍然 1 元)价格水平;或者是通过增发消费货币将第二种方式中的在仓库里卖不出去商品买出来(实际中已经表现为生产能力过剩,资本过剩,消费货币增量能使过剩的生产能力发挥作用)。

从上述的模型中我们可以看出来,从外部增发的货币必须是经济体内本应产生供给增量而实际没有产生的、与这种消费性货币等质等量的货币,是补充在生产体系中供给不足的这部分货币。这种消费性货币增补必须在每一个经济过程中及时地增补,应该用凭空的增量发行以增加消费能力而不是有条件的。例如,通过财政透支的方式,增加社会公共福利、提高社会保障水平,也可以直接用财政的方式提高低工资者的工资水平。过了一个资本循环周期,透支增量消费性货币没有得到及时的补充,就会演变成另外的问题,例如,货币升值问题、资本过剩问题。

6.5　投资货币与消费货币的区别再考察

我们从外部再考察投资性货币与消费性货币这两种不同市场角色的货币,归纳发现不仅仅是内生的分配来源不同,在外生的发行方式、循环流通方式还有不同。

第一,投资货币与消费货币外部增量发行时,来源于不同的发行方式。在2.7节货币发行窗口及意义的讨论中,我们已经知道货币发行通常有两种发行窗口,一种是国债(或财政赤字)发行窗口,另一种是通过再贴现或再贷款方式的调节发行窗口。美元通过国债发行窗口发行出去的货币,通常都是消费性货币。因为财政部对通过国债发行所获得的美元主要开支在政府消费、国防消费、社会的公共福利开支等方面,这种货币的供给所形成的是一种社会消费能力。我国过去从国债发行窗口发行的货币全部都是用于国家基本建设的投资货币。在6.4节中强调的透支增加消费货币,也是采用应用国债(或财政赤字)这一发行窗口发行的。通过再贴现或再贷款等调节发行窗口发行的对象通常是商业银行,商业银行取得贷款性质的货币,其价值是要返还给中央银行的,因此,商业银行获得的此类货币通常是用于银行信贷,贷款的对象无疑是以企业投资为主。因此,中央银行通过货币调节窗口发行的货币,通常是投资性货币。

从货币发行供给货币的角度上看,当社会投资不足时,应通过调节窗口增加货币供给;当社会消费不足时,应通过消费国债(指用于消费开支的国债)或财政透支的角度发行增加货币供给。

第二,消费货币与投资货币在生产过程中,来源于不同的分配。消费货币主要来源于对劳动者的工资性分配,投资性货币主要来源于对资本利润的分配。生产体系中劳资分配比例的不同,决定着消费性货币与投资性货币的供给比例的不同。

第三,消费货币与投资货币循环流通方式不同。人们持有消费货币的目的是为了获得商品,货币只是流通中的中介。当社会商品供给量与消费货币量相匹配时,供求两旺社会经济表现得没有通胀,也没有通缩。人们持有投资货币目的是为了货币的增殖,而货币增殖可以通过 $G-W-G'$ 方式实现,也可以通过 $G-G'$ 方式实现,以资本利润率的高低来衡量走哪种途径。当投资货币过剩引起生产过剩时,表示走 $G-W-G'$ 途径没利润,投资货币会更多地走 $G-G'$ 途径。过多的投资货币走 $G-G'$ 途径,会引起股票价格上涨,引起财富效应产生,通过财富效应中的消费增加,会平衡部分过多的投资货币。因此,投资货币过多未必会引起通货膨胀,因为有股市作为过多投资货币的容纳池。

　　第四,消费货币与投资货币在流通中表现在不同的层面。通常,消费货币表现在 M_0 层与 M_1 层,投资货币更多地表现在 M_2 层与 M_3 层上。此方面虽不必十分严格的区别,但作为宏观调控观察的窗口是很有用的。

　　例如,比较中美两国,我国的投资货币供给资源就十分充裕。美国的 M_3 与 GDP 相当,表示货币供给资源被充分利用,社会总供需平衡度高,而我国的 M_2 值(我国的 M_2 与美国的 M_3 相当)与 GDP 相比较,以 2000 年至 2008 年这 9 年的平均值计算(见第五章表 5—1),M_2 值(27.5)＞GDP 值(17.3)的 59%。与美国比,表示供需极不平衡,需求不足资本过剩,巨大的投资货币供给资源被闲置在银行。如果算上央行通过高存款准备金率,央票等方式锁定的投资货币资源,我国最少有与 GDP 等值的投资货币供给潜力被闲置。不是因为别的什么原因,就是因为实体经济中消费需求严重不足,产能已经过剩,资本平均利润率低下。进入实体经济无门,而股票市场又对投资货币的进入设限。如果将其放入股市,通过股市的财富效应增加消费是可以平衡部分投资与消费的。

　　以日本为例,日本在与我们相类似的这一阶段时,充裕的储蓄也造成充裕的 M_2 货币供给,日本则充分利用这充裕的 M_2 货币供给,投资货币进入股市产生巨大的财富效应,在同期的国民收入倍增的政策措施支持下,巨大的国内外投资货币资源进入股市,用 34 年时间持续地推高股市上涨了 104 倍,而也实现了国民经济同期涨 94 倍的奇迹。如此高速的经济发展机理却总湮没在一些人对股市泡沫的批判中。没有正确的理论方法,缺乏对经济规律、货币本质最基本理解,是这些人不能正确观察事物的根本原因。直至现在,仍然是每当增加货币供给时,就有一些经济学者惊呼要通货膨胀。这些学者如要认真分析区别出哪些是投资性货币,哪些是消费性货币就不难找出根本原因。

　　货币是必然地分为投资货币与消费货币的。当货币供给过剩时,必须要区分是投资货币过剩还是消费货币过剩,是内生供给过剩还是外生供给过剩。现代经济条件下各发达国家,投资货币过剩可以说是常态,即使是金融危机时期也有局部的投资货币过剩存在。从货币过剩到是否会产生通货膨胀,这里有着复杂的机理,不是像传统的货币主义理论那样,有货币过剩就被说成是必然产生通货膨胀那样简单逻辑。货币过剩的供给有利于经济的发展,而货币短缺绝对会酿成经济危机。

6.6　货币内供给公式

下面,我们再来分析货币内供给。货币内供给公式可表示如下:

$$Mc + Mi = GDP + \Delta GDP$$

式中:Mc 表示消费性货币;Mi 表示投资性货币;GDP 表示上年国民生产总值,ΔGDP 表示当年国民生产总值的增量。这也就是说:

$$\frac{货币的内生}{供给总量} = \frac{当年的国民}{生产总值} = \frac{被分配的}{投资货币} + \frac{被分配的}{消费货币}$$

在货币内供给方程式中,将货币总量分为消费性货币 Mc 与投资性货币 Mi 两部分,这与 GDP 统计数字中主要由居民消费与企业投资的构成是相吻合的(GDP 构成中的政府购买与净出口这两部分归属于 Mc 与 Mi)。GDP 是一种价值总量的统计,从货币循环的角度来考察,社会生产实现了 GDP 价值的增值,GDP 是投资性货币和消费性货币的供给来源。式中使用 GDP + ΔGDP 表达式表示当年国民生产总值,主要是用 ΔGDP 表达的增量与货币的外供给方程式中的 M 值有关。当内供给源 ΔGDP 发生价值增加时,货币外供给方程式中的 M 值也要发生与 ΔGDP 等比量的增加。另处,ΔGDP 增量也与当年 Mc、Mi 分配比例有关,在下一章详述。

货币内供给($Mc + Mi = GDP + \Delta GDP$)与货币外供给($M = k(B + Cv)$)相比较有如下一些联系与区别:

第一,货币内供给是货币的价值供给,是购买力的提供;货币的外供给是央行交换媒介的供给,其交换媒介供给是以内供给的价值交换需要为前提的,是对内供给的货币形态的支持。外供给的货币数量必须与内供给的货币价值相匹配。当货币内供给量(指 6.4 节中第一种商品定价与劳资分配方法)不足时,会发生货币价值升值;当货币外供给不足时,会发生交换困难,流通不畅。货币的升值与贬值与货币的内供给与外供给不匹配有关。因此,应该通过对货币内、外供给相互关系的研究建立起货币币值学、汇率理论。

第二,货币内供给方程所提供的消费性货币与投资性货币两种货币购买力差别研究、投资与消费关系研究,为我们提供了一种从实体经济内部解决矛盾的途径,这是仅从货币外供给矛盾研究所无法考察的。货币外供给方程研究则为我们提供了一种从实体经济外部解决矛盾的方法,例如,如何利用虚拟经济的手段,如何利用货币政策手段等。

第三,货币的内供给的价值量是由生产决定的,投资货币与消费货币两种属性货币的比例是由分配决定的，这其中有更多经济制度的必然性，改变机制需要有更长的时间。货币的外供给是由中央银行的货币政策决定，包括对股市价格的调整实际上也是一种货币政策的结果。改变有很大的灵活性，作用周期短。

第四，货币内供给是一种存量货币的循环周转，货币外供给是一种增量货币的循环周转。M（表示货币外部总供给）值与 $Mc+Mi$（表示消费性货币与投资性货币）值并不一定等值，M 值要不断地适应 $Mc+Mi$ 值的变化，这两个值在矛盾的对立统一中推进。因为除了实体经济外，还有虚拟经济对货币外供给量产生影响，货币的流通速度也会对 M 值发生影响。

第五，由分配决定的货币内供给中，消费性货币与投资性货币两种货币配合比例越来越不平衡，投资性货币过多，消费性货币不足，社会生产要正常运行，就越来越需要货币外供给的调节与虚拟经济对消费性货币的补充。

区分货币的内供给与外供给，为我们进行精确的货币数量研究打开了逻辑的大门。精确的货币数量调控也有了可能。

第七章 投资与消费均衡 经济高速增长揭秘

　　为什么只有在投资与消费分配比例均衡时才能获得高增长？为什么投资过多时产能会发生失灭？投资与消费均衡与就业相关吗？如何通过演算获得宏观经济平衡？

　　投资与消费的均衡是宏观经济中最重要的均衡，也是从理论到实践难度最大的均衡。一切金融危机、经济危机的根源都是因投资与消费远离均衡。本章应用马克思再生产理论详细演绎不同条件下均衡过程、均衡与经济增长的关系，证明只有在投资与消费取得均衡的情况下才可能获得经济持续的高速增长。同时为宏观经济管理者提供了一套实现宏观经济均衡的数量方法。

7.1　马克思再生产理论中的总供需平衡

　　社会再生产理论是马克思经济学的一个最重要组成部分。天才的马克思从分析社会总资本和社会总产品的关系入手，详细分析了社会两大部类生产实现的条件及总供需平衡的原理。马克思在《资本论》中精辟地指出，社会总资本运动包括了社会的生产过程和消费过程，社会总资本再生产的核心是社会总产品价值的实现，资本主义的分配矛盾决定社会总产品价值实现的困难。因此，研究社会总资本的再生产，必须从社会总产品入手。社会总产品是指在一定时期（通常为一年）内，社会物质资料生产部门所生产的全部物质资料的总和。社会总产品的实现就是社会总产品各个部分在价值上得到补偿，同时在实物上得到替换。

　　马克思将社会总产品的价值构成划分为：不变资本 c、可变资本 v、剩余价值 m。将社会总产品在实物构成上划分为：生产资料和消费资料。与社会总产品的实物构成相适应，整个社会生产分为两大部类，生产生产资料的第一部类（Ⅰ）和生产消费资料的第二部类（Ⅱ）。把社会总产品的生产分为两大部类和把社会总产品从价值上划分三个部分是研究社会资本再生产的基本理论前提。

　　为了准确把握马克思再生产理论以及研究的方便，有必要先对不变资本 c、可变资本 v、剩余价值 m、剩余价值率、资本有机构成作些说明。

　　不变资本 c，按照马克思的定义，是指资本在生产过程中用于购买生产资料的那一部分资本。生产资料在生产过程中，不发生价值增殖，不发生价值量的变化，只是随着物质形态的改变，将自己的价值转移到新产品中去。各生产资料由于使用价值的不同，转移的方式也有所不同。生产资料中的原料、辅助材料、燃料等，会在一次生产过程中被完全消耗掉，它们的价值也是一次全部地转移到新产品中去；但机器、厂房、设备等劳动资料的使用价值却不是在一次生产过程中全部消耗掉，而是在不断反复的多次劳动过程中逐渐被磨损，它们的价值也就采用折旧的方式被逐渐转移到新产品中去。一般来说，不变资本包括固定资本（厂房、机器、设备、工具），流动资本（原材料、燃料、辅助材料），可通称为生产资料。称其具有不能增值价值的性质，并不排除它们的价值或市场价格发生变动的可能性。因为生产资料的价值量，是由生产它们所耗费的社会必要劳动时间决定的，如果在一个稍长一些的过程中，生产资料再生产的社会必要劳动时间发生变化，已经进入劳动过程的生产资料的价值也会随之发生变化。但是，生产资料这时所发生的价值变动，是在它们执行资本职能的过程以外发生的，并不能改变生产资料作为不变资本的性质。

　　可变资本 v，是相对不变资本而言的一个概念。是指资本在生产过程中用于购买劳动力的那一部分资本。劳动力的价值或价格就是工资,劳动力的使用价值就是劳动,劳动者在生产使用过程中所提供的劳动,不仅能够创造出补偿劳动力价值的价值,而且能创造出剩余价值,使资本发生增殖。由于能使资本发生价值增值,所以才被马克思称为可变资本。

剩余价值 m,按照马克思的定义,是指由劳动者所创造的超过劳动力自身价值的价值。本章中所使用的剩余价值概念,是在社会总生产意义上使用的,是指社会通过一个周期(通常假定为一年)的生产后新增的价值总和,减去可变资本后的剩余部分。要注意的是,如果将可变资本理解为产业工人的工资,剩余价值并不是通常所说的资本利润。按照马克思《资本论》中的论述,剩余价值还需要分割成商业利润、利息和地租。

在马克思经济理论中,资本管理者工资也是对剩余价值的分割,国家的税收也是剩余价值分割的一部分。现代社会福利国家往往通过较高的国家税收分割剩余价值,将其用于社会的二次分配。因此,现代资本主义对剩余价值的分割已经有十分复杂的形式,资本利润只是剩余价值分割的一部分。通过国家所实现的社会二次分配使剩余价值与可变资本之间并没有鸿沟。我们在下面的对社会再生产的考察中,可以将不变资本加上可变资本加上剩余价值之和看做是国内生产总值(GDP),将可变资本加上剩余价值之和看做是国民收入。

剩余价值率是剩余价值与可变资本的比率,表达式:m/v。

资本有机构成是指由资本的技术构成决定的,并反映技术构成变化的资本价值构成。资本的构成可以从物质形式和价值形式两个方面考察。从物质形态上看,资本是由一定数量的生产资料和劳动力构成,两者的比例由生产的技术水平决定。这种由生产技术水平决定的生产资料和劳动力之间量的比例,称作资本的技术构成。从价值形态上看,资本由一定数量的不变资本和可变资本构成,不变资本和可变资本之间的比例,称作资本的价值构成。资本的技术构成和资本的价值构成之间存在着内在的有机联系,一般情况下,资本的技术构成变化会引起资本的价值构成变化,而资本的价值构成变化又大体上反映资本的技术构成变化。马克思把这种由资本的技术构成所决定的并且反映资本技术构成变化的资本价值构成,称作资本的有机构成。随着社会科学技术的发展,国民经济装备水平的不断提高,资本有机构成会不断提高。表现为全部资本中不变资本所占的比重增大,可变资本的比重减少。

7.1.1　简单再生产条件下供需平衡

为了便于研究,马克思首先作了下列四个假定:第一,整个社会生产为资本主义生产,社会上只有资本家和工人;第二,生产周期为一年,一年内全部不变资本的价值都消耗掉并转移到新产品中去;第三,商品的价值和价格不发生任何变动，一切商品都按价值出卖；第四，只限于一国内考察，没有对外贸易。

　　根据以上条件，假设社会总产品的构成如下（单位：亿）：

$$I.\ 4000c+1000v+1000m=6000\ （生产资料）$$
$$II.\ 2000c+\ 500v+\ 500m=3000（消费资料）$$
$$6000c+1500v+1500m=9000（社会总产品）$$

　　上图式中①，其中第一部类的全部产品价值是 6000，其实物形式是生产资料，第二部类的全部产品价值是 3000，其实物形式是消费资料，社会总产品是 9000。社会总产品的实现必须通过三大交换关系：

　　第一部类内部的交换。第一部类的 $4000c$ 在实物形式上是生产资料，在价值形式上相当于本部类企业在生产中消耗掉的不变资本价值。本部类本来就是生产生产资料的，$4000c$ 生产资料通过本部类内部各企业间，各部门间的交换，从价值上得到补偿，从实物上得到替换。

　　第二部类内部的交换。第二部类中的 $500v+500m$，其实物形式是消费资料，价值形式上等于本部类各企业消耗掉的可变资本的价值和剩余价值。本部类本来就是生产消费资料的，$500v+500m$ 消费资料通过本部类内部各企业间，各部门间的交换，从价值上得到补偿，从实物上得到替换。

　　两大部类之间的交换。经过以上的交换，第一部类还剩下价值等于 $1000v+1000m$ 的产品，等于一年中本部类的工人和资本家消费掉的消费资料的价值，它要由消费资料来替换。但实际上这部分产品的实物形式却是生产资料，因此，它必须与价值相等的第二部类生产的消费资料相交换。同时，第二部类中剩下的相当于 $2000c$ 的产品，在价值形式上相当于一年中本部类消耗掉的不变资本的价值，在实物形式上应该由生产资料来替换，但实际上这部分产品的实物形式却是消费资料，因此它也必须与价值相等的第一部类生产的生产资料相交换。双方产品的交换在实物形式上恰好是对方所需要的，在价值形式上它们的量又正好相等。因此，通过两大部类之间的交换，双方的产品在价值形式上得到了补偿，在实物形式上得到了替换。

　　以上三种交换，对于社会总产品的实现来说是非常重要的，任何一种交换受阻，都会使社会资本无法正常循环与周转，只有通过以上三种交换，社会总产品的价值才全部得到实现，下一年简单再生产才能正常进行。但在这三种交换中，两大部类之间的交换，即 $I(v+m)$ 和 $II(c)$ 的交换，不仅表现了资本的补偿和个人消费资料的补偿，而且表现了资本补偿与个人消费资料之间的交互联系，反映总体生产与消费供与需的平衡状况。

----

①　马克思：《资本论》第二卷第二十一章，人民出版社，1975 年版，576 页。

因此,简单再生产实现的条件是,第一部类的可变资本 v 与剩余价值 m 之和必须等于第二部类的不变资本 c,即 $I(v+m)=II(c)$。这是简单再生产条件下社会总产品价值实现的基本条件。如果 $I(v+m)>II(c)$,表示第一部类就会有一部分生产资料卖不出去。如果 $I(v+m)<II(c)$,表示第二部类就会有一部分消费资料卖不出去,其价值得不到实现。

由简单再生产实现的基本条件,可以引申出另外两个条件:

第一部类生产的全部产品必须和两大部类消耗掉的生产资料相等,即:

$$I(c+v+m)=I(c)+II(c)$$

此公式表明,在简单再生产条件下,生产资料的生产和生产资料的需要之间必须平衡的关系。如果 $I(c+v+m)>I(c)+II(c)$,表示生产资料的供给大于需求,社会总投资过剩。如果 $I(c+v+m)<I(c)+II(c)$,表示生产资料的供给小于需求,投资不足。

第二部类生产的全部产品必须和两大部类消费掉的消费资料相等,即:

$$II(c+v+m)=I(v+m)+II(v+m)$$

此公式表明,在简单再生产条件下,消费资料的生产和消费资料的需要之间必须平衡的关系。如果 $II(c+v+m)>I(v+m)+II(v+m)$,表示消费资料的供给大于需求,社会总消费需求不足。如果 $II(c+v+m)<I(v+m)+II(v+m)$,表示消费资料的供给不足。

7.1.2　扩大再生产条件下供需平衡

资本的积累是扩大再生产的源泉。从社会总资本的再生产来看,剩余价值能否转化为资本,取决于社会总产品能否为扩大再生产提供追加的生产资料和消费资料。因此,扩大再生产的必要条件为:

$$I(v+m)>II(c)$$

$$II(c+m-m/x)>I(v+m/x)$$

式中:m/x 表示资本家用于个人消费的部分的剩余价值,$m-m/x$ 表示资本家用于积累部分的剩余价值。

根据扩大再生产必要条件,假定第一年社会总产品在各部分的构成如下[①]:

$$I.\ 4000c+1000v+1000m=6000(生产资料)$$

$$II.\ 1500c+750v+750m=3000(消费资料)$$

如果第一部类的资本家把剩余价值中的 500 用于个人消费,其余的 500 用于积累,资本有机构成为 4∶1,则积累的 500m 中,400 用于购买追加的生产

① 马克思:《资本论》第二卷第二十一章,人民出版社,1975 年版,576～590 页。

的生产资料,100 用于增雇工人。这样,第一部类的年产品就组合为:

$$Ⅰ.(4000c+400c)+(1000v+100v)+500m=6000$$

第二部类同时也进行相应的积累,要从剩余价值中取出 100 作为追加的不变资本,第二部类资本有机构成为如果为 2:1,则应有 50m 作为追加的可变资本。这样,第二部类的年产品就组合为:

$$Ⅱ.(1500c+100c)+(750v+50v)+600m=3000$$

第一部类中的$(4000c+400c)$通过本部类内部交换实现。第二部类中的$(750v+50v)+600m$ 也是通过本部类内部交换实现。而第一部类中的$(1000v+100v)+500m$ 与第二部类中的$(1500c+100c)$,则通过两大部类之间的交换实现。通过交换,社会总产品全部得到实现,第二年才在扩大的规模上继续进行。

第一年:

$$Ⅰ.4400c+1100v+500(剩余价值消费)=6000$$
$$Ⅱ.1600c+\ 800v+600(剩余价值消费)=3000$$
$$6000c+1900v+1100(剩余价值消费)=9000$$

工人的消费通过工资分配在 $1900v$ 中,资本家的消费来源于剩余价值,原有剩余价值合计 $1750m$,其中第一部类用 500 追加到投资,每二部类用 150 追加投资,因此还有剩余的 1100 剩余价值部分用于个人消费。

第二年,假定,剩余价值率仍然为 100%,那么:

$$Ⅰ.4400c+1100v+1100m=6600$$
$$Ⅱ.1600c+\ 800v+\ 800m=3200$$
$$6000c+1900v+1900m=9800$$

第一年社会总产品是 9000,第二年通过追加投资,社会总产品增加到9800,实现了扩大再生产。

从以上的分析可以看出,在扩大再生产条件下,社会总产品实现的关键,仍然是两大部类之间的交换。只有如下等式成立,扩大再生产才能顺利进行:

第一部类中的$(1100v+500$ 资本家消费$)=$第二部类中的 $1600c$

因此,扩大再生产的实现条件归纳为:第一部类原有的可变资本加上追加的可变资本 m/z,再加上本部类资本家用于消费的剩余价值 m/x,三者之和必须等于第二部类原有的不变资本加上追加的不变资本 m/y 之和。

$$Ⅰ(v+m/z+m/x)=Ⅱ(c+m/y) \qquad (式7-1)$$

由式 7-1 可以引申出以下两个公式:

$$Ⅰ(c+v+m)=Ⅰ(c+m/y)+Ⅱ(c+m/y) \qquad (式7-2)$$
$$Ⅱ(c+v+m)=Ⅰ(v+m/z+m/x)+Ⅱ(v+m/z+m/x) \qquad (式7-3)$$

式中：m/z 表示追加的可变资本，m/y 表示追加的不变资本，m/x 用于消费的剩余价值。

式 7—2 说明，在扩大再生产中，第一部类对生产资料的生产，除了原有的 Ⅰ(c)＋Ⅱ(c)外，必须满足追加的不变资本 m/y 的需要。

式 7—3 说明，在扩大再生产中，第二部类对消费资料的生产，除了原有的 Ⅰ(v)＋Ⅱ(v)的两大部类的工人工资消费外，还必须要有追加的可变资本的消费 m/z（一般表现为新增就业），和足够的对剩余价值的消费 m/x 需求。否则扩大再生产就不能顺利进行。

通过上述对马克思再生产理论的引述，我们可以清楚社会再生产中两大部类总供需平衡的重要性。

7.2　投资与消费均衡模型演进

分析投资与消费比率时所设置的增加剩余价值率，可看做是增加的国民收入，只有在这个意义才好理解下面的用改变剩余价值率的方式研究投资与消费的比率平衡的意义。剩余价值率的设置本质是对劳动与资本分配比例的设置，劳动者工资分配比例高，剩余价值率低，劳动者工资分配比例低，剩余价值率高。国家对新增国民收入（剩余价值）的投资与消费比例的调控是有很多手段的，并不一定非要调节可变资本量，比如说除增加工资外，还可用增加税收、调控社会二次分配比率等手段。因此，下面的研究设置就没有必要调节可变资本项，通过增减对剩余价值率的设置，就可以观察到增减国民收入时，所引起的投资与消费比率的变化。

下面引用 7.1.2 节中的列式，假设资本有机构成第一部类为 4：1，第二部类为 2：1条件不变，以第一部类的追加投资作优先考虑。设置不同剩余价值率条件，也就是不同的社会价值产出量时，观察在扩大再生产条件下的投资与消费平衡条件下比例关系的演进变化。

7.2.1　当剩余价值率为 60% 条件下的投资与消费比率

假设剩余价值率为 60% 时，建立投资与消费比例的平衡点为，用第一部类 16.67% 的剩余价值于追加投资，此时：

　　　　Ⅰ. $4000c+1000v+600m=5600$（生产资料）

　　　　Ⅱ. $1500c+750v+450m=2700$（消费资料）

扩大再生产的平衡式：

　　　　Ⅰ. $(4000c+80c)+(1000v+20v)+500m=5600$

　　　　Ⅱ. $(1500c+20c)+(750v+10v)+420m=2700$

　　　　$5500c+1750v+1050m=8300$

本列式中,剩余价值总额 Ⅰ.(600m)+Ⅱ.(450m)=1050m。由于剩余价值数量较少,第一部类最高只能有16.67%的剩余价值(100m)用于追加投资,有83.33%的剩余价值(500m)用于消费。第二部类只能有7.14%剩余价值(30m)用于追加投资,有92.86%的剩余价值(420m)用于个人的消费。两大部类对剩余价值的平均消费率为87.62%。当社会总供需平衡时剩余价值投资率为12.38%。

7.2.2 当剩余价值率为100%条件下的投资与消费比率

假设剩余价值率为100%,考察投资与消费比例的平衡点。

Ⅰ.$4000c+1000v+1000m=6000$(生产资料)

Ⅱ.$1500c+750v+750m=3000$(消费资料)

扩大再生产的平衡式:

Ⅰ.$(4000c+400c)+(1000v+100v)+500$(剩余价值消费)$=6000$

Ⅱ.$(1500c+100c)+(750v+50v)+600$(剩余价值消费)$=3000$

$6000c+1900v+1100$(剩余价值消费)$=9000$

本列式中,剩余价值总额 Ⅰ.(1000m)+Ⅱ.(750m)=1750m。当扩大再生产时,第一部类有50%的剩余价值(500m)用于追加投资时,第二部类需要20%剩余价值(150m)用于追加投资,需要80%的剩余价值(600m)用于消费。两大部类对剩余价值的平均消费率为62.86%,当社会总供需平衡时剩余价值投资率为37.14%。

7.2.3 当剩余价值率为200%条件下的投资与消费比率

假设剩余价值率为200%时投资与消费比例的平衡点。

Ⅰ.$4000c+1000v+2000m=7000$(生产资料)

Ⅱ.$1500c+750v+1500m=3750$(消费资料)

扩大再生产的平衡式:

Ⅰ.$(4000c+800c)+(1000v+200v)+1000m=7000$

Ⅱ.$(1500c+700c)+(750v+350v)+450m=3750$

$7000c+2300v+1450m=10750$

剩余价值率提高有两种方式:一种是生产效率的提高,另一种是劳动者工资比率的降低。剩余价值率为200%的情况在一些发展中国家可能经常被当作发展的手段而经常被采用。

本列式中,剩余价值总额 Ⅰ.(2000m)+Ⅱ.(1500m)=3500m。当第一部类用50%的剩余价值(1000m)用于追加投资时,第二部类需要用70%剩余价值(1050m)用于追加投资,需要用30%的剩余价值(450m)用于个人的消费。两大部类对剩余价值的平均消费率为41.43%。当社会总供需平衡时剩余价值投资率为 58.57%。

7.2.4　当剩余价值率为 300% 条件下的投资与消费比率

假设剩余价值率为 300% 时投资与消费比例的平衡点。

$$Ⅰ. 4000c + 1000v + 3000m = 8000（生产资料）$$
$$Ⅱ. 1500c + 750v + 2250m = 4500（消费资料）$$

扩大再生产的平衡式：

$$Ⅰ. (4000c + 1200c) + (1000v + 300v) + 1500m = 8000$$
$$Ⅱ. (1500c + 1300c) + (750v + 650v) + 300m = 4500$$
$$8000c + 2700v + 1800m = 12500$$

本列式中，剩余价值总额 Ⅰ. $(3000m) + Ⅱ. (2250m) = 5250m$。当第一部类有 50% 的剩余价值（1500m）用于追加投资时，第二部类需要有 94.29% 剩余价值（1950m）用于追加投资，只能有 5.71% 的剩余价值（300m）用于个人的消费。两大部类对剩余价值的平均消费率为 34.29%。当社会总供需平衡时剩余价值投资率为 65.71%。

上述从 7.2.1 至 7.2.4 可以明显地看到一个规律，在再生产投资与消费平衡的条件下，当剩余价值率较低时，可用于追加投资的比例较小，当剩余价值率高时可用于追加的投资比例较高。当剩余价值率为 60% 时，剩余价值投资率只有 12.38%，逐级递增，当剩余价值率为 300% 时，剩余价值投资率递增到 65.71%。

上面模型是用第一部类作为优先投资设置目标，下面改变为以第二部类作为优先投资设置目标。

7.2.5　当剩余价值率为 100% 时，以第二部类作为优先投资设置目标下的投资与消费比率

以第二部类追加 50% 投资作优先考虑，用第一部类的追加投资作配合选择。

$$Ⅰ. 4000c + 1000v + 1000m = 6000（生产资料）$$
$$Ⅱ. 1500c + 750v + 750m = 3000（消费资料）$$

扩大再生产的平衡式：

$$Ⅰ. (4000c + 250c) + (1000v + 62.5v) + 687.5m = 6000$$
$$Ⅱ. (1500c + 250c) + (750v + 125v) + 375m = 3000$$
$$6000c + 1937.5v + 1062.5m = 9000$$

本列式中，剩余价值总额 Ⅰ. $(1000m) + Ⅱ. (750m) = 1750m$。当扩大再生产时，第二部类有 50% 剩余价值（375m）用于追加投资，第一部类则需要有 31.25% 的剩余价值（312.5m）配合用于追加投资，需要 68.75% 的剩余价值用

于消费。当社会总供需平衡时,两大部类对剩余价值的平均消费率为60.71%,剩余价值投资率为39.29%。投资率比(2)列式中高2.15%。此证明,因两大部类的有机构成不同,不同的优先目标考虑时,会引起投资与消费比例上的一些变动,但幅度不是太大。

7.2.6 当不按总供需平衡式设置,任何加大投资比例时

假如,我们不按照上述生产与消费平衡式中的投资与消费的比率,增加投资部分,减少消费部分,结果如何?看下面的演式。

起始生产:

$$Ⅰ.4000c+1000v+1000m=6000(生产资料)$$
$$Ⅱ.1500c+750v+750m=3000(消费资料)$$

假设第一部类有机构成 4:1,第二部类有机构成为 2:1 不变。设剩余价值投资率为 80%。则在第一部类的 $1000m$ 中,$800m$ 用于追加投资,其中追加的不变资本为 $640c$,追加的可变资本为 $160v$,剩下 $200m$ 用于消费。第二部类中的 $750m$ 中,$600m$ 用于追加投资,其中追加的不变资本为 $400c$,追加的可变资本为 $200v$,剩下 $150m$ 用于消费。两大部类对剩余价值的投资率设置在 80%,平均消费率设置在 20% 时。

加大投资列式如下:

$$Ⅰ.(4000c+640c)+(1000v+160v)+200m=6000$$
$$Ⅱ.(1500c+400c)+(750v+200v)+150m=3000$$
$$6540c+2110v+350m=9000$$

从这个列式中可以看出,立即就产生了无法实现平衡的情况。按照马克思的生产与消费平衡公式:

$$Ⅰ(v+m/z+m/x)=Ⅱ(c+m/y)$$

上列式结果:

$$Ⅰ.(1000v+160v)+200m<Ⅱ.(1500c+400c)$$
$$Ⅰ.(1360)(对消费资料的需求能力)<Ⅱ.(1900)(第二部类的产品量)$$

此表明,追加投资后,第二部类将生产出价值量为 1900 的消费资料产品,而第一部类只有价值量为 1360 的对第二部类消费资料的需求能力。因此,上列式表示消费需求将产生不足,当追加投资在一个生产周期中的两个部类之间相互交换时,第二部类的消费产品将产生过剩。

按照马克思的生产与消费平衡公式式 7-3 也会得出同样的结果:

$$Ⅱ(c+v+m)=Ⅰ(v+m/z+m/x)+Ⅱ(v+m/z+m/x)$$

上列式结果:

$$Ⅱ.(3000)>Ⅰ.(1000v+160v+200m)+Ⅱ.(750v+200v+150m)$$

Ⅱ．（3000）（第二部类产品）＞（2460）（两个部类合计消费需求）

上列式表明,第二部类生产的产品总价值量为 3000,而两个部类合计的对消费品需求价值量才为 2460。消费需求不足,消费产品（或生产能力）将产生过剩。

7.3 投资与消费均衡线

根据 7.2 节对投资与消费平衡考察的数据,选择投资与消费建立平衡的(1)、(2)、(3)、(4)列式中的数据建立表 7—1。其中“GDP 总量”取两大部类产品总量合计数;“国民收入总量”取可变资本量与剩余价值量之和。当我们设置剩余价值率增加的条件时,国民收入总量也相应地增加。因此,当我们研究不同剩余价值量投资与消费比率时,实际上也是在研究国民收入总量不同时的投资与消费比率。实际应用与假设条件虽然会有一些差距,但是原理是一样。如表 7—1。

表 7—1　不同剩余价值率条件下的投资与消费平衡表

剩余价值率（%）	GDP 总量	国民收入总量	剩余价值量 m	追加投资量	剩余价值投资率%	剩余价值消费率%	国民收入投资率%	GDP 投资率%
60	8300	2800	1050	130	12.38	87.62	4.64	1.57
100	9000	3500	1750	650	37.14	62.86	18.57	7.22
200	10750	5250	3500	2050	58.57	41.43	39.04	19.07
300	12500	7000	5250	3450	65.71	34.29	49.29	27.6

说明:上述数据为第一部类投资优先考虑时的平衡。

用表 7—1 中的剩余价值消费率数据作图 7—1,以剩余价值率为纵轴 m,其中的刻度 60、100、200、300 为剩余价值率%;以剩余价值消费率为横轴 y,其中的 C_1、C_2、C_3、C_4 为剩余价值消费率%值。如图 7—1 所示。

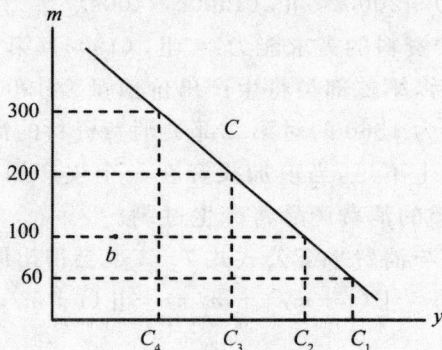

图 7—1　剩余价值消费率均衡

图中,当剩余价值率在 60% 时,按照 7.2 节中(1)列式条件设置投资与消费比时,对应的 C_1 点剩余价值消费率为 87.62%;

当剩余价值率在 100% 时,按照 7.2 节中(2)列式条件设置投资与消费比时,对应的 C_2 点剩余价值消费率为 62.86%;

当剩余价值率在 200% 时,按照 7.2 节中(3)列式条件设置投资与消费比时,对应的 C_3 点剩余价值消费率为 41.43%;

当剩余价值率在 300% 时,按照 7.2 节中(4)列式条件设置投资与消费比时,对应的 C_4 剩余价值消费率为 34.26%。

C 线为剩余价值投资与消费率的均衡线。在均衡线上的任一点,表示对当年的剩余价值的投资与消费比率是均衡的。在均衡线 C 线左侧任一点,表示缺乏消费需求,生活资料产品将产生过剩;在均衡线 C 线右侧任一点,都表示缺乏投资需求,生产资料产品将产生过剩。

在 7.2 节(6)列式中,不按两大部类投资与消费平衡设置,当剩余价值率在 100%,任意加大投资,将剩余价值消费率设置在 20% 时,在本图像中,其消费率在图像上落在远离均衡线的左侧 b 点,显示出消费需求不足,在一个循环周期内,部分消费产品将无法实现其价值。

用表 7-1 中的剩余价值投资率数据作图 7-2,以剩余价值率为纵轴 m,其中的刻度 60、100、200、300 为剩余价值率%;以剩余价值投资率为横轴 y,其中的 i_1、i_2、i_3、i_4 为剩余价值投资率%值。

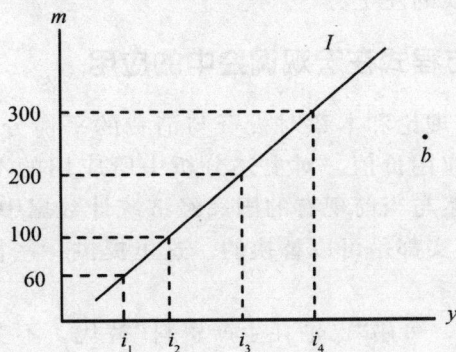

图 7-2　剩余价值投资率均衡

图 7-2 剩余价值投资均衡线 I 是一根向上散发线。当剩余价值率在 60%、100%、200%、300% 时,与 i_1、i_2、i_3、i_4 相对应的剩余价值投资率分别为 12.38%、37.14%、58.57%、65.71% 在 I 线上相交。I 线的左方表示投资不足,消费过盛;I 线的右方表示投资过盛,消费不足。当 7.2 节(6)列式中将投资率设置在 80% 时,在本图像中投资点落在远离均衡线 I 的右方 b 点,显示出

投资严重过剩,将产生消费需求不足。

依 7.1 节的说明,表 7-1 中的剩余价值率也是可以看做国民收入的一种增量比值。用表 7-1 中的剩余价值率替换为国民收入的增量比值,以国民收入增量比值为纵轴 n,其中的刻度 60、100、200、300 为国民收入增量比值;以国民生产总值投资率为横轴 y,其中的 i_1、i_2、i_3、i_4 为国民生产总值投资率%值。作图 7-3。

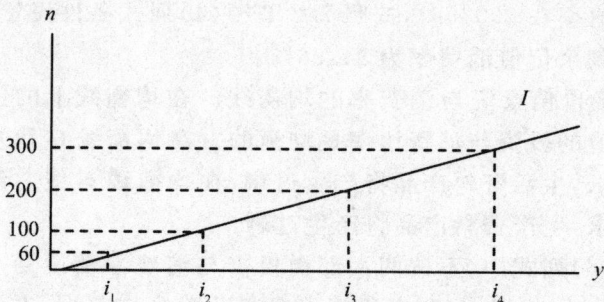

图 7-3　国内生产总值投资率均衡

图 7-3 国内生产总值投资率均衡线与图 7-2 剩余价值投资率均衡线,除 I 线因比值较低而比较平坦外,并无本质的区别。比值低是因为所追加的投资相对于国民生产总值来说比例较小,而投资与消费的绝对值是与上图相同的。当投资过盛消费需求不足时,会处于 I 线的右下方,当消费过盛投资需求不足时,会处于 I 线的左上方。

7.4　再生产均衡方程式在宏观调控中的应用

马克思的再生产理论和本章对投资与消费的平衡分析,对国家的宏观调控来说,具有重大的应用价值。对上述分析中所应用的不变资本、可变资本、剩余价值等概念,虽然与当前现有的国民经济统计数据中所使用的概念不同,但这些数据或概念其实都是可以替换的。这里提供一些替换意见供应用部门参考。

不变资本 c 概念。可用"已消耗生产资料"替代。不变资本是指在生产过程中用于购买生产资料的那一部分资本,在本章的研究中,是假定一年的周期并且作价值的出清,这正与国民经济的统计"已消耗生产资料"数据类同。而"已消耗生产资料"可通过下统计公式计算:

$$社会总产值-国民收入=已消耗生产资料$$

可变资本 v 概念。虽然可变资本概念与全员劳动者总工资现在已不是同一个概念,因为现在的管理者工资也是统计在国民的工资总量中,而目前企业高管(特别是金融行业)的工资都远超出普通劳动者价值工资的概念范围,这种远高于普通劳动者工资的部分也形不成消费,而更有可能成为投资的一部分。可以用扣除一部分(一个适当比例)高管工资后的"全员劳动者工资总额"替代可变资本项。

剩余价值 m 概念。用"企业总利润"替代。可通过下统计公式计算:

$$国民收入-全员劳动者工资总额=企业总利润$$

生产资料、生活资料两大部类概念。这在实业经济部门按产品实物来界定并不困难,主要是在服务行业中的界定中会有些争论。可以是否直接为生产服务还是直接为生活服务为界定线界定。例如,金融企业直接为生产服务,应界定为第一大部类,文化企业直接为生活服务,应界定为第二大部类。

运用当代的统计概念可将马克思再生产列式改写为下面形式。

再生产均衡方程式:

$$GDP=GDP_1+GDP_2$$
$$GDP_1=C_1+W_1+P_1$$
$$GDP_2=C_2+W_2+P_2$$
$$P_1=Px_1+Py_1+Pz_1$$
$$P_2=Px_2+Py_2+Pz_2$$
$$W_1+Pz_1+Px_1=C_2+Py_2$$
$$W_1+P_1=Py_1+C_2+Py_2$$
$$C_2+W_2+P_2=W_1+Pz_1+Px_1+W_2+Pz_2+Px_2$$

式中:GDP_1、GDP_2 表示第一大部类与第二大部类分别的 GDP 值。C_1、C_2 表示第一大部类与第二大部类分别的已消耗生产资料;W_1、W_2 表示第一大部类与第二大部类分别的国民工资;P_1、P_2 表示第一大部类与第二大部类分别的企业利润总计。Px_1、Px_2 表示第一大部类与第二大部类的企业利润分别转为生活资料消费的部分。Py_1、Py_2 表示第一大部类与第二大部类的企业利润中分别用于追加对原材料投资、厂房、设备等固定资产投资的部分。Pz_1、Pz_2 表示第一大部类与第二大部类的企业利润中分别用于在投资中追加劳动者工资的部分。

上列式是个联立方程,其中的已知数为:C_1、W_1、P_1、C_2、W_2、P_2、GDP_1、GDP_2,未知数为 Px_1、Py_1、Pz_1、Px_2、Py_2、Pz_2。

在未知数中,Py_1、Py_2 是新增利润中用于追加对固定资产、流动资金(除劳动者工资外)的投资;Pz_1、Pz_2 是指新增利润中用于追加对新增劳动者工资的投资;Px_1、Px_2 是新增利润中用于追加社会消费的资金。

求解 Px_1 的方程式:

$$Px_1=P_1-Py_1-Pz_1$$

$$Px_1 = C_2 + Py_2 - W_1 - Pz_1$$
$$Px_1 = C_2 + W_2 + P_2 - W_1 - Pz_1 - W_2 - Pz_2 - Px_2$$

求解 Px_2 的方程式：

$$Px_2 = P_2 - Py_2 - Pz_2$$
$$Px_2 = C_2 + W_2 + P_2 - W_1 - Pz_1 - Px_1 - W_2 - Pz_2$$

求解 Py_1 的方程式：

$$Py_1 = P_1 - Px_1 - Pz_1$$
$$Py_1 = W_1 + P_1 - C_2 - Py_2$$

求解 Py_2 的方程式：

$$Py_2 = P_2 - Px_2 - Pz_2$$
$$Py_2 = W_1 + Pz_1 + Px_1 - C_2$$
$$Py_2 = W_1 + P_1 - Py_1 - C_2$$

求解 Pz_1 的方程式：

$$Pz_1 = P_1 - PX_1 - Py_1$$
$$Pz_1 = C_2 + Py_2 - W_1 - Px_1$$
$$Pz_1 = C_2 + W_2 + P_2 - W_1 - Px_1 - W_2 - Pz_2 - Px_2$$

求解 Pz_2 的方程式：

$$Pz_2 = P_2 - Px_2 - Py_2$$
$$Pz_2 = C_2 + W_2 + P_2 - W_1 - Pz_1 - Px_1 - W_2 - Px_2$$

对 Px_1、Py_1、Pz_1、Px_2、Py_2、Pz_2 这六个未知数的解,有时可能存在多组解,在多组解中可设置优先目标解,例如资本有机构成提高优先、第一部类发展优先或第二部类发展优先、就业优先等,在优先目标中选择组解。

国民经济总量平衡,通过用电脑求解上述联立方程,可作出精确的,有实际应用价值的宏观调控优选方案。

7.5　用宏观经济模型演进均衡与增长的关系

一般人所持有的财富观念,认为财富是物,是物品的使用价值。对一般人来说这种财富观也是够用的。但是对经济学者,对国家经济管理者来说,仅持这种财富观是不够的。我们应有财富的流动观(见第九章第九节)。在经济学里,商品是使用价值与价值的统一,仅有使用价值还不是商品,只有通过交换实现了价值才是商品。商品要实现交换就必须要有市场需求,有生产能力而没有市场需求时,即使已经形成了的生产能力,在一定的时间周期内也会因过剩而消失。例如,商品因卖不出去堆在仓库里,或者根本不被生产出来,企业因为产品没有市场而倒闭。这就表明了财富是需要流动的,没有需求就会失灭。因此，经济学里的财富是依附于市场需求而存在的。当有需求而没有生产能力时，财富的增长取决于生产能力，当有生产能力而缺乏市场需求时，财富的增长则取决于需求。

7.2 节中对再生产中投资与消费的均衡设置，其本质是一种市场需求与生产能力的同比例均衡增长的设置，只有均衡增长才是最快的增长。当偏离均衡时，社会财富的增长取决于偏离均衡一方的最小取值。这与短板理论相类似。

下面我们仍沿用马克思再生产理论中的不变资本、可变资本、剩余价值的价值分类（只有这种价值分类才反映经济事物的本质）做社会经济发展模型，考察投资与消费均衡条件下的国民经济财富增长的获得率。

下面的假设条件仍然是必须的，第一，在非均衡条件下商品的价格是必然会发生偏离价值的波动，这里假设商品的价值和价格不发生任何变动，一切商品都按价值出售；第二，只限于一国内考察，没有对外贸易，一年内所有商品全部出清。

据中国社会科学院工业经济研究所编写的 2007 年企业蓝皮书《中国企业竞争力报告（2007）——盈利能力与竞争力》，1990～2005 年，我国劳动者报酬占 GDP 的比例从 53.4% 降至 41.4%，而同期营业余额占 GDP 比例从 21.9% 增加到 29.6%。如果用劳动者报酬占 GDP 的比例 41.4% 作估算：$v+m/z+m/x=41.4\%$，v 约等于 35%；再以企业毛利润占 GDP 的 29.6% 的数据作相关估算，我国当前的剩余价值率大约就在 185% 附近。在均衡条件下的剩余价值率最终取决于劳动生产率水平，与资本的有机构成也有相互作用的关系。在本模型中，不考虑投资效益递减等引起波动的因素，假设剩余价值率为 150%。

假设资本有机构成第一部类为 4∶1，第二部类为 2∶1 不变。

第一部类与第二部类之间的比例与资本有机构成相关，也是一个重要的比例关系。实际比例并不重要，这里从变化速率的角度来做考察应更科学。因此，假设第一部类总产品与第二部类总产品的比率年变化率不超过 10%，如果超过则表示发生了产品过剩。

需要特别说明的是本模型是假定资本有机构成、两大部类之间比例关系变化缓慢的情况。根据美国《基本经济统计手册》中的统计资料计算，美国从 1947～1980 年，工业中设备的增长速度是 4.89 倍，消费资料的增长速度是 3.41 倍。两者年增长速度之差仅为 1.3%。此数据说明，在一个长时间里，资本有机构在不断的提高，但具体到各年度之间，生产资料生产增长的比率对上述例证中生产与消费平衡式的影响还是比较小，这里的忽略并不会影响例证的结论。我国虽然目前仍处于重工业化初期,可能的变化率大于美国历史资料数据,但在缺乏统计资料数据支持的情况下,如果资本有机构成、两大部类之间比例关系的确变化较快,在实际应用中也可将有机构成设置成优先目标选择,在再生产投资与消费的均衡中,通常存在有多组解,从中选择优先目标就可实现。因此,有机构成变化因素在以年度为周期的均衡分析中对分析结论影响不大。

7.5.1　投资与消费均衡中的发展速度

这里继续应用上面的再生产列式,在剩余价值率取值为150%的情况下,取投资与消费均衡值连续四年,通过模型演进,观察 GDP 增长率,社会就业率情况。

起始第一年:

$$Ⅰ. 4000c + 1000v + 1500m = 6500（生产资料）$$
$$Ⅱ. 1500c + 750v + 1125m = 3375（消费资料）$$

扩大再生产均衡设置时的列式:

$$Ⅰ. (4000c + 600\ m/y) + (1000v + 150\ m/z) + 750\ m/x = 6500$$
$$Ⅱ. (1500c + 400\ m/y) + (750v + 200\ m/z) + 525\ m/x = 3375$$
$$6500c + 2100v + 1275m = 9875（社会总产品）$$

设置 GDP 投资率13.67%;剩余价值消费率(m/x)48.57%,需要满足如下三个等式条件。由于上面设置能满足下式:

$$Ⅰ(v + m/z + m/x) = Ⅱ(c + m/y)$$
$$Ⅰ(c + v + m) = Ⅰ(c + m/y) + Ⅱ(c + m/y)$$
$$Ⅱ(c + v + m) = Ⅰ(v + m/z + m/x) + Ⅱ(v + m/z + m/x)$$

所有的交换条件,所有的产品都能够完成交换,社会总产品(9875)全部实现其价值,并形成年 GDP 值。

第二年生产后的产品构成,剩余价值率取值150%:

$$Ⅰ. 4600c + 1150v + 1725m = 7475（生产资料）$$
$$Ⅱ. 1900c + 950v + 1425m = 4275（消费资料）$$

扩大再生产继续按均衡条件设置的列式:

$$Ⅰ. (4600c + 690) + (1150v + 172.5) + 862.5m = 7475$$
$$Ⅱ. (1900c + 285) + (950v + 142.5) + 997.5m = 4275$$
$$7475c + 2415v + 1860m = 11750（社会总产品与价值实现）$$

当年实现了 GDP 年增长率:18.99%。并完成对下一年 GDP 投资率10.98%,对剩余价值消费率(m/x)59.05%,对剩余价值投资率40.95%的均衡设置。在增量投资中,可变资本增加(就业增加)315v,占 GDP 值比为2.68%。

第三年生产后的产品构成,剩余价值率取值 150%:

　Ⅰ. $5290c + 1322v + 1983m = 8595$

　Ⅱ. $2185c + 1092v + 1638m = 4915$

扩大再生产继续按均衡条件设置的列式:

　Ⅰ. $(5290c + 793.2) + (1322v + 198.3) + 991.5m = 8595$

　Ⅱ. $(2185c + 326.8) + (1092v + 163.4) + 1147.8m = 4915$

　　$8595c + 2775.7v + 2139.3m = 13510$(社会总产品与价值实现)

当年实现了 GDP 年增长率:14.98%;并完成对下一年 GDP 投资率 10.97%,剩余价值消费率(m/x)59.08%,对剩余价值投资率 40.92% 的均衡设置。在增量投资中,可变资本增加(就业增加)361.7v,占 GDP 值比为 2.68%。

第四年生产后的产品构成,剩余价值率取值 150%:

　Ⅰ. $6083c + 1520v + 2280m = 9883$

　Ⅱ. $2511c + 1255v + 1883m = 5649$

扩大再生产继续按均衡条件设置的列式:

　Ⅰ. $(6083c + 912) + (1520v + 228) + 1140m = 9883$

　Ⅱ. $(2511c + 377) + (1255v + 188.5) + 1317.5m = 5649$

　　$9883c + 3191.5v + 2457.5m = 15532$(社会总产品与价值实现)

当年实现了 GDP 年增长率:14.97%;并完成对下一年 GDP 投资率 10.98%,对剩余价值消费率(m/x)59.03%,对剩余价值投资率 40.97% 的均衡设置。在增量投资中,可变资本增加(就业增加)416.5v,占 GDP 值比为 2.68%。

从以上宏观经济模型的演进中,我们可以看出,在剩余价值率取值为 150%,投资与消费均衡设置的条件下,GDP 投资率除起始第一年 13.67% 稍高外,尔后投资率只要稳定在 10.98%,GDP 年增长率会稳定在 14.97% 左右(因四舍五入影响到 0.01%),社会就业率增加(占 GDP 比率)稳定在 2.68%。

对比我国在 2000～2007 年间用 35%～43% 的年投资率,仅获得 8%～11% 的 GDP 年增长率相比,真有天壤之别。

7.5.2　投资与消费偏离均衡中的发展速度

如果我们在投资与消费的设置上不取均衡值,其他一切设置条件与 7.5.1 节完全相同,继续通过模型演进,比较在均衡条件下 GDP 的年增长率、社会就业率变化。

7.5.2.1　采用投资过盛偏离均衡演算

取上面第四年列式重新设置投资与消费比:

Ⅰ.　　6083c+1520v+2280m=9883

Ⅱ.　　2511c+1255v+1883m=5649

设扩大再生产剩余价值投资率80％,剩余价值消费率20％:

Ⅰ.　(6083c+1459.2)+(1520v+364.8)+456m=9883

Ⅱ.　(2511c+1004.27)+(1255v+502.13)+376.6m=5649

这时,第二部类对消费资料有Ⅱ.3515.27个单位的生产能力,但是,第一部类只有对消费资料Ⅰ.1884.8个单位的需求;第二部类对消费资料的生产能力过剩为1630.47个单位。没有消费需求的消费资料或者不被生产出来,或者生产了也不能实现价值。因此,列式服从短板规律,按照Ⅰ(v+m/z+m/x)=Ⅱ(c+m/y)规律,只得将列式修改为:

Ⅰ.　(6083c+1459.2)+(1520v+364.8)+456m=9883

Ⅱ.　(1884.8)+(1255v+502.13)+376.6m=4018.53

　　　9427c　+　3641.93v　+832.6m　=13901.53(社会总产品与价值实现)

因消费需求不足,在两大部类交换时,第二部类原有(2511c+1004.27)的生产能力,但第一部类对其只有(1520v+364.8+456m)的需求,因此第二部类产生了Ⅱ.1630.47个单位的生产能力被闲置。虽然将剩余价值投资率加大到80％,但是,所实现的GDP年增长率仅为2.9％。与同等情况下均衡投资消费时的GDP年增长率14.97％相比,GDP年增长率只有均衡条件下的五分之一,增长的绝对值减少了12.07％。

不仅如此,对下一周期的生产还会发生如下的影响:

(1)第二部类要发生解雇工人。因为,当第二部类发生Ⅱ.1630.47个单位的生产能力被闲置时,实际生产过程中并不是仅关闭机器能解决问题的,按照第二部类2:1的有机构成,第二部类的生产能力:(1884.8c)+(1255v+502.13)=3641.93个单位,在生产实际过程中必然按照2:1的有机构成进行重新组合:

Ⅱ.3641.93=(1884.8c)+(1757.13v)

按照c:v有机构成2:1组合调整:

Ⅱ.3641.93=(1884.8c+543.15)+(1757.13v-543.15)

调整后的第二部类C:V组合:

Ⅱ.3641.93=(2427.95c)+(1213.98v)

调整后的列式:

Ⅰ.　(6083c+1459.2)+(1520v+364.8)+456m=9883

Ⅱ.　(2427.95c)+(1213.98v)+376.6m=4018.53

　　　9970.15c　+　3098.78v　+832.6m　=13901.53

(社会总产品价值实现)

　　其中调整($1757.13v-543.15$)中发生的减量，表示需要减少可变资本$543.15v$。在上一周期中第二部类可变资本是$1225v$，在本周期经过调整后只需要$1213.98v$，比上一周期中可变资本减少$11.02v$，这就是说第二部类就业不仅没有增长，反而需要解雇少量工人。在两大部类全部增量投资中，合计可变资本增加（就业增加）占 GDP 比为 2.33%，比较均衡条件下的 2.68%，社会就业增量减少 0.35%。

　　（2）第一部类总产品与第二部类总产品比例由原来的 1.75∶1，快速增长到 2.46∶1，年变化速率超过 40%，此表明，第一部类与第二部类之间的比例产生了失调。两大部类之间的比例与资本有机构成具有相同性质的关系，其比例的变化是一个相对长的周期过程，短期第一部类产品的快速增加，与第二部类比例失调必然引起产品短缺与过剩同时发生。

　　在下一章中对大比例的投资将持续演进，证明对 GDP 年增长率影响最大的还是在第一年，在第一年中并伴随着两大部类之间的结构激烈调整，当相对稳定后的第二年开始，大比例投资对 GDP 年增长率的损害情况有所减轻。

　　我国经济中经常的现象是，消费增长不足，虽然每年都有高达 30% 以上年 GDP 的投资率，而国民的实际生活水平增速极缓。高投资低消费，由投资所产生的过剩生产能力都如本例中一样在过程中失灭了。不断的投资过剩，不断的产能失灭，整体投资效率极低，但由于是国家垄断企业，有垄断利润的支撑，掩盖了这种极低效率的投资在重复着发生。

7.5.2.2　采用消费过盛偏离均衡演算

　　远离均衡的过量消费同样影响发展速度。下面继续引用上面第四周期的列式重新设置投资与消费比：

　　Ⅰ．$6083c+1520v+2280m=9883$

　　Ⅱ．$2511c+1255v+1883m=5649$

　　设扩大再生产剩余价值消费率 80%，剩余价值投资率 20%：

　　Ⅰ．$(6083c+364.8)+(1520v+91.2)+1824m=9883$

　　Ⅱ．$(2511c+251)+(1255v+125)+1507m=5649$

　　这时，第一部类有对消费资料Ⅰ.3435.2 个单位的需求，但是，第二部类只有对消费资料Ⅱ.2762 个单位的生产能力。服从短板规律，按照Ⅰ$(v+m/z+m/x)$ $=$Ⅱ$(c+m/y)$规律，将列式修改为：

　　Ⅰ．$(6083c+364.8)+(1520v+91.2)+(1150.8m)=9209.8$

　　Ⅱ．$(2511c+251)+(1255v+125)+1507m=5649$

　　　　$9209.8c+4142v+1507m=14858.8$（社会总产品与价值实现）

　　第一部类将剩余价值主要分配留用于消费，使消费需求过快扩张，并不是因为增加了雇佣工人(可变资本仅增加 $91.2v$,比均衡时应增加 $228v$ 要少)而形成的消费需求过剩,增加工人所形成的消费需求往往是生活必需品,而增加的消费分配比例则是资本家留用剩余价值于消费或者是国家通过二次分配增加社会保障,这种消费需求可能主要的是引起对消费产品升级的需求,当不能满足时,更多的可能是引起持币待购、储蓄增加,转为投资性货币进入股市。一般不会引起有机构成等经济结构方面的调整,也不会引起解雇工人(但由投资引起的增量雇工减少),因此对上列式不用作调整。

消费需求过剩,第二部类生产能力不足。实现 GDP 年增长率 9.98%。与同等情况下均衡投资消费时的 GDP 年增长率 14.97% 比,减少 GDP 增长率 4.99%。

同样是偏离均衡,但当加大投资引起消费需求不足时,GDP 年增长率立即下降到只有原来五分之一的 2.9%,而且要产生工人失业、两大部类比例失衡;远比消费需求过盛对经济发展的影响要大。但是,不管是加大投资所引起的偏离均衡,还是加大消费所引起的偏离均衡,都比不上在投资与消费均衡条件下的增长速度。

7.5.3 国际贸易出超对均衡与增长的影响

国际贸易对国内再生产均衡、增长速度、社会就业率都有较大影响。

取 7.5.2 节中投资过剩偏离均衡的列式。为了获得贸易出超的条件,国内的均衡必然向投资偏离,以获得超出国内需要的产能。

因国际贸易价格竞争激烈,实际经济中剩余价值率可能下降。但为了方便数据比较,在本模型中仍假设剩余价值率为 150%,其他的各项假设条件都不变。

$$\text{I}.\ 6083c + 1520v + 2280m = 9883$$
$$\text{II}.\ 2511c + 1255v + 1883m = 5649$$

假设剩余价值投资率 80%,此投资率已在前面进行过演绎,因为偏离均衡较大,引起产能过剩,生产系统作自适应调整。但在国际贸易出超条件下假设这些产能是必须的,这里对(前提中的过剩)产能不做调整:

$$\text{I}.\ (6083c + 1459.2) + (1520v + 364.8) + 456m = 9883$$
$$\text{II}.\ (2511c + 1004.27) + (1255v + 502.13) + 376.6m = 5649$$

这时,第二部类有对消费资料有 $\text{II}.\ 3515.27$ 个单位的生产能力,但是,第一部类只有对消费资料 $\text{I}.\ 1884.8$ 个单位的需求。在国际贸易平衡的条件下,国内过剩产能通过出口获得了平衡。第二部类对消费资料的生产能力对国内过剩 1630.47 个单位,通过出口商品被卖出去了,实现了价值。两大部类产品交换改写于:

$$\text{I}(v+m/z+m/x)+出口=\text{II}(c+m/y)。$$

这个式子的含义是,第二部类对消费资料生产的产量为 II$(c+m/y)$,在国内有需求并实现了产品价值交换的有 I$(v+m/z+m/x)$的量,通过国际贸易出超实现的量等于出口。因此,国内偏离均衡的过量投资在国际贸易出超条件下成立。上列式虽然不平衡,但不用作调整仍然实现价值交换:

I.$(7542.2c)+(1884.8v)+456m=9883$

II.$(3515.27c)+(1757.13v)+376.6m=5649$

$11057.47c+3641.93v+832.6m=15532$(社会总产值)

模型演进获得本周期经济运行过程的相关经济指标如下:实现 GDP 年增长率:14.97%;实现社会就业增量(占 GDP 比)为 5.58%;因出口实现贸易顺差:1630.47 价值单位。

下一个周期保持同等出口结构和出口量不变,继续再生产过程如下:

I.$(7542c)+(1884v)+2826m=12252$

II.$(3515c)+(1757v)+2635m=7907$

如果剩余价值投资率80%仍保持不变则:

I.$(7542c+1808.64)+(1884v+452.16)+565.2m=12252$

II.$(3515c+1405.4)+(1757v+702.6)+527m=7907$

$14271.04c+4795.76v+1092.2m=20159$(社会总产值)

这一生产过程,除满足与上年等同的出口外,第二部类将产生 388.57 个价值单位的产能过剩:

II.$4920.4-($I.$2901.36+$出口$1630.47)=388.57$(产能过剩)

此说明,当出口(出超)增长时,剩余价值投资率同等增长以对应出口增长的需要,如果出口不增长,高投资率是不可持续的,但仍可处于相对高位。为了避免产能过剩而损失效率,唯一的政策选择只有回到均衡增长轨道上来。

但由于贸易出超原因,前一周期在加大投资实现新增产能的同时,能获得较大的社会就业增量(本例中社会就业增量突增至 5.58%),那么在新的均衡条件下,发展速度也获得倍增。

下面调整投资与消费比,取均衡再生产列式:

I.$(7542c+1808.64)+(1884v+452.16)+565.2m=12252$

II.$(3515c+1016.83)+(1757v+508)+1110.17m=7907$

$13882.47c+4601.16v+1657.37m=20159$(社会总产值)

其中:

I.$(1884v+452.16)+565.2m+$出口$1630.47=$II.$(3515c+1016.83)$

　　由此,新均衡条件下经济运行的相关指标为:

　　实现 GDP 年增长率为 29.79%,与上一周期就业量的倍增比例相同;实现社会就业增量(占 GDP 比)为 4.76%;因出口继续实现贸易顺差为 1630.47 价值单位。

　　此再生产模型证明,因国际贸易出超所产生的投资乘数效应是存在的,GDP 年增长率高达 29.79%,并与出超的增量比等比。但在继续的再生产过程中,由于社会就业增量递减,因出口增量所产生的乘数效应也会随之减弱。再生产因贸易出超而打破的原有均衡。将在新的较高基础上回归到均衡。

7.6　均衡与就业

　　社会就业是经济发展最重要的指标之一。仅有 GDP 值的增加,没有就业量的增加经济发展很难说是良性的。

　　在上述的社会再生产模型中,可变资本 v 值是一个反映社会就业状况和劳动工资提高的值。在再生产模型中可变资本分两种量:一种是原有存量,一种是因剩余价值用于投资时而追加的可变资本量。因投资而引起的可变资本增量就是一种社会就业量的增加。剩余价值分割用于追加资本所有者消费也会引起第二部类消费资料生产的增加,但这不能看做是就业量的增加,而应看做是整体职工工资水平的提高。

　　在各种均衡与偏离均衡的条件下,对可变资本的增加值是各有不同的,因而对就业也是有不同影响的。虽然可变资本增加不等于是就业人数的等量增加,从单个单位来讲,可变资本增加值也有可能用于增加在职人员工资,而不是用于新增职工。但从社会整体来看可变资本值的增加还是可看做就业量的增加。

　　各种均衡与非均衡条件下因追加投资所引起的可变资本增量、与社会总产值的比率关系如下表(为了直观,表中使用就业替代可变资本概念)。

表 7-2　均衡与就业的关系表

m 增量	均衡、投资偏离、消费偏离	剩余价值投资率%	第一、第二部类就业增减或比例变化	就业增量与GDP 比率%	GDP 增长值%
60	均衡	12.38	双增	0.36	—
100	均衡	37	双增	1.67	—
100	第二部类优先均衡	39.29	双增	2.08	—

续表

m 增量	均衡、投资偏离、消费偏离	剩余价值投资率%	第一、第二部类就业增减或比例变化	就业增量与 GDP 比率%	GDP 增长值%
200	均衡	58.57	双增	5.12	—
300	均衡	65.71	双增	7.6	—
150	均衡	40.95	双增	2.68	14.98
150	消费偏离	20	双增	1.46	9.98
150	投资偏离	80	第二部类减少	2.33	2.9
150	投资偏离	80	增加Ⅰ:Ⅱ比例	6.23	2.9
150	出口增加投资	80	贸易出超双增	4.76	29.79

通过对表 7-2 中的数据分析,可以得出如下重要结论:

(1)在投资与消费均衡条件下,社会就业量的增加与剩余价值 m 的增量相关。当剩余价值 m 增量小时,均衡时的投资率较低,引起的就业量较低。当剩余价值 m 增量大时,均衡时的投资率较高,引起的就业量较高。例如,当 m 增量为 60 时,均衡条件下的社会就业(与 GDP 比率)增量仅为 0.36%;当 m 增量为 300 时,均衡条件下的社会就业增量达到 7.6%。

(2)在剩余价值 m 同一增量条件下,如果采用第二部类发展优先的均衡策略,因第二部类有机构成低于第一部类,同一投资增加时就业率高于第一部类,因此,GDP 就业比率稍高。例如,在同样 m 增量为 100,当第一部类投资均衡优先时,社会就业量(与 GDP 比率)为 1.67%;当第二部类投资均衡优先时,社会就业量为 2.08%,高于前者 0.41%。

(3)如果采取向消费偏离的非均衡选择,社会就业增量(与 GDP 比率)会大幅下降。例如,表中在剩余价值 150m 同增量条件下,当剩余价值 80% 用于消费,剩余价值投资率仅为 20% 时,发生了向消费偏离的非均衡,社会就业增量由 2.68% 下降到 1.46%。

(4)如果采取向投资偏离的非均衡选择,如果不考虑比例平衡,在第一个周期内就可获得高达 6.23% 的社会就业量(与 GDP 比率)增加。但同时第一部类产值与第二部类产值比例会跃升,如表格中实例由 1.75:1 跃升至 2.46:1。这种跃升也可能是需要的,例如,大规模增加基础设施投资,快速工业化过程等,但是不可持续。因为过量投资会使需求主要指向第一部类产品,产生对第二部类产品的需求不足,第二部类产能会过剩,严重影响总体的增长速度。由于对第二部类产品的需求不足,第二部类产能必然会产生自适应性调整,降低产能会使第二部类就业人数反而减少。与均衡条件下的社会就业量相比,自适应调整后的社会就业增量反而有所下降。例如,表中在剩余价值 $150m$ 同增量条件下,当剩余价值投资率为 80% 时,产生向投资偏离的非均衡,社会就业增量由 2.68% 下降到 2.33%。

(5)因国际贸易出超而增加投资,会产生较大的社会就业增量和投资乘数效应。初始期曾获得 5.58% 的社会就业增量,后一周期递减到 4.76%。GDP 也获得较高的增速。

由此我们可得出结论:只有在均衡条件下才能获得最佳的增长速度和适当的就业量。投资偏离在初期会获得较好的社会就业增量,但会影响 GDP 增长速度,尔后的调整也会使社会就业增量下降。消费偏离所产生的社会就业增量最低,但仍可获得一定的 GDP 增长速度。国际贸易中的出超在增量过程中会获得投资乘数效应,不管对解决就业还是 GDP 增速方面都有好的效果,但不可能有持续的增量,在稳态条件下必然回归均衡。实际经济过程中偏离均衡的发展系统是不稳定的,在作自适应性调整过程中过剩产能会自动失灭,损失增长速度,但在一定条件下,过剩产能也会转化为投资货币过剩。下一章将讨论这方面的问题。

第八章 **印钱消费？**
破解滞涨迷局

　　为什么说消费需求缺口是当代经济的主要矛盾？为什么美国人负债53万亿美元经济仍不倒？中国人持有两万亿美元外汇储备，为何中国人反而更穷？美国人能印钱消费，中国人能不能？为什么需要"货币放大"？

　　消费需求缺口，这个由市场经济制度决定的并不断引发经济危机的根，使得两派经济理论都以它为重要的研究对象并开出完全不同的药。凯恩斯主义主张把国家的财政税收作为干预和调节经济平衡的工具，用增加政府投资的办法谋求社会充分就业，解决有效消费需求不足。但凯恩斯主义并不能从根本上解决问题，消费需求缺口仍然存在。

　　由于消费需求缺口的普遍存在，资本追求利润的原则使社会代偿机制起作用，因而，"印钱消费"规律、"货币放大"规律，成为投资货币过剩的当代社会的普遍起作用的必然规律，虽然人们还没有意识到它并能动性地运用它。

　　我国多年来所建立的只重投资增长不重消费增长的体制，已形成巨大的消费需求缺口。由于我们自己不会"印钱"，在"印钱消费"规律作用下，就形成了美国人印钱制造需求帮助中国人消费的当代奇观。只有在中国人学会自己"印钱消费"时，中国才能迅速超越式的发展。"货币放大"是股市的一种特有机能，属于潜在的、普遍起作用的规律。认识它、善用它，就能为消费需求补缺口服务，不善运用，对经济发展反而起破坏作用。"印钱消费"规律、"货币放大"规律，与投资消费均衡理论配合，或能打开我们自己的财富之门。

8.1　凯恩斯革命

消费需求缺乏不是绝对消费需求缺乏。人们对物质财富的占有欲望是无止境的,从这个角度说,人们的消费需求会处于永远的缺乏之中。这里所说的消费需求缺乏是相对于投资资本而言的,或是相对于社会已获得的生产能力而言的。社会一方面已有大量的过剩的资本,或有过剩的不断失灭的生产能力(过剩的生产能力是不可能长久被保存下来的,在市场均衡过程中它会不断的失灭),另一方面某些社会群体的生活消费需求得不到满足。

对于消费需求缺乏产生的原因,不同的经济理论体系有着不同的解释。

马克思从本质的、内在的方面解释了消费需求缺乏产生的原因。认为:资本生产的目的是为了利润,为了利润才雇佣工人从事生产,给工人的工资只不过是劳动力的价值或价格,劳动力的价值或价格取决于社会必要劳动时间。随着社会生产能力的日益提高,劳动力的价格并不会因社会生产力的提高而相应地提高,而是相反,相对于剩余价值来说会日益下降,由劳动者工资所形成的社会生活需求对于社会总产品的比例来说,或者是对于已经形成的社会生产能力来说,相对的比例越来越低,资本过剩,消费需求缺乏是以利润为目的的资本主义制度所必然。

以边际效用为理论基础的西方经济学,从边际生产力和消费行为学两方面来解释社会普遍存在的消费需求缺乏。根据克拉克的边际生产力概念,劳动者工资取决于社会劳动的边际生产力。当资本雇佣工人时,最后增加雇佣这个工人所增加的产量等于付给这个工人的工资,而社会平均工资水平取决于最后雇佣这个工人的工资水平。马歇尔认为这是仅从资本对雇工需求的角度解释,是不全面的。需要从劳动要素的需求与供给两方面进行解释。从需求的角度看,工资取决于劳动的边际生产力或劳动的收益产量,从供给的角度看,工资取决于劳动力的生产成本(此与马克思关于工资取决于劳动力生产的社会必要劳动时间的理论一致)和劳动力因劳动而产生的负效应,或闲暇的效用水平。社会平均工资水平取决于劳动力的供给与资本对劳动力的需求两方面因素所形成的均衡。

从上述工资水平决定可以看出,当社会生产率水平提高时,劳动者的工资水平并不能获得提高,甚至有可能会降低。从资本的投资决定理论可以看出,资本的边际生产力水平是随着社会生产率水平提高而提高的,资本的投资水平与社会劳动生产率正相关。但是,一方面资本的投资水平随着社会劳动生产率的提高而提高,另一方面劳动者的工资水平并不能随着社会生产率的水平提高而提高,这种矛盾的外在表现就是社会的生产能力过剩和消费需求缺乏越来越严重。由于需求缺乏，引起资本投资所生产的商品不能实现价值，资本的投资利润率降低，资本因而减少投资，从而产生资本过剩。

整个 19 世纪至 20 世纪 30 年代的各国经济，几乎都为经济自由主义的理论体系所主导。其代表人物法国经济学家让・巴蒂斯特・萨依（Jean-Baptiste Say）创立的萨伊定律，核心思想是"供给能自行创造其自身的需求"。萨伊定律认为，在一个完全自由的市场经济中，会有一双看不见的手在起自动调节作用，供给会创造需求。1929 年资本主义世界经济危机使传统的萨伊定律、"看不见的手"等经济自由主义理论体系彻底破产。1936 年凯恩斯在《就业、利息和货币通论》中创建了一套自己的理论体系，对有效需求不足原理、国民收入的均衡作了全新的解释。凯恩斯认为，边际消费倾向是递减的，人们的每一收入增量中，用于消费的部分会越来越少，用于储蓄的部分会越来越多。收入分配悬殊，会降低消费倾向。因为富人虽然收入很多，但他们只把一小部分用于消费，而把大部分储蓄起来；而穷人虽然会把新增收入的绝大部分用于消费，但他们的新增收入却很有限。社会的有效需求不足除人们的边际消费倾向递减外，还源于对资本的边际效益递减的心理预期与愿意保留货币现金在手中的流动性偏好。

凯恩斯一反传统经济学所认为的生产重要的观点，把消费需求提到了一个至高无上的地位。在他看来，一切生产之最后目的都在于消费，只有通过消费问题的解决才能解决生产过剩问题。因此，他详细考察了影响消费的客观因素和主观因素。认为有效需求不足源自于三大心理规律。

8.1.1 边际消费倾向递减规律

所谓边际消费倾向递减，是指随着人们收入的增加，消费也随之增加，但消费增加的比例不如收入增加的比例大。在收入减少的时候，消费也随之减少，但也不如收入减少的那么厉害。最后一个货币收入单位中用于消费的比例在减少。边际消费倾向取决于收入的性质，富人的边际消费倾向通常低于穷人的边际消费倾向。消费者很大程度上都着眼于长期收入前景来选择他们的消费水平，长期前景被称为永久性收入或生命周期收入，或者是平均的收入水平。如果收入的变动是暂时的，那么，收入增加的相当部分就会被储藏起来；收入不稳定的个人通常具有较低的边际消费倾向。人们对未来收入的预期差也会降低边际消费倾向，使经济危机时期的萧条变得更为萧条。

8.1.2 资本边际效率递减规律

所谓资本边际效率递减，是指人们预期从投资中获得的利润率，将因资本投资的增加而递减。资本投资越多，对设备的需求越多，设备的价格会越高，为增加设备而付出的成本会提高；而因投资增加，未来的产品供给将扩大，产品的未来销路越会受影响而预期收益会下降。凯恩斯详细论述了人们对资本边际效率递减的预期,即对资本未来收益的预期,是如何引致了经济周期的。凯恩斯在《通论》中写道:"繁荣期之特征,乃一般人对资本之未来收益作乐观预期,故即使资本品逐渐增多,其生产成本逐渐增大,或利率上涨,俱不足阻碍投资增加。但在有组织的投资市场上,大部分购买者都茫然不知所购为何物,投机者所注意的,亦不在对资本资产之未来收益作合理的估计,而在推测市场情绪在最近未来有什么变动,故在乐观过度,购买过多之市场,当失望来临时,来势骤而激烈。不仅如此,资本之边际效率宣布崩溃时,人们对未来之看法,亦随之黯淡,不放心,于是灵活偏好大增,利率仍上涨,这一点可以使得投资量减退得非常厉害:但是事态之重心,仍在资本之边际效率之前崩溃——尤其是以前被人非常垂青的资本品。至于灵活偏好,则除了由于业务增加或投机增加所引起的以外,须在资本之边际效率崩溃以后才增加"。这里,凯恩斯用人们对资本边际效率预期的崩溃,解释了引起投资需求不足加剧危机的过程。

8.1.3　灵活偏好规律

所谓灵活偏好规律,是指人们愿意保持更多的货币,而不愿意保持其他的资本形态的心理规律。凯恩斯认为,灵活偏好是对消费不足和投资不足的反映,具体而言是由以下三个动机决定的:交易动机,指为了日常生活的方便所产生的持有货币的愿望;谨慎动机,指为了应付各种不测所产生的持有现金的愿望;投机动机,指由于利息率的前途不确定,人们愿意持有现金寻找更好的获利机会。这三种动机,尤其是谨慎动机,说明面对诸多不确定性时,人们通常不敢轻易使用自己的存款。

凯恩斯用边际消费倾向递减规律说明消费不足,又用人们对投资收入预期的变化说明了投资需求不足所引发的经济周期的过程,用资本边际效率崩溃原理说明在经济危机到来时,加剧经济危机的过程;人们愈是不敢投资,不敢消费,愈是对灵活偏好更加偏好。

凯恩斯是在有效需求不足理论基础上重建就业均衡理论的。认为社会就业量取决于总需求与总供给的均衡状态,但均衡可以是充分就业的均衡,也可以是不充分就业的均衡。以往假设的充分就业均衡是建立在萨伊定律基础之上,其前提是错误的,因为通常情况下的均衡是小于充分就业的均衡。社会上存在着非自愿失业和小于充分就业的均衡,其根源在于有效需求不足。有效需求包括消费需求和投资需求,由于有效需求不足,商品滞销,引起生产缩减,解雇工人造成失业,消费需求更加不足。当就业增加时,社会的实际收入增加,消费也增加。但是,在收入增加时消费需求并不同比增加那么多,消费需求增加与收入增加这两者之间还会出现一个差额。总就业量取决于总需求或有效需求,而在消费需求已定的情况下,除非投资增加,人为地增加社会需求,否则就业就无法增加。因此,必须要有足够增量的消费需求来支持就业的增长。政府如果听任失业与危机继续存在是危险的,政府必须采取干预措施。

凯恩斯及其继承人都把财政税收看做是国家干预和调节经济并使经济平衡发展的重要工具。凯恩斯认为,解决有效需求不足,不能靠市场经济的自发调节,而必须靠国家的干预,特别是财政税收的干预。他主张不应把年度财政收支平衡作为理财的基本原则,国家可以用发行公债,实行赤字财政的办法刺激需求,增加政府投资,以弥补私人投资的不足。同时,国家必须用改变税收体系等办法,指导消费倾向,增加消费。凯恩斯还认为,收入分配悬殊,会降低消费倾向。主张用收入再分配的办法解决这个问题,即把富人收入的一部分用累进税的办法集中于国家手中,再通过政府转移支出的办法分配给穷人,或由政府兴办公共工程这样的办法,既可解决由消费倾向过低造成的消费需求不足,也可增加政府投资,从而达到刺激需求,促使供求平衡、增加就业的目的。

凯恩斯理论的革命性主要表现在三个方面:

(1)凯恩斯认为,是由于三个基本心理因素的共同作用造成社会的有效需求(总需求)不足,而在古典经济学体系强调"看不见的手"的调节作用;

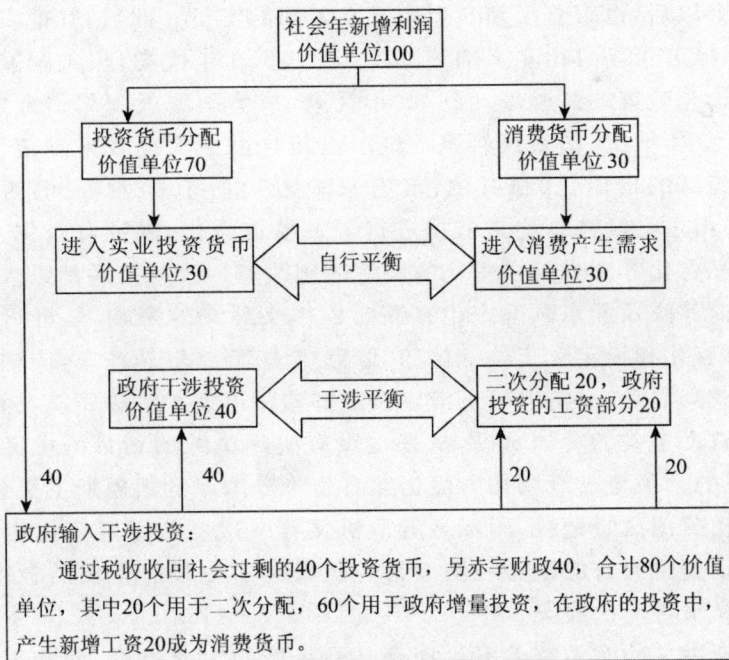

图 8—1　凯恩斯政府干涉投资图示

（2）凯恩斯认为工资是刚性的，其变化是滞后的，不可能像新古典经济学理论体系中所描绘的那样能迅速地变动、迅速地适应需求不足的变化；

（3）凯恩斯认为市场并不能进行自动的调节。因此主张国家干预市场，采取赤字财政手段扩张政府开支。

凯恩斯主义理论产生后在资本主义世界风行了半个多世纪，不少资本主义国家政府曾奉若神明。在资本主义必然存在的生产相对过剩的历史条件下，凯恩斯主义缓和资本主义国家生产与需求的矛盾，减轻经济危机的破坏程度，对第二次世界大战后西方国家经济的发展，起到了相当大的积极作用。但它没有也不可能解决资本主义社会的基本矛盾。由于不是用从根本上解决资本主义社会的基本矛盾的措施和手段，仅依靠赤字财政追加投资以填补消费需求不足的缺口的手段，虽然缓解了就业不足的矛盾，但造成的投资货币与消费货币之间的缺口比例却越来越大，美国利用国际货币地位发行的货币也越来越多。进入 20 世纪 60 年代以后，西方国家的经济相继陷入滞胀状态，凯恩斯主义的理论和政策失灵，受到西方经济学界货币学派、供给学派等的挑战。新自由主义理论重新抬头。新自由主义学派林立，理论体系庞杂，但主要以弗里德曼的现代货币主义学派、卢卡斯的理性预期学派和拉弗的供给学派为代表。1979 年撒切尔夫人出任英国首相，公开宣布实践新自由主义纲领。1980 年里根上台以后，也宣告了新自由主义在美国的实行。此后，其他发达国家也效仿英美，掀起了新自由主义的浪潮。20 世纪 80 年代初，拉美国家成为新自由主义理论和政策的试验场。到 80 年代末，拉美国家就深陷债务危机，美国乘势于 1990 年推出"华盛顿共识"，试图以新自由主义模式来规范世界秩序，实现全球经济的自由化、私有化、市场一体化。智利、墨西哥、巴西等拉美国家，以新自由主义经济理论为依据进行了贸易自由化、投资自由化、金融自由化和企业私有化等全方位自由化的经济体制改革。改革之后都陷入动荡与危机之中。前苏联及前东欧国家也在新自由主义思潮的影响下，推行了类似的自由化、私有化和稳定化三位一体的"休克疗法"经济转轨改革，同样给这些国家带来了政局混乱、经济大幅下滑以及贫富差距迅速扩大等经济与社会危机。而推行新自由主义的美国自己，从来也没有实际单纯的新自由主义的经济政策，在国家的干预与宏观调控方面仍然有着十分浓厚的凯恩斯主义色彩。

而本次美国次贷危机、国际金融危机又再一次宣告了经济自由主义理论的破产。以美国为首的欧美各国又再一次祭起了由政府干预的救市的大旗，凯恩斯主义又再一次显灵。

凯恩斯主义的有效需求不足理论与马克思的生产过剩、消费需求不足理论，应该说，都抓住了这个资本主义矛盾的核心，但是两者理论产生的原因不同,得出的结论也不同。马克思认为资本主义生产过剩、消费需求不足产生的原因是分配制度问题,而分配制度取决于生产关系。凯恩斯认为有效需求不足产生的原因是人们的"三大心理动机",与资本主义制度没关系。马克思主义的结论是应从根本上改变按资分配的制度,凯恩斯主义的结论是通过扩张资本的投资来弥补消费需求不足的缺口。当然,凯恩斯也强调了通过增加富人的税收,提高社会二次分配的比例来改善在一次分配中的不足,但目的是为了使资本主义得以延续。因此,不管怎么说,凯恩斯的理论还是抓住了问题的本质,抓住了资本主义矛盾的主要方面,这对于将资本主义从经济危机中解救出来、延长资本主义的生命过程,提高国民福利水平,促进国家经济的持续发展起到了十分好的作用。因此,说"凯恩斯革命"是恰如其分的。

8.2　凯恩斯"滞胀"的难解之谜

如果将凯恩斯主义理解为仅仅是通过财政赤字由政府加大对基础设施的投资那是错误的。凯恩斯主义所主张的不仅仅是国家增加投资,也包括了加大劳动者的工资分配比例,以及通过增加税收,以获得更多的财政收入用于提高社会公共福利。第二世界大战后三十多年,欧美各国经过实行凯恩斯主义,加上民主国家制度选票的作用,劳动者的分配比例普遍大为提高。从一般情况看,欧美各国最终消费占 GDP 的比重一直都在 65% 以上。美国在两党轮换坐庄的民主制度下,由于两党都需要讨好选票,反而导致"福利自由双膨胀",在 1959 年至 2000 年期间,美国国内的 GDP 增长速度为 3.5%,而个人消费支出年均增长速度为 3.6%,在美元霸权坐享货币发行价值的作用下产业空心化,消费增长超过其产能的增长,并最终因借贷消费的次级债引发全球金融危机。

可见,凯恩斯主义对资本主义的"过剩危机"治疗有立竿见影之效。但 20世纪 70 年代的经济滞胀使一度奉若神明的凯恩斯主义拿起来又被放下了。在本次国际金融危机的反击战中,当美国为首的欧美国家将凯恩斯主义再次拿起时,却有不少学者不顾明明各国经济都还处于严重通缩、救市确属迫切之事实,以反通胀之由反对的声音不绝于耳。可见,凯恩斯主义虽然被搁置了三十多年,理论上对 20 世纪 70 年代的凯恩斯主义到底如何引起滞胀的原因并没有真正搞清。这里简要回顾一下这三十多年来,经济理论界的领军人物是怎样批判凯恩斯主义的。

新自由主义的重要代表人物弗里德里希·哈耶克(Friedrich August von Hayek)认为,凯恩斯主义引起的"滞胀",是由于对失业原因与需求不足原因的错误的诊断。他认为失业的原因在于背离了均衡的价格和工资,均衡的价格和工资市场是会自己建立起来的,通货膨胀会造成更多的失业。"从长期来看,通货膨胀所带来的失业必然比最初设想要防止的失业更多得多"。新自由主义的领军人物米尔顿·弗里德曼(Milton Friedman)则以"通货膨胀和失业相互加强"论来解释 20 世纪 70 年代的"滞胀"。他的论点是,如果企图把国民收入保持在它的充分就业水平之上,那就将导向不断加速度的通货膨胀率。政府为赤字而发行新的货币也制造了通货膨胀。宏观经济学微观化的最早开拓者约翰·希克斯(John Richard Hicks)认为,由于不管劳动力缺乏与否都得提高工资,经济衰退时期工资上升的程度与经济繁荣时期工资上升的程度相等或接近于相等,因此就造成与经济萧条并存的通货膨胀。新古典综合派经济学家詹姆斯·托宾(James Tobin)认为,失业与空位并存会转化为失业与工资率上升的并存,而失业与工资率上升的并存又必然要转化为失业与通货膨胀的并发。

停滞性通货膨胀(stagflation)包括生产停滞、经济发展缓慢、失业增长和通货膨胀、物价上涨两个相悖方面。经济停滞而又通货膨胀,社会高失业与经济停滞并存,这就是滞胀。但上述的各经济学家在批凯恩斯,找滞胀的原因时,都是从就业与失业、劳动者工资高低本身找原因,都是从现象到现象。因此,尽管将各种数理分析工具设计得很精巧,但是在分析过程中,将事物的本质属性和本质过程都省略,这样所产生的结论不过是一些主观的臆想。凯恩斯主义引发滞胀的真正原因,似乎成了难解之谜。

其实,凯恩斯主义使用过度会引发滞胀,我们只要将凯恩斯主义的国家干预经济过程放到第七章所述的再生产模型中考察一下,一切都会真相大白的。

在做本模型演示前,必须明确以下概念与定义:

①资本有机构成是一定时期经济发展的一个重要指标。在经济发展过程中伴随着不断的产业升级,其资本有机构成是不断提高的,但在一定的历史时期,或是一定的科技条件下,有机构成也是有一定的限度的。因为它也代表着一定时期的科技水平、装备条件,并不是一个可无限发展的概念,特别是在宏观经济中,它会经常地作为限制条件而起作用。但迄今为止,西方传统经济学中所有的分析工具,从未将此作为一个重要的变量纳入其分析模型。忽视资本的有机构成必致宏观分析发生谬误,由此得出的结论实际上很不可靠。马克思的再生产模型是建立在资本有机构成基础上的,关于这一点从上一章的模型演示中就可看出,这里之所以特别强调,是因为凯恩斯主义的过度运用所导致的滞胀就与此指标有关。

②两大部类之间的比例。此实际上仍是一个资本有机构成概念的延伸,其比例关系由资本有机构成所决定。各个国家、各个时期两大部类比例是变

化的，例如，当国家加大基础设施建设，如高速路网、水利工程、城市基础设施建设时，就会引起两大部类比例关系发生变化。

资本有机构成、两大部类之间的比例高低还与资本利润率有关系，当这些比例提高时，通常表示资本利润率降低。

③可变资本在这里定义为职工工资总额，假设为全部进入生活消费。增量职工工资可理解为就业人数增加。

④剩余价值这里定义为企业利润总额。在这里暂时将利润率定义为与劳动工资的比率（注意，仅本节使用）。在演示中可分割为投资需求或消费需求。

⑤再生产实现条件的三个等式，仍是市场产品出清、价值实现的条件。等式代表市场，等式成立代表等价交换成立价值实现。

$$I.(v+m/z+m/x)=II(c+m/y)$$
$$I.(c+v+m)=I(c+m/y)+II(c+m/y)$$
$$II.(c+v+m)=I(v+m/z+m/x)+II(v+m/z+m/x)$$

式中：c 表示不变资本，v 表示职工工资，m 表示企业利润，m/z 表示追加的职工工资，m/y 表示追加的不变资本，m/x 表示用于消费的企业利润。

⑥社会总产品当等式成立时表示完成交换，价值实现，因此也可理解为 GDP 总值。

⑦假设资本有机构成第一部类为 $4:1$，第二部类为 $2:1$。起始时第一部类与第二部类比例为 $2:1$。

⑧假定将政府的投资与消费作为整体投资与消费的一部分。

⑨假定剩余价值率（m/v）为 200%。

⑩凯恩斯主义的通过提高税收、财政赤字方式，加大政府投资，此可通过将社会全部利润用于投资模拟实现。虽然财政赤字用于加大投资时并不等于都是货币贬值，当投资有适当效益时，可不会发生货币贬值，即使发生货币贬值，但因本模型是取价值形式，可忽略货币贬值因素。

下面通过模拟凯恩斯主义国家干预加大投资，引用 7.2 节中的投资与消费均衡模型（2）扩大再生产列式，作经济运行过程中的各项经济指标变化的考察。

起始第一年：

$$I.4000c+1000v+2000m=7000（生产资料）$$
$$II.1500c+750v+1500m=3750（消费资料）$$
$$5500c+1750v+3500m=10750（总产值）$$

经济指标：第一部类与第二部类产值比例为 $2:1$。

设投资率 100% 时的再生产的市场平衡（指产品出清、交换成立）配置：

Ⅰ. $(4000c + 2615.4\Delta c) + (1000v + 653.8\Delta v) = 8269.2$

Ⅱ. $(1500c + 153.8\Delta c) + (750v + 77\Delta v) = 2480.8$

　　$8269.2c + 2480.8v = 10750$（总产值）

上模型演进的经济过程产生的经济指标为：增加就业量：$730.8\Delta v$；占 GDP 比率为：6.8%；投资率（占 GDP 比）32.56%；第一部类与第二部类不变资本比例由 2.6∶1 上升到为 4∶1。

分析：

(1)当全部利润用于投资时（凯恩斯主张加大政府投资），第一部类与第二部类之间的原有比例平衡立即被打破。上一个生产周期中的产品Ⅰ.7000（生产资料）、Ⅱ.3750（消费资料），当通过市场实现价值后，如果下一个再生产周期中，第二部类产品不大于Ⅱ.3750（消费资料）时，就会发生第二部类产能过剩，幸好第二个周期所需要的产能为Ⅱ.4135（消费资料）要大于它。

(2)在再生产市场配合时，第二部类产能的增长的数量受制于第一、第二部类因投资而按资本有机构成比例追加工资的数量。当第一部类按资本有机构成 4∶1 追加投资，其中不变资本为 $2615.4\Delta c$ 时，其工资追加才 $653.8\Delta v$，第二部类按资本有机构成 2∶1 追加工资，但第二部类的总增加的产量只有第一部类的追加 $653.8\Delta v$ 和自己的当前追加 $77\Delta v$，合计为Ⅰ.$653.8\Delta v$ + Ⅱ.$77\Delta v$。这就是总投资中，只有Ⅰ.$653.8\Delta v$ + Ⅱ.$77\Delta v$ 的量是对消费品的需求，新增产能应该与此相等。

因此，所增加的投资只有全部向第一部类倾斜，舍此没有他法。第一部类不受第二部类制约的只有国家的基础设施。在本例中，第一部类追加投资中不变资本为 $2615.4\Delta c$，第二部类追加投资中不变资本为 $153.8\Delta c$，配比为 17∶1，远大于原两大部类之间 2∶1 的配比。如此的不成比例，因此对第一部类的追加投资只有流向与第二部类关联不大的基础设施投资才能成立，因为，本例中第一部类有 $2307\Delta c$（$2615.4\Delta c \times 15/17$）的追加投资并不是第二部类所需要的。

(3)能实现就业（追加工资与总产值之比）6.8% 的高增长。由于所追加的投资多数可能是新的工作场所，因此，追加的工资可看做是新增就业。但是，原有劳动者的工资没有增加。

第二个周期再生产：

Ⅰ. $6615c + 1654v + 3308m = 11577$（生产资料）

Ⅱ. $1654c + 827v + 1654m = 4135$（消费资料）

　　$8269m + 2481v + 4962m = 15712$（总产值）

经济指标：第一部类与第二部类产值比例为 2.8∶1。

设利润投资率100%时的再生产的市场平衡配置：

Ⅰ．$(6615c+3053\Delta c)+(1654v+763\Delta v)=12085$

Ⅱ．$(1654c+763\Delta c)+(827v+383\Delta v)=3627$

$12085c+3627v=15712$（总产值）

上模型演进的经济过程产生的经济指标为：增加就业量（职工福利）：$1146\Delta v$；占GDP比率为：7.29%；投资率（占GDP比）31.58%；GDP增长46.16%。第一部类与第二部类不变资本比例上升到4∶1。

分析：

(1)投资再一次向第一部类倾斜，两大部类之间的投资比例为4∶1，第一部类与第二部类不变资本比例由2.6∶1快速上升到4∶1。两大部类之间的投资比例如此快速的增加，其资源、原有的基础设施都是无法承担的。同时，因为此投资并不取决于第二部类对其的支持，新增投资已经完全取决于第一部类的容量，以及资源对投资的支持。当然，此时第一部类的投资容量可能向教育、科研方面扩展，但教育、科研是属于高科技领域，对就业的增加量可能更大，而且在这个领域的资本有机构成也不是原有的4∶1。此表明，国民经济各部门之间的比例关系会在短期内产生较大的失衡。

(2)脱离第二部类发展的对第一部类投资，GDP可获得快速增长，社会就业量可获得提高，实现了就业（职工福利）7.29%的高增长。

第三个周期再生产：

Ⅰ．$(9668c)+(2417v)+4834m=16919$（生产资料）

Ⅱ．$(2417c)+(1210v)+2420m=6047$（消费资料）

经济指标：第一部类与第二部类产值比例仍为2.8∶1。

设利润投资率100%时的再生产的市场平衡配置：

Ⅰ．$(9668c+4464)+(2417v+1116)=17665$

Ⅱ．$(2417c+1116)+(1210v+558)=5301$

$17664c+5301v=22966$（总产值）

上模型演进的经济过程产生的经济指标为：增加就业量：$5301\Delta v$。占GDP比率为：23.08%；投资率（占GDP比）31.58%；GDP增长46.16%；第一部类与第二部类固定资产比例为4∶1。

分析：

(1)经过三个周期的利润100%投资，与原始不变资本的比值第一部类增长了3.53的倍，第二部类只增长了2.35倍。可见，这种投资是完全脱离第二部类需要的投资，也将超出产业升级范围，因为产业升级时两大部类之间仍然是有一个结构比例关系的。

　　经过几轮对第一部类的持续大比例追加投资后,包括向教育、科研的扩展,持续的投资应考虑第一部类的投资容量和资源的承载能力。

　　(2)如果对第一部类投资其容量能维持,GDP可获得快速增长,社会就业量(职工福利)也可获(劳动工资总额对GDP比值)高达23.08%的高增长。

　　通过上述三个再生产模型演进凯恩斯主义政府干预,当加大比例追加投资时,各项经济指标的变化趋势。需要注意的是,上述再生产演式中有两个数据是取较高的假设值:资本利润率为200%,利润投资率为100%。在实际的国民经济中发达国家的利润率小于这个数值,100%的利润投资率除非是战争年代,平常年代是不可能做到的。之所以加大假设值,目的主要是通过放大效果,缩短考察周期,使演进的模型起到趋向说明作用,从数据的趋向效果上来说,并不影响其经济指标数据趋势变化的定性分析。

　　通过上述模型演进,证明凯恩斯主义在限定的范围不仅是可行的,而且在其有限制的条件范围内作用巨大,可以得出如下几条结论:

　　第一,加大投资,是对消费的挤占。那么在再生产中第二部类所增加的产值只有两大部类中由追加投资所产生的劳动工资增加的部分,这个部分的数量是由资本有机构成决定的(第一部类4∶1,第二部类2∶1),这是一个在经济过程中分配比率最低的增加值。因此,向第二部类追加投资的比例必然很低,全部利润用于投资也表明国民福利不提高或提高缓慢。所有追加投资只有向第一部类倾斜,能够脱离第二部类发展的对第一部类的投资,只有国家的基础设施,20世纪60年代,美苏争霸,对国家基础设施的大量投资实际上向军事、教育、科研方向延伸。

　　第二,凯恩斯主义的投资只有在国家的基础设施方面才有空间。当一个国家的基础设施欠缺时,可投资容量就大,或因战争、冷战而造成军事工业(航空、航天)巨大需求时,凯恩斯主义也很有效。第二次世界大战后,各国在修复战争破坏,冷战状态下的军事工业(包括航空、航天)巨大需求,支持了凯恩斯主义三十多年的发展,我国因基础设施十分欠缺,近十多年行凯恩斯主义,屡次用加大对基础设施的投资的方法摆脱危机效果明显。

　　第三,在凯恩斯主义的投资效果内,被加大的投资确能比正常更能增加就业,GDP获得快速增加。

　　第四,投资将受限于国家基础设施的容量,资源的瓶颈(包括高科技人力资源的瓶颈)、投资效益的递减而无法持续。基础设施容量也是有限的;资源的增加有一个速率,承载力也是有限的,当投资超过资源承载力或资源的增长速率时,会引起相关资源大规模的涨价;20世纪70年代的石油危机,2007年的石油、有色金属大涨价,其实质还是资源承载力的一种瓶颈表现。高科技人力资源方面有一个人才培养周期。当人力资源的结构性短缺时会引起工资的高速上涨而对消费的失衡。

第五，国民福利增长、国民生活水平的衡量标准是第二部类产能增长和需求实现，但是在凯恩斯主义情况下，第一部类以 3.53 的倍速增长，第二部类只以 2.35 的倍速增长，第一部类与第二部类的严重失衡。当第一部类产业对第二部类产业完全失去比例后，对第一部类的投资也就成为对经济发展本身支持不大的无效率的投资。而对航空、航天、军事工业等投资是无底洞，也不产生直接的经济效益。当得不到第二部类支持的第一部类增长达到极限或遭受瓶颈时，滞胀就会发生。当资源瓶颈引起资源性产品的价格大幅地上涨后，会引发产品成本的价格全面上涨，资本投资的边际利润下降，民间资本对所有产业的投资也就大幅地减少。通胀与经济停滞同时发生。

因此，凯恩斯主义只能是一种反危机的措施，有一定的适用条件与范围，在这个条件范围内，成效很高，但不可能长期持续。问题是放弃凯恩斯主义后，社会消费需求不足的矛盾依然严重地存在，至目前为止，西方传统经济理论并没有找到比凯恩斯主义更好的理论。

8.3 投资货币过剩

综合上述各章节我们看到，只有投资与消费在均衡条件下，国民福利增长才能获得最快的速度。在各不相同的资本有机构成和剩余价值率条件下，虽然投资和消费的均衡值不同，但一般来说，当用新增利润追加投资时，也必须同时用一部分新增利润追加到消费，用以对追加投资所形成的新增产能增加需求。新增利润只追加投资不追加消费就必然会产生消费需求的不足。但是通常情况下人们在得到利润的情况下都是偏好于投资，以获得更多的利润，而不会用于消费（资本者用于个人消费所占比例较小，这里暂且忽略不计），由此往往造成消费增量不足。我们可以用下面的方程式表示这些关系。

投资与消费均衡：增量产能＝增量需求。

因此：增量投资货币配比＝增量消费货币。

增量投资货币配比是指在一定的经济技术条件下投资新增产能时所需要的投资货币，它在货币绝对量上并不同增量消费货币相等。

当：增量产能小于增量需求，因消费货币供给过多，需求过大而发生消费物价上涨。

当：增量产能大于增量需求，因投资货币投资过多，产能过剩、某一部类商品供给过剩而产生物价下跌。在没有资源瓶颈和劳动工资仅随生产率的上涨而上涨的情况下，物价的稳定与货币供应量的多少没有关系，而与"增量投资货币配比＝增量消费货币”的等式成立有关。在投资货币过剩的情况下,社会发展的增速取决于“增量消费货币”的量。

由于人们的利润动机,市场经济会天生地将新增利润多分配于投资货币,少分配给消费货币,现代经济由于生产率极大提高,不仅仅是资本所积累的投资货币数量巨大,由于“边际消费倾向递减规律”作用,在当今证券市场高度发达的条件下,高工资的劳动者收入的一部分,也会由消费货币转为投资货币。因此,“增量投资货币配比大于增量消费货币”是市场经济的常态。凯恩斯主义所主张的政府投资,是利用对第二部类产能增加帮助不大的基础设施投资从而产生的增量工资需求来增加“增量消费货币”,仅此增加的增量消费仍会赶不上增量产能对消费货币的需求,因此,凯恩斯主义主张还应该增加对富人的征税,以增加社会公共福利开支的内容。由政府干涉增加投资与增加社会福利分配,就是对社会新增利润的国家强制给消费货币的分配,实质仍然是希望达到“增量投资货币配比＝增量消费货币”。

凯恩斯主义的失效本质是国家基础设施投资与社会福利增加都到了饱和状态。事实证明当“双饱和”时,这种由国家强制分配的机制来自资本方面的抵抗也会更强烈一些,并且由于滞胀而找到了很好的反击理由。其实,要达到社会新增利润分配中“增量投资货币配比＝增量消费货币”还存在其他手段和办法。

8.4　印钱消费规律

投资货币只具有投资属性,不具有消费属性,过剩的投资货币不会自动地转变为消费货币。投资货币与消费货币的存在比例是由分配决定的,由于利润原则、人们的利益动机,资本利润在进行分配时,总是分配给投资货币多一些,分配给消费货币少一些;就连被分配给劳动者作为工资的消费货币,也可能在“边际消费倾向递减规律”的支配下尽可能地转变为投资货币以谋利。所以说,市场并不存在自动均衡投资货币与消费货币的力量与动能。

投资货币进入储蓄,形成投资货币的市场供给,是否投资于实体经济,取决于银行利率与资本投资利润率。当资本投资边际利润①高于银行利率时,资本投资有利可图,资本增加投资;当资本投资边际利润低于银行利率时,资本投资无利可图,资本投资停止。当前世界大多数国家利率都是由中央银行作为货币政策工具在使用,利率的高低并不完全是由货币市场中的供求关系决定。央行调节利率的高低,在一定程度上可以调节投资货币进入实业的投

---

① 边际利润,是指厂商每增加一单位产出所带来的纯利的增量,其决定取决于边际收入和边际成本。

资量。由于利率相对固定,投资者作出投资决定更主要的因素是波动较大的资本投资的边际利润率。

资本投资利润率的高低,虽然也有边际成本的因素,但最主要的决定因素还是所投资生产的商品有没有市场需求,能不能被卖出去。市场需求大时,资本投资利润率就会高,进入投资的货币量就会多。市场需求小时,资本投资利润率低,进入投资的货币量就会减少。因此,新增投资资本的利润率,最终取决于新增市场需求,而新增市场需求,则取决于消费货币进入消费的增量。由消费货币所产生的消费需求量的大小,最终决定投资资本进入实业投资量的大小。社会经济的发展速度也取决于消费货币所产生的消费增量。

现今互联网发达,所有商品的价格都是实时而透明的,央行的利率调控与实业投资的利润信号都能同样地实现快速传递。因此,以前造成商品过剩、产能过剩的危机条件已经都没有了。当某个商品的市场需求不足,产品卖不出去时,立即就会形成投资部门的决策参考,新增投资不被执行。因此,在当代信息条件下,发生大范围商品过剩的经济危机是不可能的,只会产生投资货币闲置、投资货币过剩。当企业家不愿意投资实业时,表明实业没有新增的市场需求、缺乏利润。当社会上有大量投资货币闲置时,虽然没有发生任何危机,商品市场也可能是均衡的,没有通胀也没有通缩,但货币市场肯定是不均衡的,大量的货币资源在浪费,社会发展处于一种很低的均衡水平上。这就是当今世界很多国家虽然并不一定发生经济危机,但发展却是停滞的,投资货币到处过剩。其原因就是因为分配给消费的消费货币数量太少,造成在较小的增量消费基础上的投资与消费均衡。由于分配不公贫富悬殊,政府又不作为,社会新增价值大多都成为过剩的投资货币被闲置而浪费着。

为了理论分析方便,去除事物非本质方面的因素,抓住事物的本质进行分析。现假设社会年新增利润价值量为 100 个单位,当社会增加一个货币单位的投资时,形成一个货币单位的产值,需要一个货币单位的需求来消化这一个单位的产值,可设置如下宏观经济平衡模型。见图 8—2。

从图 8—2 中可以看到,当社会年新增利润 100 个价值单位时,现有机制条件下,假设正常分配的消费货币只有 20 个价值单位,产生 20 个价值单位的消费需求,只能引导 20 个价值单位投资货币进入实业进行投资,产生 20 个价值单位的供给。如果政府不作干涉调节,市场供需平衡的只有消费需求增量为基准的 20 个价值单位,社会 GDP 增量也只有 20 个价值单位。这是市场自行平衡的结果。

投资货币还剩余 60 个价值单位处于闲置。如果任由这 60 个投资货币价值单位闲置,社会即期就有 60 个价值单位产品不能实现价值而发生生产过

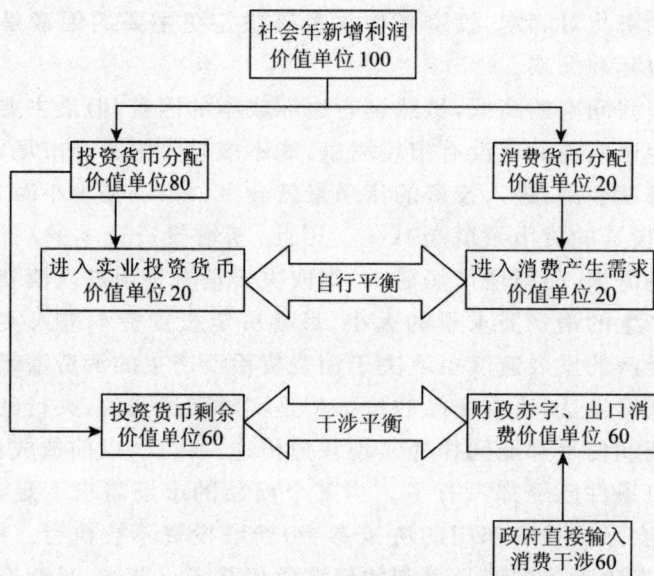

图 8-2　赤字透支消费平衡图示

剩。要使这 60 个价值单位投资货币进入投资产生效益,图 8-1 中可见,凯恩斯的办法主要是用政府增加税收用于社会二次分配与政府通过赤字财政追加投资,产生增量就业,从增量的就业中增加消费需求,从而产生政府干涉的总供需平衡。而在图 8-2 中,政府使用两种不同于凯恩斯主义的办法干涉产生增量消费平衡。

一是财政赤字(透支)消费,由政府充当债务人和资本利润提供者,用提供社会公共福利的方法由财政赤字增加生活消费需求。

二是通过干涉汇率产生出口商品价格优势,顺差出口将商品输出国外消费。例如,现在我国外汇储备近两万亿美元,其所反映的就是过剩的产能通过出口,以国外消费需求实现商品价值,换取账面上的外汇余额。由于外汇余额是账面上的,被输出商品并没有相应的进口实物补偿,因此,也可以将出口顺差看做是对商品的透支消费,其实质与赤字财政中的透支消费性质是一样的,只不过账目上一个是外汇储备的符号,一个是政府负债的符号。我国政府一度对外宣称,国家外汇储备为"人民银行的外汇资产,也是人民币负债",其实如果外汇储备等于基础货币发行量时,也可以将外汇储备看做是央行的货币发行价值存留。但如果将其看做是政府的负债的话,这恰恰就说明,我国近两万亿美元的外汇储备的政府负债与假设的财政赤字负债从形式到内容都可以是一样的。只不过出口表明有 13 万亿人民币的商品透支给外国人消费了,而财政赤字则是透支给国民消费。如果外汇储备的 13 万亿人民币的商品透支给外国人消费没有产生通货膨胀，那么同理，如果将这 13 万亿商品透支给国民消费也同样不会产生通货膨胀。

因此，图示 8－2 中的政府干涉平衡的两种方式，即用出口输出过剩产能与政府负债消费过剩产能，从总供需平衡的角度上来说，其效果是相同的。而且从前述的理论到透支给外国人消费的实践都已经证明是成立的。与图 8－1 的凯恩斯政府投资干涉消费，形式上是相同的，本质上的区别是：图 8－2 用的是政府用直接输入消费的办法谋求总供需平衡，手段直接效果好；而图 8－1 的凯恩斯干涉用的是通过增量投资产生增量就业从而形成增量消费的办法，属于间接手段，有形成更大的产能过剩的危险。

为何在产能过剩状态下的政府赤字透支消费不产生通货膨胀？从理论上来说，是因为透支的价值会通过生产过程中新创造的商品价值获得补偿。

当社会生产能力不足时，一般表现为对生产资料商品的缺乏，这个时候仅靠增发货币是不行的，因为投资首先需要有新增生产资料的投入，表现为对厂房、设备、原材料的新增需求，但这个时候仅有新增的购买力，投资还没有形成生产能力，投资所需要购买的商品并不存在，因此，这时所增加的货币购买就必然会引起这些商品的涨价（大量发生时就会引起通货膨胀）。

当投资货币过剩或产能过剩时，情形就不一样。产能过剩表明投资已经完成并已形成了生产能力，赤字新增消费只不过是让这种过剩的生产能力发挥作用。过剩的投资货币虽然还未形成生产能力，但表示有相应的生产要素在闲置等待使用。当过剩的货币投入时，正好是消化企业库存，所需要购买的这些商品（厂房、设备、原材料和劳动力）原来已经存在并不缺少。因此，这种投资货币投资形成产能的过程中，也不会引起相应商品价格上涨。当形成产能进入生产过程后，生产过程是价值创造过程，只有有消费需求，生产过程才得以延续。消费货币虽然是政府赤字透支的价值，但通过刺激生产过程的发生，其社会价值能获得补偿。只不过是政府多记一笔债务或赤字，但劳动者获得工资和福利，企业获得利润。只要没有资源瓶颈，这种由赤字刺激引导的生产是可以一直进行下去的，在上述限定的条件下不会产生通货膨胀。

资本是以利润为生产目的，没有需求就没有利润，市场需求是生产得以进行的最基本条件，也是价值的创造过程得以进行的基本条件，但在资本主义社会当资本没有利润时，生产就会停止，价值创造过程也就停止了，社会价值生产链条就断了。用财政赤字产生消费需求以给资本输送利润的方式，只不过是诱导这种生产过程得以进行。通过财政赤字的消费需求诱导，价值才能被生产出来。虽然资本获得了大量的利润，但资本家个人的消费需求是递减的，再多的利润也只会变成资本家过剩的投资货币，这种投资货币与国家记在账上的赤字是相对应的。在虚拟经济条件下这种过剩的投资货币一般会存留在股市"储水池"中，不会形成现实的购买力。但是，国家是可以印钱的，这笔赤字透支消费其实记不记账不是本质，因为即使为此积累再多的债务在一定条件下是可以不归还的。这就是"印钱消费"原理。它是一种潜在而必然起作用的规律。

当前的美国就将这种"印钱消费"规律发挥得淋漓尽致，只不过美国是利用美元国际储备货币地位为全世界印钱给自己消费，它已经为印钱消费积累高达65万亿美元的债务，但美元并没有因如此高的债务而崩盘。在没有期货市场作乱，及金融危机没有暴发之前，在弱势美元政策下的美国经济竟然也保持了十多年的低通胀。其实除了上述理论外，没有任何其他理论能解释得通。"格林斯潘之谜"反映千古货币大师格林斯潘本人对此也是很迷惑①。只有"印钱消费"理论才能对此作出解释。也只有用印钱消费规律才能对美国、美元的前景作出预测。

造成美国印钱消费，中国生产而积累大把美元的我国，实质并不是出自美国的阴谋，而是因为中国的资本太贪婪利润，属于"货币拜物教"，因而才不懂得自己"印钱消费"，在美元为国际储备货币地位的情况下，自然地就请美国"印钱"帮助中国消费，直接目的是帮助中国的资本制造利润。当中国学会自己"印钱消费"时，国民福利的增值远不止这区区两万亿美元。也只有在中国学会自己"印钱消费"时，中国才能迅速超越发达国家。

8.5　印钱消费规律适用条件

真理多走一步就会变成谬误，"印钱消费"规律有严格的限制条件，并不是任意的乱印钱滥发货币。归纳"印钱消费"规律适用的条件，有如下几点：

8.5.1　"印钱消费"适用社会有过剩产能

社会有过剩产能，所增加的消费在过剩产能范围。或者有过剩的投资货币，则增量消费是一个渐进诱导投资资本进入的过程。

8.5.2　"印钱消费"应用于第二部类

"印钱消费"应主要地应用在第二部类中，消费需求不足就是表现在第二部类。相对第一部类来说这个部类低端劳动者就业量大，投资少见效快，生产周期短，容易发挥第一部类过剩的基础设施优势。

---

① 2005年6月6日，美联储主席格林斯潘在全球主要央行行长参加的国际货币会议上称，尽管美联储持续加息，但美国国库券长期利率却反而走低，其原因是个谜。

8.5.3　"印钱消费"量不应超过从实体经济所溢出的过剩投资货币量

第四章中已论述了，投资货币不仅仅是从实体经济中产生，虚拟经济也产生投资货币。但只有从实体经济中所溢出的投资货币才表示有等同的商品闲置，生产能力闲置，虚拟经济中所产生的投资货币并没有相对应的实物商品保障。实体经济中所溢出的闲置投资货币量是很容易从国家统计数据中计算出来的。

8.5.4　"印钱消费"应在没有资源瓶颈的领域

在有资源瓶颈的领域赤字消费并不是不能进行，而是指会因此增量消费，虽然价值在生产过程中同样被创造和补偿，但也会因资源更紧张而涨价。但是如果是国计民生所必需的，涨价也应进行。

"印钱消费"与凯恩斯主义有不同点，凯恩斯主义治理消费需求不足虽然也包括有增加社会福利项，但更强调的是用增量投资的方法以增加社会就业来解决消费需求不足的缺口。他的作用在产业升级，国家基础设施投资空间较大的情况下效果好一些，当国家基础设施投资饱和以后会产生投资失效。"印钱消费"强调的是直接给生活消费需求欠缺者以消费帮助，在治理产能过剩、贫富不均方面发挥的作用更直接，效益会更高，而且作用会更长远。

因此，在产能过剩，消费需求缺乏的条件下，"消费就是生产力"。只要社会有需求，消费完全可以通过赤字财政手段自己创造，犯不着请美国人来帮助消费，两头挨骂不讨好。

8.6　印钱消费规律的历史例证

历史上就有过通过"印钱消费"从而获得巨大成功的例证。

不仅是美国罗斯福新政"印钱消费"成功，更有过之而无不及的其实是第二次世界大战前的德国。第一次世界大战后的德国，为偿付战争赔款和支持军费开支，曾经滥发纸币使通货膨胀率创世界纪录，致使经济崩溃、800万人失业。希特勒上台后，重新启用沙赫特博士为内阁经济部长，主管经济恢复。沙赫特主持与罗斯福"新政"相同的"新计划"，用代用券的方式变相地印钞发行货币。开动战争机器所需要的巨大的军事工业和基础建设需求，依靠现有的资本和政府财政积累是不可能完成的，大量增发银行代用券就是一种政府印钱消费的办法（军事工业是没有回报的政府消费）。如著名的"米福"（Mefo)军用券，就是由国家担保、由银行秘密贴现，专门支付军火商的代用券。沙赫特博士的印钱消费创造了真正的世界奇迹。仅用三年时间就使德国这个背负巨额外债（包括战争赔款和向美国的借款）和拥有800万失业大军的第一次世界大战战败从困境中彻底走出来，五年就使国民经济复苏并创造了零失业。纵横交错的德国高速公路网、为希特勒发动战争而准备的巨大军事重工业基础等无不得益于"印钱消费"这种金融策略,短短几年间,德国竟一跃成为欧洲霸主。

日本也是用"印钱消费"来获取国民经济超常发展的例子。经济高速发展时期,财政开支在产业基础设施、生活基础设施、教育科研等公共事业的建设方面所占比重达到 50% 以上。当财政收入不足以维持支出时,政府没有放弃扩张性财政政策,而是通过发行国债来弥补赤字。在 1964 年 10 月到 1965 年 9 月的经济危机期间,日本政府一改平衡预算原则,继续扩大公共事业支出,果断地走发行国债的赤字财政之路。支撑了经济的高速增长。20 世纪 60 年代日本"国民收入倍增计划"的主导者金森久雄在《日本经济增长讲话》中曾说过,"战后日本经济的高速增长 ,也是由于所必需的钱得到了充分的供给才得以实现的","日本银行在超出自己力量以上的放款,叫做'超额贷款',日本为经济增长所必需的钱正是靠这种超额贷款供给的","因此,日本银行对通货管理的重大责任就在于要为适当的经济增长提供必要的通货"。日本银行的超额贷款是世界出名的,并且,日本通过股市的暴涨,股市财富效应中所产生的巨量货币溢出为实体经济输送了巨量的货币资金,创出了年增 16% 的发展速度。

20 世纪 90 年代日本经济发展停滞,许多学者喜欢用"泡沫破灭"一词来总结,这是十分错误的理论说法。所谓日本"失去的十年"主要原因是日本已发展到了国内消费增长的极限,十分发达的制造业国际市场逐渐被中国台湾地区、中国大陆及韩国所占领,制造业产能过剩是经济停滞的主因,并不是金融政策问题也不是金融政策所能解决的。

资本利润原则造成了社会发展到一定程度后,投资货币天生总是过多,利润缺乏症使投资货币闲置会越来越多。在国际,谁都在追求资本利润,每个国家都追求外贸顺差,谁来消费? 谁来充当逆差提供者? 美国"印钱消费",通过印钱就可获取中国的资源为自己所用,这是中国自己不会"印钱消费"的结果。

8.7　货币放大规律

国家干涉赤字消费并不是解决消费需求缺口的唯一方法,股市正财富效应中的"货币放大"(详见第四章)已经成为各国填补需求缺口实现经济增长的主要方法。奇怪的是,经济理论对这一普通的现实却视而不见。

凯恩斯主义后,西方发达国家生产过剩、有效消费需求不足的矛盾并没有从根本上解决,除发展起来的较大的国民福利分配刚性保留下来外,也与股市承担了以财富效应的作用填补消费需求缺口的职能有关。

股市财富效应用放大货币数量的办法来填补消费需求缺口,有着与凯恩斯主义补缺口方法、"印钱消费"补缺口的方法完全不同的功能与效果。凯恩斯主义更适合国家基础设施投资容量范围内的情况,"印钱消费"适合社会低福利、贫富差距较大的情况。但是,当社会已发展到较高福利、贫富差距较小后,凯恩斯主义和"印钱消费"的作用效果都会变弱,这时,股市的财富效应的"货币放大"功能在补消费需求缺口的作用方面可能会更好一些。

　　资本利润原则,不仅是资本利润尽可能地转变为投资货币,劳动者中的高收入者也会将工资收入的部分转变为投资货币而减少消费,"边际消费倾向递减规律"的作用说明,当劳动者的收入在提高以后,部分应该成为消费需求的货币往往不能成为即期的消费需求,相反的转为投资货币。在打工收入阶层、小业主阶层,收入并不稳定,就业也没有铁饭碗,人们对失业、养老、疾病和未来不确定的担忧、对经济的安全需要,储蓄和股市投资仍然是人们谋求经济安全的基本手段。"看菜下饭"是一般的消费心理规律,人们在有条件消费升级(这里指高出基本消费之上的享受性消费,住房是必需消费除外)时,消费升级即使在中产阶级中也会变得有些谨慎。但是,当股市财富效应能放大货币收入时,情形就会变得不一样,货币收入通过股市放大后,消费可能就会变得更大方。

　　例如,当人们仅有 100 个货币单位的储蓄,如果消费升级就需要支出这100 个货币单位,是继续以这 100 个货币单位作安全保障还是作消费升级?恐怕多数人都会继续用作安全保障而不是被用作消费升级。但如果这种消费方式成为社会的群体消费行为就糟糕了,因为从社会生产的角度来说,不仅仅是资本利润,发给劳动者的货币工资,同样也表明社会已经生产出的商品正在仓库里等待劳动者赶快用工资去购买消费它。大家都将钱存到银行里,所生产出来的商品也就只好放到仓库里睡大觉,社会总体的消费缺口无任采用何种方式都无法替补。但是,如果股市能产生财富效应时,情形就不一样了。当人们将 100 个单位货币投资到股市时,股市上涨,使这 100 个单位货币变成300 个单位货币时,人们就会产生富有的感觉,消费升级,享受性的消费欲望可能就被激发出来。人们就会很痛快地拿出 100 个单位货币进行消费,保留200 个单位货币继续在股市投资。从个人的角度来说,安全需要获得了满足、消费需求也获得了满足。从社会的角度来说,消费也不再有缺口,再生产获得了增长。当然,如果股市产生负财富效应,股民在股市下跌中产生亏损时,人们也会更加扎紧口袋。

　　图 8-3 中可以看到,社会生产年新增 100 个货币单位,通过分配,投资货币为 60 个价值单位,消费货币为 40 个价值单位,如果直接进入再生产过程,消费缺口为 20 个价值单位。但由于消费者"边际消费倾向递减"、"安全需要"、"看菜下饭"等消费心理规律作用,实际能直接进入增量消费需求的只有

20个价值单位,带动投资货币进入实业增量投资的也只有 20 个价值单位。投资货币有 40 个价值单位进入股市投资,消费货币有 20 个价值单位转为投资货币进入股市。现假设股市上涨 3 倍,产生了财富效应,人们心里感觉富有,增强了消费升级的信心,原来的消费者从股市拿出 30 个货币单位进入消费,带动原来的投资资本持有者从股市转移 30 个价值单位的投资货币进入实业投资。这时实际的投资和消费各 50 个价值单位,消费缺口 30 个价值单位通过股市财富效应后补齐。只有这时,社会新增的 100 个单位的价值和商品实物才配合平衡。

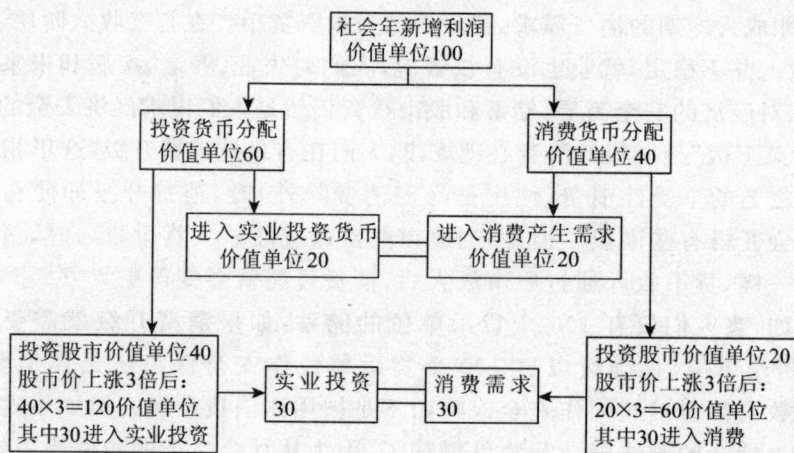

图 8-3　股市财富效应补消费缺口示意图

8.8　消费需求决定发展速度

　　投资货币与消费货币并不能自由转换,即使通过股市转换也是有条件的。货币主义的理论错误的一个很重要的方面,就是不知道货币是有投资货币与消费货币区分的。不作区分任何笼统地谈论货币数量与通胀的关系,都会造成很大的偏差。投资货币只会用于投资,没有特殊的条件不会进入消费。消费货币通过股市会成为投资货币,只有在产生财富效应的情况下,才会返回消费(这里是指一般的群体行为,不是指个别具体行为)。两种货币分别执行不同的职能,并不是央行宽发货币就能产生通胀的,投资货币与消费货币的相互转换也是有条件的,并不会自动地、随意地发生。

　　当总量货币增加供给时,必须要分清是对投资货币的供给还是对消费货币的供给。仅仅是对投资货币供给,不管数量多少,如果没有消费货币的配套增量供给并进入消费需求,就形不成市场消费需求的增量,投资货币会因为没有利润而压根就不会进入实业投资,因而也就不能产生对生产资料的商品需求,因此也就不能仅凭货币数量的增加就武断地下结论会产生通货膨胀。当消费货币增量供给时,如果社会有相应过剩产能,这时正好能发挥过剩产能的作用,企业效益提高,税收增加,也不会产生通胀。判断通胀、通缩需要对投资货币与消费货币的流向、实体经济价值与商品的供需平衡作具体的分析。

市场是以需求为导向的,市场平衡最终以消费需求为基准作平衡。以"股市财富效应补消费缺口"中的数据为例,如果当年没有股市的财富效应,消费增量只有 20 个价值单位,市场平衡也是以这需求 20 个价值单位为基准,引入投资 20 个价值单位。此时的 GDP 增量也只有 20 个价值单位,社会经济是处于一种低水平的均衡。其他的货币再多,由于不进入实体经济发生购买,实体将会有 60 个价值单位的商品处于过剩状态。

如果当年股市发生了理想状态的财富效应,正如图 8—3 所示,消费需求增量合计有 50 个价值单位,市场平衡也是以这需求 50 个价值单位为基准,引入投资 50 个价值单位。此时的 GDP 增量就有 50 个价值单位,社会经济是处于一种高水平的均衡。

假设图 8—3 中的股市上涨 5 倍,股市财富效应使得进入消费需求增量为 50,加上市场原有的 20 合计有 70 个价值单位,引入对应增量投资 70 个价值单位,即时的投资加消费商品需求合计为 140 个价值单位。而当年新增商品实物量为 100 个价值单位。需求 140＞供给 100,即时通货膨胀产生。一个投资(生产)周期后通货膨胀是否持续,则要看经济体内商品供给弹性,如果供给弹性高,会因为形成新增产能而使通胀消失。经济体内商品供给弹性的高低决定通胀持续时间的长短。

因此,市场平衡是以消费需求增量为基准,消费需求增量决定 GDP 增量。通胀与通缩与货币的供给关联不大,而与股市的正负财富效应相关联,因为股市的涨跌有成倍的放大缩小货币数量的能力,从而影响着人们的消费行为。

8.9 股市促进经济发展的例证

20 世纪 70 年代以后,美国由于凯恩斯主义的过度使用、长期的越南战争、中东石油危机等因素引起了严重的滞胀,新自由主义理论以反滞胀取代凯恩斯主义而占据主导地位,其实这并不是因为新自由主义理论的正确,而是发达国家通过几十年实行凯恩斯主义后,普遍完成了产业升级,国家的基础设置建设也几近饱和,国民公共福利和劳动者保护也都处于较高的水平,各国继续实行凯恩斯主义的空间已经不大。而随着国际低端产业向欠发达国家转移,国际垄断资本集团却可以通过控股,控制欠发达国家的金融与市场,将原来国内的劳动与资本之间的剥削关系转变成为国际金融资本集团与欠发达国家劳工的剥削关系。因此新自由主义经济理论更适合国际垄断资本集团跨国剥削欠发达国家与全球经济的需要。而各发达国家国内经济,由于劳动者的工资收入和社会福利也已经有较高的水平,对劳动者来说,当提高收入后,如果"边际消费倾向递减规律"、人们追求财富的投资需要规律、对经济安全需求的规律都起作用,那么,劳动者的工资收入中也会有一部分没能及时进入消费,由此又会形成新的消费需求缺口,这种需求缺口已经不是分配因素造成的,即使是凯恩斯主义对此也是无能为力的。那么,解决这个需求缺口唯一的途径只有 8.7 节中所描述的通过股市的"货币放大"功能,使人们产生财富增量的效应,从而补充这个新的消费不足的缺口。国家进入发达国家以后,社会中的中产阶级占大多数,在中产阶级以上的人口消费需求基本获得满足后,社会消费需求总的来说增长缓慢。在中产阶级普遍投资股市,成为股民、基民的情况下,社会消费需求的增长越来越依赖于股市的财富效应。

以美国情况为例,据美国投资公司协会的调查数据,到 2006 年底,美国有9600 万户家庭在股票、国债、基金等证券市场进行投资,占美国总家庭户数的86.5%(据 2005 年美国人口调查局统计数据,美国家庭总数为 1.11 亿户),其中直接股市开户数为 7600 万,占总家庭户数的 68.5%。另据美国联储局所作的调查报告,从 2004 年至 2008 年美国家庭净资产的状况是:2004 年,美国家庭资产总值为 62 万亿美元,家庭债务 11 万亿,家庭净资产为 51 万亿。其中金融资产 38 万亿,占净资产比 74.5%;

2005 年,美国家庭资产总值为 70 万亿美元,家庭净资产为 58 万亿美元;

2006 年,家庭资产总值为 75 万亿美元,家庭净资产为 62 万亿美元;

2007 年,家庭资产总值为 77 万亿美元,家庭净资产为 62 万亿美元;

2008 年,家庭资产总值为 65 万亿美元,家庭净资产为 51 万亿美元。

由于家庭在证券市场上投资比例较大,从上述数据可以很清楚看到,2004 年至 2007 年美国股市上涨,美国家庭净资产从 51 万亿美元上升到 62 万亿美元,2008 年美国股市大跌,家庭净资产大缩水回到了 2004 年的 51 万亿美元水平。

以美国作为典型比较能说明西方发达国家的情况。上述数据说明,美国家庭资产中金融资产占比大。在金融资产中,储蓄少,进入证券市场投资比重大。家庭资产主要表现为在证券市场投资的金融资产。同时家庭平均资产数额较高。以 2004 年美国家庭净资产为 51 万亿为例,平均每个家庭净资产为44.8 万美元。拥有 100 万美元净资产的家庭总量为 750 万户,拥有 50 万美元净资产的家庭总量约为 1530 万户,占总家庭户数的 13.5%。以美国 2008 年国内生产总值为 14 万亿美元计,同期美国家庭净资产 51 万亿美元,相当于美国人 3 年创造的物质财富的总和。由此可见,美国家庭的工资收入,普遍地没有直接用于消费,而相当一部分被投资到股市上,股市的涨跌直接影响到家庭的资产总额,继而影响到家庭的消费行为。

根据我国国家统计局城市调查总队 2002 年 5～7 月城市居民家庭资产抽样调查,截至 2002 年 6 月底,我国城市居民家庭财产户均总值为 22.83 万元,其中人民币金融资产为 7.37 万元,其金融资产的结构为:储蓄存款占比 69.41％,股票占比 10％,手持现金 3.7％。

我国股市在 2005 年以前规模较小,股市参与人数也比较少。至 2006 年、2007 年股市大幅上涨才引发国民投资入市的热情,截至 2008 年 1 月 4 日,沪深两市账户总数为 13932.44 万户,容纳证券开户的家庭数约为 6966 万户(因为家庭入户证券需要同时开立沪深两个账户),占中国总家庭数的 18.6％(2004 年中国家庭总数 3.74 亿户),占城市家庭数的 46.5％。比较发达国家这是一个很低的参与比例。如此低比例主要与广大农村家庭收入低,少有进入股市投资有关。

上述我国家庭资产情况与发达国家比较有较大区别。2002 年数据表明即使是城市家庭投资股市的比例也是极低的。但经过 2006 年、2007 年股市暴涨,参与股市投资的家庭数量迅速增加,已有半数城市家庭进入股市,股市涨跌影响到城市家庭的消费行为才开始显现。

股市的涨跌通过家庭金融资产数额的增减影响着消费行为,与家庭参与股市投资的广度和深度息息相关,也与家庭工资收入状况,和消费剩余多少有关。较多的剩余才有可能有较多的消费货币转为投资货币投入股市,经济的发展对股市的依赖作用也就越大。下面是美国 GDP 的增长率与美国道琼斯指数年增长率的相关图,其中,道琼斯指数的值是 5 个月移动平均值。

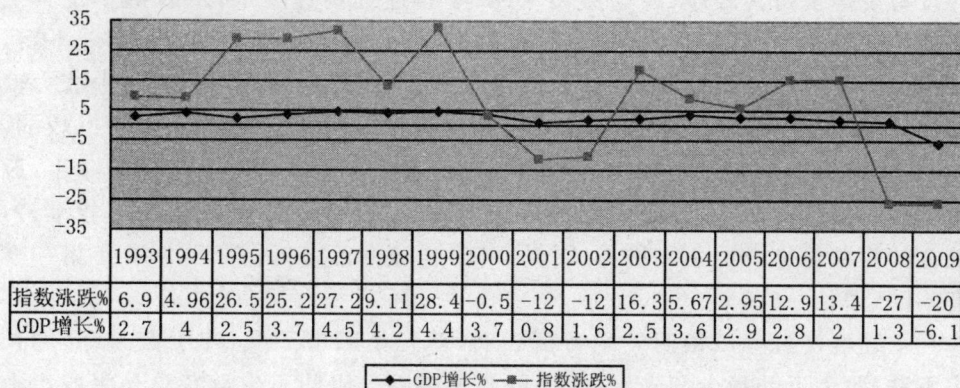

	1993	1994	1995	1996	1997	1998	1999	2000	2001	2002	2003	2004	2005	2006	2007	2008	2009
指数涨跌%	6.9	4.96	26.5	25.2	27.2	9.11	28.4	-0.5	-12	-12	16.3	5.67	2.95	12.9	13.4	-27	-20
GDP增长%	2.7	4	2.5	3.7	4.5	4.2	4.4	3.7	0.8	1.6	2.5	3.6	2.9	2.8	2	1.3	-6.1

图 8-4 美国 GDP 增长率与道指堆积数据相关图

以上两图中,美国道琼斯指数取五年平均线指数计算获得年涨跌值。

	1993	1994	1995	1996	1997	1998	1999	2000	2001	2002	2003	2004	2005	2006	2007	2008	2009
指数涨跌%	6.9	4.96	26.5	25.2	27.2	9.11	28.4	-0.5	-12	-12	16.3	5.67	2.95	12.9	13.4	-27	-20
GDP增长%	2.7	4	2.5	3.7	4.5	4.2	4.4	3.7	0.8	1.6	2.5	3.6	2.9	2.8	2	1.3	-6.1

◆—GDP增长%　■—指数涨跌%

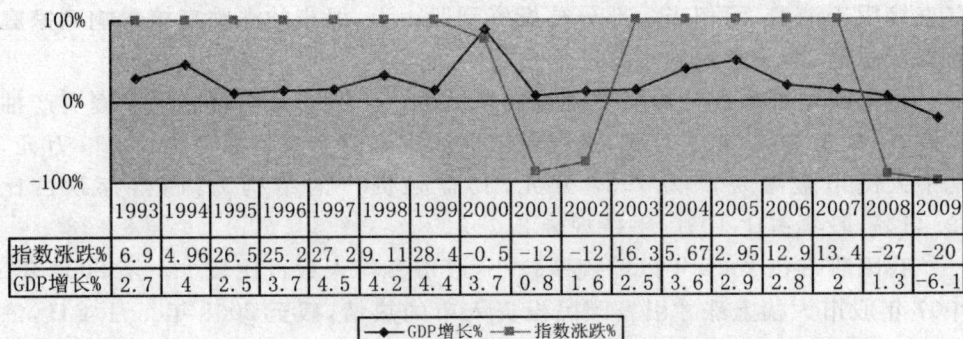

图8-5　美国 GDP 增长率与道指百分比堆积数据相关图

　　这两个图是用同一组数据生成。不过图 8-5 反映的是 GDP 年增长率与道琼斯指数变化之间的百分比关系,由此放大反映它们之间的相互关系。

　　从上述这两个图表数据比较可以很清楚地看到,1994~1999 年这 6 年股市连续上涨,带动 1996~1999 年少有的 GDP 高速增长。其中 1995~1997 年这三年股市连续平稳上涨,年上涨率 25%~27%之间。带动 1996~1999 年这 4 年平均增长率达到 4.2%。从 2000 年开始股市滞涨,并且在 2001—2002 年两年股市连续下跌 12%,立即带动 GDP 增长率回落到 0.8%。图 8-5 反映了发生转折点是 2000 年,虽然该年 GDP 仍有 3.7%的增长率。2001—2002 年两年由于股市没有产生正财富效应以溢出货币补充图 8-3 中的消费需求不足的缺口,实体经济维持简单再生产状况,GDP 年增长在 1%左右(实际上是不增长,因为与美元年贬值速度相抵),要说明的是连续两年股指下跌 12%并没有发生负财富效应,因为股市从 1995 年连续高速上涨,下跌值不足其上涨值的三分之一。尔后,2003 年股市回升,股指返回到 2000 年的整理平台,股市的财富效应有所恢复,通过上涨再度拉动 GDP 走高,但是,股市上涨力度较弱,不如 1994~1997 年的股市上涨力度,所带动的 GDP 增长力度也较弱。2008 年美国次贷危机发生,股市再度大幅下跌,最大跌幅超过股指的一半,股市的负财富效应产生,股民家庭的金融资产大幅缩水,原有的消费不能维持,社会的简单再生产也不能维持,带动 GDP 再度回落走低,并于 2009 年第一季度 GDP 增长-6.1%。

　　上述经济过程以很明显的特征表明,首先是股市下跌,才引起 GDP 增长率下跌,股市下跌最少领先 GDP 下跌半年时间。以前不少学者总是将股市上涨看成是 GDP 增长的结果,这种看法是片面的。在股市上涨期间,它们应该是相互促进的作用。GDP 增长需要很多基础条件,必须要有 GDP 的增长基础条件,股市上涨才能对 GDP 的增长起到促进作用。因为股市的财富效应产生的方式,是如图 8—3 中以补消费需求缺口的方式发挥作用的,如果不存在这个消费需求缺口,或者是货币不流向这个消费需求缺口,对经济增长就不可能起到增长促进作用。而股市上涨中所溢出的货币一旦能流向这个消费需求缺口,股市的上涨就能对 GDP 的增长起加强作用。但股市一旦大幅下跌,就会立即引起 GDP 大幅下跌,并不需要很多条件配合。因为,不管什么原因引起家庭财富缩水,都会引起消费需求的被迫缩减。

　　从上述的图也可以看出,美国道琼斯指数从 2005 年开始,是又产生一个新的(比较前一个上涨是较弱的)上涨过程,但对 GDP 的拉动作用较弱。表现在实体经济就是,从股市中溢出的货币部分已经不再流向补消费需求缺口,而是流向金融衍生品的炒作,将商品期货价格(原油、有色金属)推向前所未有的高度,从资源性的暴涨开始传导引发全球性的通货膨胀。从股市中溢出的过多的货币已经不流向实体经济了,而是流向衍生品交易进行赌博,成为破坏经济正常运行的巨大力量。

　　股市涨跌与 GDP 涨跌的关系是比较复杂的,但总体上说是高度相关。在金融衍生品交易没有过度之前,在 GDP 增长各方条件齐备的情况下,股市上涨是拉动 GDP 增长的有力武器;股市下跌是 GDP 下滑的直接原因。总体上来说,股市涨跌是“因”,牵引着 GDP 增长率涨跌是“果”,消费需求补缺口效果是虚拟经济与实体经济的结合点。我国股市 2006、2007 年两年大涨,在国内消费需求严重不足的情况下,拉动 GDP 快速增幅曾经高达 11.4%。在入市股民骤增与消费货币转为投资货币不断涌入股市的双重作用下,股指飙升至6124 点的历史最高点位,其时总市值曾达到 34.29 万亿人民币。但由于股市在极不稳定的情况下因大盘股过度扩容与严厉的货币紧缩政策的双重作用,从 2007 年 11 月份开始,至 2008 年 10 月仅一年的时间里,股指就从历史高位快速下跌到 1664 点,其总市值仅有 9.3 万亿人民币,是最高点位时总市值的27%,大量在高位时入市的股民金融资产大幅缩水,平均每个账户缩水 17.9万元人民币。在这个股市资产价值大湮灭过程中,消费者信心指数直线下滑,GDP 增长率也同步快速下滑。

　　图 8—6 为我国股市大幅下跌期间股市市值、消费者信心预期指数与GDP 增长相关图。

　　图中的消费者信心预期指数与 GDP 季度增长值数据来源于国家统计局网站。GDP 增长率的各月数据是用季度值平均分配给各月生成。股市市值比率,是以 2007 年 11 月为 120 的各月比例数值。

　　图 8—6 十分清楚地表明股市市值、消费者信心指数与 GDP 增长率三者之间的同向关系。当股市市值缩水,家庭金融资产等同缩水,消费者信心指数

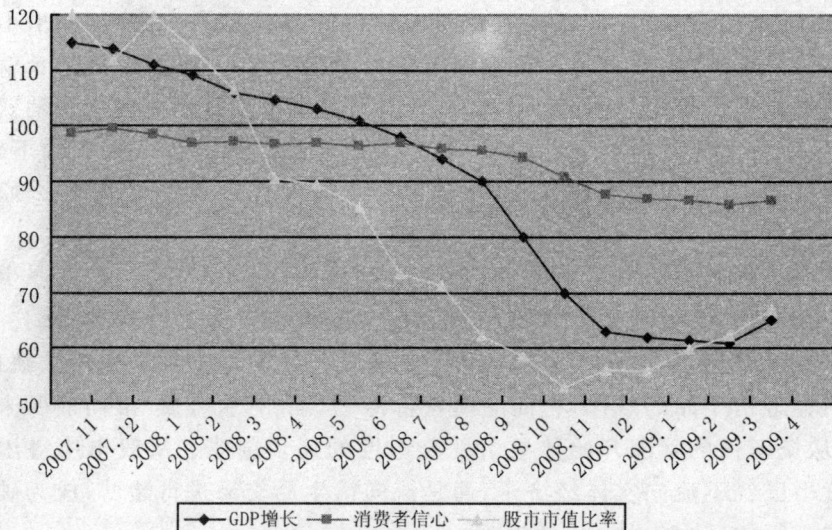

图 8－6　中国消费者信心指数与 GDP 增长相关图

同时走低,人们的高消费(或者说升级消费)必然被削减,社会总需求减弱,生产过剩发生,部分企业倒闭,GDP 增速同比例走低。图中股市下跌从 2008 年 2 月开始向下拉动 GDP 增速下跌作用开始显现,GDP 加速下跌比较股市加速下跌出现晚 5～6 个月,GDP 增速回升比股市探底回升也晚 5 个月。股市在 2008 年 11 月份止跌与中央出台 4 万亿刺激经济相关,中央的救市方案使得消费者信心指数虽然延续了跌势,但是明显提早 4 个月中止急跌段使跌势趋缓,GDP 增速也与消费者信心指数相等同地提早 4 个月中止急跌段进入缓跌段。

　　因此说,资本主义经济随着社会无限发展的生产力与有限的消费之间的矛盾扩大,在消费需求补缺口方面,有三种相互联系而又分别适应不同经济发展状况的解决方案。凯恩斯主义适应国家基础设施缺口比较大,社会经济发展水平比较低的情况,"印钱消费"适应凯恩斯主义失灵后的情况,而当社会平均消费水平较高后,也需要配合以股市的"货币放大"手段。在我国由于理论缺失,虽然在凯恩斯主义实行上有一定的成绩,但在"印钱消费","货币放大"方面却一直在发挥负作用。在下一章对"双轮经济"的论述中,我们将更清楚地看到"货币放大"对现代经济的十分重要的作用。

第九章 货币大循环 破解金融争战迷局

为什么虚拟经济不可缺少？股市如何才能远离危机？当代通胀为何与垄断有关与货币数量无关？为什么美国银行业不放弃混业经营？真正的金融大战方向在哪？如何才能制胜？

现代经济体是由实体经济与虚拟经济两个经济体所构成，本书将其喻为"双轮经济"。"双轮经济"较单轮经济稳定，因有其"互动平衡规律"发挥作用。但"双轮经济"的"自激规律"作用，通过对经济信号的放大，会引起经济的过热或过度收缩，加大经济的波动。因此，满足其稳态平衡的条件，才可从中获得更高的经济发展速度。

"双轮经济"能否顺利运转还有赖处于货币流量、货币流向控制地位的商业银行能否正确地履行货币派生、货币中介的公共服务职责。私有的商业银行具有对实体经济与虚拟经济两个经济体的货币流向进行控制的能力。商业银行的私有性质决定了商业银行必然以追逐利润为目标，但其履行的货币派生、货币中介公共服务职责却要求其放弃追逐货币垄断利润。商业银行的公共服务职责与其私有性质是根本矛盾的。这一制度性矛盾才是引发国际金融危机的根本原因。

金融危机的暴发虽然使根本制度性的危机暴露无遗。商业银行储蓄信贷这一公共服务职责，除国有化外，分业经营也是有效措施。但国际垄断财团未必会轻易放弃对货币流向的控制权，而这才是对现代经济造成毁灭打击的根源所在。纸上的货币并不是财富，迷恋这种货币财富却也有使本国生产空心化的危险。真正的财富是"有市场需求的生产能力"，所有的迷局或许能从这里被破解。

9.1　虚拟经济重新定义

用"虚拟经济"这个词来概括一个经济体可能有些不准确,在学界也曾有过不少的争议。然而,"虚拟经济"这个词已经进了十六大报告,这说明"虚拟经济"这个词已成为人们普遍接受的事实。但是,目前为止,对"虚拟经济"这个概念的使用仍然是空前的混乱,由于对其定义不明确,各有各的解释,争论不在一个平台上,由此已影响到正确的理论思维。目前,我国理论界对"虚拟经济"大体有四种定义或解释:

其一是:虚拟经济是指与虚拟资本以金融系统为主要依托的循环运动有关的经济活动,简单地说就是直接以钱生钱的活动。[1]

其二是:"虚拟经济"则是用于描述以票券方式持有权益并交易权益所形成的经济活动的概念。在现代经济中,它主要指金融业。虚拟经济不仅包括证券业、资本市场、货币市场,而且包括银行业、外汇市场等。这是一个涵盖全部金融业的概念。[2]

其三是:虚拟经济的本质特征是资本以脱离实物经济的价值形态独立运动[3],虚拟经济存在与发展的基础是产权交易。资本市场才是虚拟经济核心的部分。

其四是:重组信息空间意义上的虚拟经济,才是新经济意义上的虚拟经济。[4] 以信息技术为依托所进行的经济活动就形成了"虚拟经济",如电子商务、"网络经济"等。

虚拟经济之所以产生如此多的解释或歧义,原因在于对虚拟经济这一事物缺乏本质的把握和一个能被共同认知的界定标准。如果认定虚拟经济是相对实体经济而言,那么唯一的能作出本质区分的只有交易属性。现实中的交易不管是商品交易、货币交换、资产交易,通通都是某种实物体的交换,均归属于"实体经济"的范畴。惟有"未来收益流折现交易"则与上述的这些交易有本质的不同,"未来收益流折现交易"不是一种实物体的交换,也不存在直观的价格,它是一种不确定的东西,是人们观念形态的交换,与经济发展的潜力、人们对经济发展的信心这些纯理性的因素相关。"虚拟"并不是虚无,它与"实体"相对应就在于它交换的不是现实中的实物体。因此,如果从交易对象的角度看,很容易就区分出,实体经济是指交易对象为实物体的经济,虚拟经济是指交易对象为非实物体的经济。

---

① 成思危:《成思危谈"虚拟经济"》。
② 王国刚:《虚拟经济并非虚假经济》。
③ 陈淮:《关于虚拟经济的若干断想》。
④ 姜奇平:《虚拟经济是"概念炒作"吗》。

　　例如,同是"产权交易",就包含两种本质不同的交易。一种是以净资产的价格,或者是购置这份资产所花费的成本价为基础的交易,这种交易也是"产权交易",但实际上仍然是一种商品实物体的交易;另一种就是股市上的"产权交易",这种交易不是以资产这种实物体的价格所进行的交易,而是"未来收益流折现"所形成的价格进行交易。因此,"虚拟经济"并不涵盖"产权交易"的全部。而"未来收益流折现交易"也不仅仅是指资本市场。以住房抵押的信贷市场仍是属于实体经济的范畴,但当将住房抵押贷款证券化后,以住房抵押贷款利息构成的收益权所进行的交易,就属于"虚拟经济"范畴。传统的概念并不是为虚拟经济而创造的,用来描绘新事物时会有很多混乱不清的地方,但只要划定了事物的本质属性,"虚拟经济"这个概念的内涵与外延可以立即厘清。

　　笔者给"虚拟经济"的定义是:虚拟经济是指以"未来收益流折现交易"为基础的证券市场,不包括以保证金交易为基础的衍生品市场和抵押物为基础的信贷市场。

　　虚拟经济定义明确"不包括以保证金交易为基础的衍生品市场和抵押物为基础的信贷市场"。为什么不能包括?因为商品、货币的衍生品交易,标的物仍然是实物,本质上仍是属于实物交易范畴。从实物体交易衍生出来的衍生品交易并不能改变交易的性质的原因:其一,交易的标的物是实物,只不过改变了交货期限和交货方式;其二,其价格波动范围仍受制于商品的价值规律;其三,用保证金的方式放大资金倍数,用延期、掉期的交货方式,目的是为实物交易提供套期保值的一种交易服务方式。所有这些方面都仅是交易效益的提高,并不是交易性质的改变。从这上面派生出来的纯粹的投机炒作则是一种零和交易,与赌博同类。当然,如果在期货交易中放大这种赌博的成分,或者期货市场的参与者主要的不是套期保值而是做投机性的零和交易,市场的性质也会由量变到质变。那么由此也只能将其定性为赌博经济而不是定性为虚拟经济。如果分不清楚这其中的性质区别而将赌博性质的经济也归类定性为虚拟经济,必然由此引起概念上的混乱与管理上的无所适从。

　　以抵押物为基础的信贷市场也是一种以实物体为标的的金融服务业务,不能划归于"虚拟经济",其理由与以上相同。"货币"不是虚拟物。以抵押物为基础的信贷市场发生在银行与资本使用人之间,是以现实资本的价格作为交易的对象,没有任何"虚拟"的成分包含在其中。债券本身不属于虚拟经济范畴,这是明确的。但债券市场使债券交易的对象发生了一些变化。交易中债券的价格除了包括资本的价格外,还包括资本使用的风险收益,有些债券其未来收益流具有不确定性。其资本风险收益的部分就包含有"虚拟"的成分。通常人们都已将债券市场看做是"虚拟经济",但我觉得将其看做是介于"虚拟经济"与实体经济中间的一个市场可能更为准确。

股指期货如何界定？股指期货是属于股票市场中的衍生品，自然从属于股票市场的虚拟经济性质。其他各种创新的交易方式，不管其如何的创新，都应以交易对象的"虚"与"实"来划分。

准确地定义虚拟经济十分重要，它涉及如何界定虚拟经济范围，如何处理好实体经济与虚拟经济的关系、如何定性现代经济特点，理解"双轮经济"性质。

9.2　双轮经济

现代经济的两个主要构成部分：虚拟经济与实体经济，如同经济发展的两个轮子，故将其称为"双轮经济"。

图 9－1"双轮经济"中货币循环流转示图。

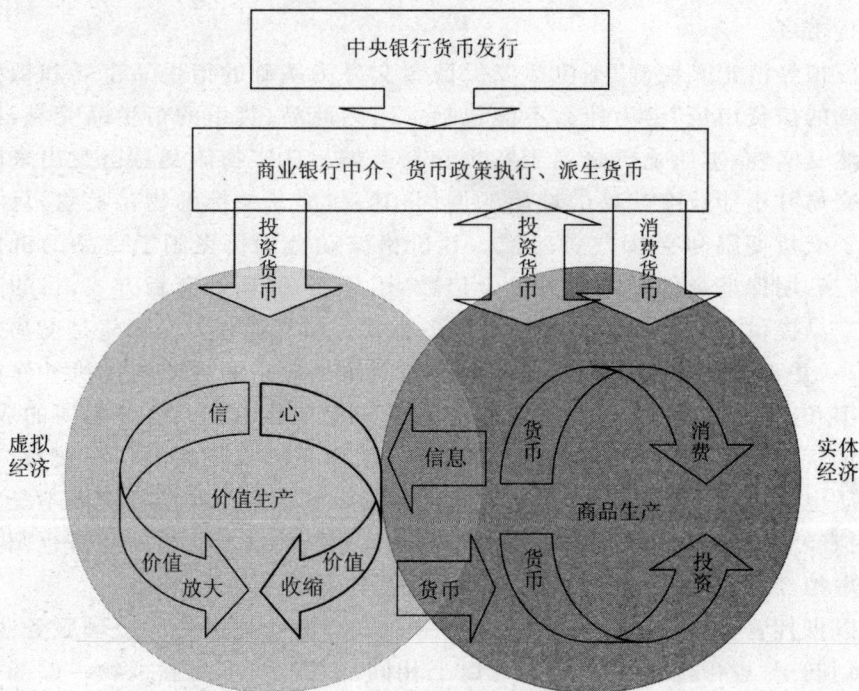

图 9－1　简单货币循环过程图

这是个总货币循环运转图。央行货币发行通过商业银行系统是向实体经济与虚拟经济两个方向提供货币。央行来的货币有基础货币、币值调节货币、货币工具用货币，实体经济向银行存款派生货币。商业银行只是货币的中介，并不是这些货币的主人，但能控制货币流向。货币在商业银行中作出流向选择,根据资本利润原则或进入实体经济,或进入虚拟经济。进入虚拟经济的只有投资货币,进入实体经济的有投资货币与消费货币。

进入实体经济的投资货币是一个双向箭头,这个双向箭头有两层含义:一是实体经济与商业银行的互动关系会派生货币,银行通过存款派生货币增加货币的使用效率和流通速度,但派生主要发生在投资货币上,消费货币中也有由消费贷款所构成的派生货币,但相对来说消费贷款量比较小。二是实体经济中的投资货币与消费货币溢出,也是先流向银行储蓄,才进入虚拟经济体的。

在银行与实体经济之间有一个单向的消费货币流向箭头指向实体经济,其含义是,通常情况下的消费货币都由实体经济内部自己产生,并与投资货币形成对流循环,单向箭头不包括这部分货币,虽然这部分货币也会与银行形成储蓄对流。消费货币单向箭头是指由实体经济外部输入的消费货币,通常包括三个部分:央行的发行货币、财政渠道来的(例如,赤字财政)消费货币、由商业银行所提供的消费贷款。这些都是通过商业银行渠道才进入实体经济体的外来增量消费货币。

在虚拟经济部分,只有投资货币输入的单向箭头,表明在银行与虚拟经济之间不存在派生货币的双向互动(这里指的是功能逻辑关系,并不排除资金进出的流动)。凡进入虚拟经济后的货币都是特别锁定的。当虚拟经济发生价值湮灭时,只有投资货币的单向输入,没有输出。当虚拟经济因股票发行而向实体经济输送投资货币,在产生财富效应时向实体经济输送消费货币时,是通过虚拟经济直接指向实体经济的"货币"单向箭头实现。因为与银行无逻辑关系,也与央行的货币政策无关,所以不必经过银行途径,在本图示中用虚拟经济与实体经济之间的"货币"单向箭头表示。相反,凡是经过银行途径的货币都是与央行货币政策调控有关联的。

期货、远期、期权、掉期等金融衍生品,由其商品、股指、利率、汇率的属性而分属于实体经济或虚拟经济。例如,商品期货,虽然是一种保证金合约交易,但仍属于实体经济范围。因为它交易的是实体物、并直接为实体经济服务,没有半点虚拟的成分。又如股指期货,同样是一种保证金合约交易,但它交易对象是非实物体的股票指数,是为虚拟经济服务的,就归属于虚拟经济。利率、汇率掉期等金融衍生品,并没有规范的合约和公开市场交易,应属于金融工具范围。

"双轮经济"中的实体经济与虚拟经济各自运转逻辑是不同的。实体经济是商品生产,有独立的投资货币与消费货币的对流运动,有内生的货币供给与需求机制。当投资货币与消费货币完成对流交换时,表明一个商品循环过程的完成。在完美的实体经济构造中，应该是投资货币等于消费货币，表示总供给等于总需求。但现在是因为分配关系造成投资货币大于消费货币，总需求不足，投资货币在实体经济中形成剩余，投资货币会溢出实体经济，通过银行流向虚拟经济。

虚拟经济只从事价值生产，但需要根据实体经济传输来的信号，对价值进行放大、缩小。虚拟经济能否将投资货币加工转换成消费货币，输送给实体经济补消费需求缺口，完全看虚拟经济体的禀赋。一个好的股市能正确地反映实体经济的信号，当实体经济反映有市场潜力时，就会发生价值放大。当正财富效应产生时，能将输入的投资货币转换成消费货币输出给实体经济，为消费需求不足"补缺口"。当负财富效应时，它就是价值湮灭器。

由此可见，在"双轮经济"中，实体经济与虚拟经济是两个相互依存不可或缺的主体。由于投资货币过剩，单体独立的实体经济是无法运转的。只有实体经济单体的"过剩"必将导致生产不断萎缩而不能持续运行。"过剩"的投资货币需要有一个容纳池，虚拟经济就是这个容纳池。两个经济体相互依赖着，而投资货币就是依靠虚拟经济的储水池作用，使投资货币与消费货币在实体经济中形成一个动态的平衡。在两个经济体内部，货币循环流转虽然都有各自的运动，但大循环是在两个经济体之间进行的。这时央行普通的（指非特定指向的）货币宽松或货币紧缩政策，首先作用到的并不是实体经济，而是虚拟经济。货币在实体经济与虚拟经济之间的大循环，致使货币运行规律彻底改观。西方传统货币理论失灵，其中一个重要原因就是没有看到这一点。

现实反复地向我们证明，央行货币政策首先作用到的是虚拟经济而不是实体经济，通过虚拟经济中的货币放大或收缩后再作用到实体经济。2007年底我国在股市急速扩容的情况下同时采取紧缩的货币政策，致使股市雪崩。股市见6124最高点是2007年10月16日，至2008年第一季度末已下落到3472点，跌幅为43.3%，股市总市值由最高点的34.29万亿人民币下落到19.44万亿人民币，市值湮灭高达14.85万亿人民币，相当于2007年我国GDP总值的60%。而实体经济至此时，中小企业的营运资金空前紧张，民间短期借贷月利率一度高达10%就是这时期产生的。据国家发改委中小企业司统计，2008年上半年全国有6.7万家规模以上的中小企业倒闭。虽然企业倒闭的原因还有国际市场需求减少的原因，但主要的是因为紧缩的货币政策引起了股市雪崩，通过股市价值湮灭对紧缩货币政策的放大效应，再传导到实体经济才会引起企业资金链断裂。2009年上半年我国又经历相反的过程。由于年初股市处于2000点以下的极低位，宽松的货币政策使得银行信贷资金增量高达7.37万亿人民币，M_2同比增加28.46%。在产能过剩的情况下，企业并没有扩大再生产的冲动,这大量的信贷资金去哪? 除了满足 4 万亿经济扩展的配套需求外,主要的也是流入股市。充足的货币供给,使股市从 2008 年底的 1700 点左右,一口气上涨到 3400 点左右,股市恢复性上涨,使股市市值同时上涨一倍,中产阶级的消费需求同时获得恢复。经济也开始在 4 万亿经济刺激政策作用下由上年第四季的 6% 快速回升到 8%。在我国股市已达到目前规模的情况下,货币政策通过股市中介传递作用已经越来越明显。

9.3 "双轮经济"中的货币运行规律

在"双轮经济"中,由于有两个经济主体对货币都有需求,货币需求量绝对地增加了。在第五章我们列出的货币总需求公式为:

$$M+C_v=(GDP_1+C_l+Bp)/k$$

在这个公式中,就反映了两个经济体对货币的需求。其中 M 为原有实体经济体对货币的需求,C_v 为虚拟经济对货币的需求。但两个经济体对货币的需求并不是绝对分开的需求,$(GDP_1+C_l+Bp)/k$ 构成式反映货币是一个流通的总体。

虽然货币要在两个经济体之间流动,但对流动的货币还是有区别的。虚拟经济没有对消费货币的需求,它只吸纳投资货币,而实体经济中的投资货币总是过剩。来自实体经济的消费货币经过银行转变为投资货币后才进入虚拟经济作投资。

当投资货币在银行时,是有两个流动方向可作选择,或流向实体经济,或流向虚拟经济。选择原则就是比较各自的风险投资收益。货币政策通过银行对货币流向行使一定的控制权。

对实体经济与虚拟经济两个经济体来说,都有对货币的必要需求与调节需求。必要需求对实体经济来说,是为实现商品生产而必需的流通货币的最基本需求;必要需求对虚拟经济来说,是为实现价值功能而必需的交易货币需求。必要的货币需求是经济体内运行规律所决定的,当不能被满足时,经济体就会产生危机。因此,货币供给必须等于或大于货币需求。当必要的货币需求满足后,货币外生供给量大于需求的超量供给之货币往往会滞留在银行,或滞留在股市作观望资金,多余的货币绝不会进入实体经济。因此,投资货币的外供给量再大,并不会直接引起通货膨胀。消费货币的外供给是否会造成实体经济的通货膨胀则比较复杂,如果在第八章"印钱消费"规律范围内则也不会造成通货膨胀。如果希望增加的货币进入经济体,就需要运用货币需求调节机制使两个经济体增加对货币的需求。利率是调节货币需求的基本手段。当央行降低利率时,投资收益会提高,由此会增加对投资货币的需求。相反,如果提高利息时,投资收益会降低,由此会减少对投资货币的需求。因此,利率才是调控投资货币是否进入经济体的数量性工具。

9.4 "双轮经济"的平衡与自激

　　虚拟经济与实体经济有互动平衡作用。

　　"双轮经济"由于有两个经济体,投资货币增加了选择权。当实体经济中消费需求不足,投资过剩或产能过剩时,商品价格会走低,资本投资利润率降低,当资本利润率与风险平衡低于虚拟经济时,这时的投资货币不会进入实体经济。只有当实体经济的投资利润率高于虚拟经济时,投资货币才会进入实体经济投资。有一种专门的金融资本,只在金融领域做投资,在任何时候任何情况下,都不会做实业投资,通常金融公司的资本都是这种只做金融投资不做实业投资的资本。金融垄断势力越来越强,这种金融资本量也越来越大。虚拟经济的投资虽然风险大,却有比实体经济投资快捷省事的优点,但在金融领域投资,金融资本有金融垄断优势,生产资本进入金融衍生品领域往往失败者多。但有虚拟经济的存在,也无形中提高了对实体经济的投资门槛,保证了实体经济不发生过度的投资。在这种情况下,宽松的货币政策并不能构成对实体经济的过度投资。有一些人一听到宽松货币政策就说要通货膨胀,这是货币主义的错误货币观念在作怪。还有一些人总想人为地调控货币进入实体经济,控制货币不流入虚拟经济,这也是违背客观经济规律的一厢情愿。因为资本是以利润为转移的,不是调控者可任意人为调控的。如果实体经济投资没有利润,表明实体经济生产过剩,资本强行进入投资只能增加过剩。在实体经济投资过剩的情况下,投资货币进入虚拟经济投资并不是坏事。在合适的股市环境条件下,增量进入的投资货币会推动财富效应的发生。当股市财富效应产生后,就会有增量的消费货币向实体经济输出。当实体经济由于消费货币的输入消费需求增加时,商品涨价,企业赚钱,资本投资利润率提高,当实体经济投资利润率高于虚拟经济投资利润率时,投资货币重新选择进入实体经济投资,或者通过股市募集的投资资金增加。这就是实体经济与虚拟经济的互动平衡作用。这种互动平衡作用是驱动发展水平较高形态的经济发展的内动力。在这种互动平衡作用下,像1929年那样世界性的商品过剩性经济危机不可能再会发生。

　　但是,股市本身、股市与实体经济之间也会发生自我激化作用,或者说是正向反馈作用。

　　在一个良性的股市中,其股票价格的上涨,除了有充溢的投资货币供给外,还有对实体经济的现有资产质量、资产盈利潜力、市场前景等信号的正确反映。在充裕货币供给的条件下,当股市接收到来自实体经济的资产质量、资产盈利潜力、市场前景等的正向信号时,会导致投资者信心增强——→投资增加——→股票价格上涨——→股市财富效应增强——→向实体经济输送的消费货币就会增加。当实体经济有增量需求时,消费货币与需求结合产生有效需求,引起实体经济投资效益增加——→资本利润率提高——→实体经济投资效益增加的信号又会反馈给股市——→股票价格的进一步上涨——→财富效应的进一步增强——→更多的消费货币输送给实体经济。这就是股市与实体经济的正向自激作用。

反向自激作用也会发生。当实体经济或者股市发生危机时——→股票价格下跌——→股市价值湮灭、股民财富缩水——→降低消费需求、减小购买——→发生商品过剩——→资本利润率下降——→上市公司业绩下降——→市场恐慌、股市进一步下跌——→消费进一步萎缩——→经济进一步下滑——→股市崩盘。

正向自激作用的发生对经济的促进作用需要很多条件配合,其中一个最关键而又容易被忽略的因素是实体经济要有绝对的消费需求,并且股市财富效应中所产生的消费货币能与这种绝对消费需求结合,这样才能促进经济的发展。很多人不理解,不同国家、同一国家不同经济发展时期,为什么同样股市上涨,有的能促进经济的发展,有的不能促进经济的发展? 其关键就是没有理解股市促进经济的发展基本原理。有消费需求的人在股市上赚了钱与没有消费需求的人在股市上赚了钱,对促进经济的作用是不一样的,消费需求要与股市赚钱结合,股市的财富效应才能发生。因此,研究股市财富效应,需要进行具体地分析消费需求与股市赚钱人阶层情况研究,而不能采用"黑箱"分析方法。

发达国家由于生活水平已经较高,绝对消费需求较少,因而一般来说,产生这种自激作用会比较弱;发展中国家如果贫富差距大,虽然绝对需求巨大,但多数人并没钱参与股市投资,财富效应不能惠及,股市中产生的消费货币并不能与绝对需求结合起来。因此,在贫富差距大的国家,股市对经济发展的自激作用也相对会差一些。

由于自激作用的存在,有它促进经济发展的十分良好的一面,但也有造成金融危机损害经济发展,甚至严重破坏经济的一面。例如,我国股市经过长时间的低迷,股改后被压抑的上涨动力开始释放,从 2005 年的 998 点起涨,至 2007 年 10 月上证指数上涨到 6124 点,再到 2008 年 10 月上证数下跌到 1664 点,像这样大起大落,这其中就有虚拟经济的自激作用在起作用。管理部门如果像新自由主义理论家所说的那样,信奉"看不见的手",这个股市崩到哪里先不说,对国民经济的破坏作用,以及由此所产生的政治影响,都将是十分巨大的。

自激作用会产生远离均衡的偏离,正向的自激有加速经济增长的作用,反向的自激则有加速经济崩溃的作用。因此,掌握分寸、正确的调控与运用十分重要。经济危机就是一种反向的自激作用,如果不加控制,就会引发整个经济系统的崩溃。在这个时候如果还鼓吹"看不见的手",就是祸国殃民。

美国在本次对金融危机的处理上不拘泥于传统的经济理论,可以说得上是十分经典。2007 年美国次贷危机开始显现。2007 年 8 月 6 日,美国住房抵押贷款投资公司向法院申请破产保护;2007 年 8 月 8 日,美国第五大投行贝尔斯登宣布旗下两支基金倒闭,贝尔斯登破产。2007 年 8 月 9 日,法国第一大银行巴黎银行因次贷债券宣布冻结旗下三支基金,此举导致欧洲股市重挫,欧美金融市场一片恐慌。2007 年 9 月 14 日,美国银行则以约 440 亿美元收购美国第三大投资银行美林证券,美国第四大投资银行雷曼兄弟公司申请破产保护。金融机构危机引起美国股市从 2007 年 10 月 10 日开始转头向下。道琼斯指数从 2007 年 10 月 10 日 14165 点开始起跌,直跌至 2008 年 3 月 6 日的 6470点。在实体经济与虚拟经济相互影响下,美国经济至 2008 年第四季已下降6.2%。在此经济严重危机期间,属于新自由主义理论大本营的美国政府可没有人相信"看不见的手"。为应对"次贷危机",美国政府部门广泛出动,全面干预,创新而激进的货币政策与财政政策相互配套:

(1)公开市场操作,注入流动性。至 2008 年 8 月美联储总计向市场注入资金达 6632.5 亿美元,至 2009 年 4 月美联储所公布的资产总额已高达 2.19万亿美元。

(2)降息、降低贴现率。美联储至 2008 年 8 月 30 日已经先后十余次降低贴现率,将联邦基金基准利率由 5.25%,一直降到 2.0%,后来更降至 0%～0.25%。为银行业提供了大量流动性支持。

(3)创新流动性管理工具,如期限拍卖融资便利,一级交易商信贷便利,定期证券借贷工具;由政府帮助资不抵债者进行抵押再贷款;降税与退税,在对房屋所有人住房按揭贷款减免的同时进行税收豁免援助等。

(4)接管美国两大住房抵押贷款机构房利美和房地美,并宣布必要时由美国政府出资购买这两家机构的股票。

(5)用信心安抚市场,由布什总统发表增强经济信心讲话,伯南克作出保证,保证美联储随时准备在必要时采取更多行动;美国证券监管部紧急推出限制裸卖空的禁令。

(6)成立平准基金,向濒临破产的美国国际集团(AIG)提供 850 亿美元紧急贷款等。

(7)财政部提供 7000 亿美元的金融市场拯救计划。

以上这些并不是美国对抗次贷危机的全部,但从这里可以看出,在现代"双轮经济"存在自激作用的条件下,危机的严重性已不是传统理论所能解释的,如果没有美国政府与美联储一系列坚决的救助行动,在如此百年一遇的金融危机面前,经济的崩溃是不存悬念的。我国股市在暴跌过程中,管理层在 2008 年跌破 1800 点时终于能下出坚决救市决心,挽经济于危亡。

9.5　"双轮经济"的平衡条件

在"双轮经济"中,由于虚拟经济对实体经济是通过自激作用,倍数的收缩与放大作用影响于实体经济,有促进经济发展的作用,也会引发危机。因此,十分有必要研究"双轮经济"环境中最基本的平衡条件。这里对最基本的平衡条件归纳如下几点:

9.5.1　要有充裕的货币供应以满足其对货币的不同需求

传统经济理论中只有一个经济体的货币供求,在"双轮经济"中,有两个货币需求体。因为虚拟经济的存在,虚拟经济对货币的储水池作用,对货币的需求大为增加。有人认为宽松的货币政策就会引起通货膨胀,或是通货膨胀是因为宽松的货币政策引起,这是对当代"双轮经济"的特性缺乏最基本的了解,当代的通货膨胀并不是因宽松货币供给造成。过低的银行利率可能会造成实体经济对投资货币的过度需求,赤字财政可能会造成过度的消费,会为通货膨胀提供可能性与条件,短期如果股市的财富效应过大,会使实体经济中的总供求短期失衡,或者是引发资源瓶颈,才有可能会造成通货膨胀。相反,紧缩的货币政策往往会因为自激放大作用而造成灾难。当股市因扩容而需要增加货币供给时,货币供给不能跟上需求,供需失衡就会引发市场恐慌,通过股市自激作用,最终演变为经济危机。因此,在成熟的"双轮经济"条件下,货币供给一定要采取宽松的政策,不可轻易使用紧缩货币政策。

9.5.2　股市功能定位要正确

不能将股市定位在"圈钱"、"资源配置的工具"上,而应将股市定位在价值创造上。建设有创生价值的股市才是"双轮经济"稳定发展的基本前提。

我国股市在建设过程中,由于认识上的偏差,一度将股市设计成国企解困的工具。上市为"圈钱",垃圾公司大量包装上市,使股市一度成为价值湮灭的最大场所,好在当时股市市值小对经济发展影响相对小。股权分置改革后,股市大扩容,对整体经济的影响越来越大。近年来,股市建设虽然在上市公司质量上有所改观,但理论上对股市的作用与性质的认识仍然是模糊的。

很明显的一个例子,为创业板上市,就有不少人鼓吹着创业板是为"民企解困"(民企融资困难)的需要,"扩大投资刺激经济的需要"。"直接融资成本低"、"资源配置工具"论等错误论点,至今仍然很流行。这些理论说到底还是"圈钱"思维,是站在上市公司的角度上的理论。现代经济是投资货币过剩的经济,商业银行有着大量的过剩资本无地可用而处于闲置状态,已经不需要高成本的集资就可以在短期内提供强大的资金用于投融资。而相对来说股市投融资的成本,从社会的角度上看却是最高的。

要将股市定位在价值发生器、放大器、对实体经济补缺口的工具上,不能定位在"圈钱"上,因此,衡量上市公司的唯一标准应该是该公司能否有稳定的收益流。股市应坚决拒绝有风险的、收益不确定的公司上市。上市公司有价值,股市才能价值发生和价值放大。这是股市能否产生财富效应的根本所在。股市为"圈钱",圈走的是国民原本用于消费的资金,如果发生价值湮灭,对实体经济的影响是放大数十倍,会使实体经济原本就缺少的消费需求缺口进一步的扩大,总供求更加失衡,损失的是经济的发展速度。因此,正确的股市建设指导思想、正确的股市价值定位对"双轮经济"稳定可持续发展才是至关重要的。

9.5.3　证券市场坚决拒绝不良资产上市交易

不良资产包装上市,引发恐慌性的股市反向自激,给整体经济造成的损失是成十成百倍的。本次由美国房屋次级贷款不良资产证券化包装上市,由此引发的国际金融危机给人类有史以来最惨痛的教训。整个证券化的美国房屋抵押贷款支持证券(MBS),至 2007 年一季度末也就是 5.98 万亿美元,由此引发的国际金融危机,给全世界所造成的资产价值湮灭却高达 60 万亿美元,10 倍于被包装上市的不良资产。

美国 2001 年的安然公司事件也是曾给美国股民带来噩梦的事件。在事件发生前,安然公司一直披着世界最大的能源交易商、美国 500 强等美丽光环。事发后美国证券交易委员会介入调查,发现安然公司做假账,虚报盈利达 6 亿美元,而实际上安然公司亏损总计为 6.18 亿美元,即每股亏损 1.11 美元,安然公司市值由峰值时的 800 亿美元跌至 2 亿美元,股民对安然公司的投资全打水漂。

我国股市由于法制有漏洞,20 世纪 90 年代股市为"圈钱"服务,有一大批造假公司包装上市、造假财务报表,比较著名的有琼民源、银广厦、蓝田股份、郑百文、红光实业等。股市十几年大起大落,实证研究已证明一直都未有财富效应产生,就是因为造假公司对股民的财富吞噬太多。

为了避免经济危机,证券市场必须坚决拒绝不良资产、不良品种上市。

9.6　再论商业银行与金融危机

引发本次国际金融危机的原因很多，就像一根链条，链条上有很多节点，如果其中的某一个节点断开，都不会发生金融危机；如果美国不将房屋抵押贷款证券化打包上市，不至于发生金融危机；如果仅仅有不良资产打包上市，没有银行参与购买这些不良资产，也不至于发生金融危机；如果银行是普通的企业，不承担派生货币的任务，或者银行虽承担派生货币的任务，但银行是国有企业，可由国家承担无限责任，也不至于发生金融危机。但是在美国，如上述所假设的条件都不幸而成立，环环相扣的各个节点都出现了问题，因此，惊天的百年不遇的金融危机发生了。当然不是偶然，这其中有一条利益主线，是因为金融垄断财团追求超额利益，才设计出如此一条链条。

在 3.8 节中，我们已有因商业银行信用危机引发金融危机的分析，本章我们再从"双轮经济"的角度分析，就可以发现新的矛盾所在。请再看图 9－1"双轮经济"货币循环流转示意图，央行的货币政策是通过商业银行来实现的，商业银行是虚拟经济与实体经济的货币中介，货币流量控制者，承担着十分重要的货币派生任务。没有商业银行作用，两个经济体都无法运转。

商业银行在"双轮经济"中的功能、作用如此特殊。但与我国商业银行国有或国家控股完全不同，美国商业银行完全是私有的。私有的商业银行与银行所承担的派生货币、控制与管理货币流量、流向的社会性任务存在着巨大的矛盾。例如，社会公共利益需要银行保证对实体经济提供充裕的货币，而银行私人利益目标则喜欢将巨大的银行资金使用于高利润高风险的金融衍生品业务。这是一种体制上、构架上的巨大矛盾，由此引发的危机实质上是根本制度上的危机。

从图 9－1 经济构造示意图中，就可以看出当银行发生危机时会产生什么样的结果。商业银行瘫痪的必然结果就是依靠派生货币运转的实体经济将会停摆，这对经济的打击是致命的。幸好美国政府并不相信"看不见的手"的作用，一方面大刀阔斧地救援银行，一方面由联储局直接面对实体经济发送货币，以取代商业银行失去的功能。此应是唯一正确应对金融危机的做法。

金融危机终可解。包括我国在内，也应该汲取这惨痛的教训，但是，危机过后对这些问题的解决由于利益关系实际上并不那么容易。虽然通过改善监管可解决银行运作上的一些问题，但是，商业银行所承担的货币派生的社会性职责与其私有属性之间的矛盾不解决的话，仍然再次会成为今后再次产生危机的根源。现在的公众公司（指上市公司）管理模式，使得金融机构与其说是私有，不如说是管理层与金融寡头共享所有，管理层可以自定自己的天价工资,而分散的股东实际无法行使监督权。这种情况下,管理者为实现自己的天价工资(业绩提成、股票期权)就有可能为这些个人私利,而用承担着社会职能的商业银行业务去冒险。要真正杜绝这一类危机,必须要对这种不合适的银行构架作出改革。银行的国有化是必经之路,但必然会遭受到来自金融寡头的拼死抵抗。例如,去年金融危机中,美国政府给了几家大银行巨量救助资金,至 2009 年五六月份各银行就争着要还钱。为何争着还钱,因为害怕政府的救助资金转为国有股权。其实,银行国有化也只是强调了当危机发生后,可由国家承担无限责任,不使其丧失派生货币功能而转化为金融危机。

我国银行当前所实行的分业经营模式也是一种十分重要的对金融危机有阻隔作用的制度。储蓄银行(指独立银行、独立法人,非综合银行控股公司下的银行)应坚持只做存贷业务,不允许做任何其他业务,而凡做其他业务的金融机构就不允许涉足储蓄业务,将派生货币的业务与其他金融业务完全隔离,此不失为一种现实条件下最易行的管理制度方案。

美国自 20 世纪 30 年代大萧条之后,国会通过了《格拉斯—斯蒂格尔法》(也称《1933 年银行法》),规定商业银行和投资银行必须分业经营。1999 年克林顿总统签署了《金融服务现代化法案》,废除了《1933 年银行法》,美国银行业开始混业经营。去年金融危机暴发后,关于是否恢复银行分业经营的讨论重新开始。2009 年初,美国奥巴马总统经济复苏顾问委员会主席保罗·沃克尔就提出,美国商业银行和投资银行应该进行分业经营,商业银行的职能是提供存贷款服务,其监管要相对严格;投资银行可以更多地自由从事交易,承担市场风险,其监管可以相对宽松。这个政策对防止金融危机是有效果的。但是,此改革必然会触及金融财团的利益。

美国垄断金融财团对国会有强大的控制能力,银行分业经营的恢复必然会遭受很大的阻力。在发达的资本主义社会里,资本过剩已经十分严重,对于过剩的资本来说,放贷市场竞争比我国要激烈得多,由于资本过剩,竞争较强,使得货币的存贷息差也越走越低,银行仅依靠存贷业务获利并不高,强大的垄断金融财团必然不满意,银行分业经营的《1933 年银行法》被废除,本身就是政府不敌垄断金融财团的表现。估计分业经营的篱笆再立起来将会十分困难。如果采用金融控股公司下设的储蓄银行分业经营,则是一种名存实亡的分业经营制度安排。

这是因为,在越来越充裕的过剩资本面前,金融衍生品市场必然会演变为一种完全的对赌游戏,控股公司下的储蓄信贷银行,对衍生品市场的后援资金支持,仍然是无法监管的。去年金融危机暴发后,美国前两大投行高盛公司和摩根斯坦利公司就宣布转为银行控股公司,这两家公司原来传统的投资银行业务主要是证券承销和企业并购,但近年来已被其他交易和对冲基金业务冲淡。

我国银行业虽然一直都是实行分业经营管理模式,而且我国的银行利差一直由央行掌控,银行业靠垄断性的利差收入本来已远高于西方同行,但同样在利益集团的强大攻势下,2006 年以来金融业逐步实现了全面开放,中国工商银行、中国银行、中国建设银行等金融机构在资本市场上市后,被逐步允许实现银行、证券、保险、信托、财务公司、租赁等行业的投资控股,也走上了通过金融控股公司追逐更大利润的路子。在本次国际金融危机暴发前,进一步放开混业经营实际已成为银行业的改革很确定的目标。其实这也是银行私有化改革所导致的必然结果。我们是否应该汲取美国金融危机的教训?

"双轮经济"构架向我们揭示的是,银行的储蓄与放贷这一块业务,银行派生货币的功能与掌控货币流向的功能,是经济社会的"公器",是驱动实体经济与虚拟经济这两个"轮子"运转必不可缺的机要构件,其业务的性质就决定了它既不能亏损又不能熄火,需要由国家对其资产承担无限责任(储户资产损失由国家来填补的案例在我国已经发生很多次了,美国在本次金融危机中同样也是如此)。唯一好的选择一是国有化,二是坚持走分业经营的道路,任何的屈服、迁就于垄断金融财团的利益,实际上都是犯罪。金融危机所反映的仍然是资本私有与公共金融安全要求之间的深刻的制度冲突。这是金融垄断资本发展到更高程度的产物。不从根本制度上解决问题,这种金融危机今后仍然避免不了再度暴发。

9.7 金融衍生品市场争战

越来越多的令人眼花缭乱的金融衍生品,是国际金融垄断财团利用垄断资本数量优势、货币流向的控制权,侵削、压缩,甚至彻底剥夺生产资本利润、掠夺在国际上以生产为手段谋求经济发展的不发达国家国民福利的工具。他们是怎样利用银行混业经营制度,利用混业经营制度中所提供的对货币流向的控制权,达到掠夺全世界的目的的? 为了认清这个问题,我们首先必须弄清金融衍生品交易的一些基本知识。

9.7.1 金融衍生品

通常是指从原生资产派生出来的金融工具。国际互换和衍生协会(International Swaps and Derivatives Association,ISDA)曾对金融衍生品作了如下描述:"衍生品是有关互换现金流量和旨在为交易者转移风险的双边合约。合约到期时,交易者所欠对方的金额由基础商品、证券或指数的价格决定"。金融衍生品共同特征是使用保证金交易的方式,对一种标准的或是商定的合约在交易所或场外进行的交易。所谓保证金交易,就是在交易时,并不需要对交易的标的物进行全金额支付,只要支付一定比例的保证金,就可对标的物的合约进行交易。合约买卖的结算一般也采用现金差价的方式结算,只有当合约满期交割时,如果合约是以实物方式履约的,才采用交足货款,用实物履约。

目前国际上金融衍生品种类繁多,并且不断地推出新的衍生产品,但可以将其按标的物属性、合约属性、交易场地属性分类。按照标的物资产的属性可以分为商品、股指、利率、汇率四大类;按合约形态分有远期(forward)、期货(future)、期权(option)、互换(swap)四个品种。按照交易场地属性分有场内交易和场外交易。

9.7.2　远期合约

远期合约是指定未来的某一时刻以确定的价格交割某物的协议。期货是远期合约的一种,但是属于标准化的远期合约,期货合约的交割日和交割物的数量都是由期货交易所事先固定的,期货交易只能在交易所进行,并实行保证金制度。

9.7.3　期权

期权一份选择权的合约,在此合约中,立权人授给期权的买方在规定的时间内以事先确定的价格,从卖方处购买或卖给另一方一定商品的权利而不是义务。

9.7.4　互换

互换是交易双方达成的定期交换支付的一项协议,交换支付以事先确定的本金为依据,这个本金叫名义本金额。每一方支付给对方的数量等于名义本金额乘以事先约定的定期支付率,双方只交换约定的支付而不是名义本金额。

9.7.5　场内交易

场内交易指所有的供求方集中在交易所用竞价进行的交易,这种交易有标准化的合约,由交易所收存保证金、同时负责进行清算和承担履约担保。通常期货交易和部分标准化期权交易多属于这种交易所交易。场外交易又称柜台交易(OTC市场),指交易双方根据不同需求设计不同的产品,直接成为交易对手的交易。通常利率、汇率掉期、货币掉期交易和远期交易使用这种交易方式。

9.7.6　金融衍生品交易

金融衍生品交易指现时对未来可能产生的结果进行交易,是对这些基础工具在未来某种条件下处置的权利和义务,这些权利和义务以合约的方式存在,构成所谓的产品。由于金融衍生品交易不涉及本金,可用较少的成本获得现货市场上需要较多资金才能完成的结果,因此金融衍生品交易也是一种放大投资盈亏的杠杆交易,保证金越低,效应越大,风险也就越大。

在规范的期货交易市场内对标准合约的交易,通常用 6%～15% 的保证金进行,可买入看涨多单,也可买入看跌空单。假设保证金为 10%,标的物为三个月期货铜 20 吨为一手,假设其总价格为 100 万元,这时你只需要向期货交易所交纳保证金 10 万元,你就可买入一手看涨多单,或看跌空单。假如你是开仓买入一手看涨多单,当三个月期货铜上涨 10% 时,你在仓里的保证金就由 10 万成为 20 万元;当下跌 10% 时,你在仓里的保证金就由 10 万成为 0元。当你账户内的全部保证金接近于零时,交易所(通常为经纪商)就会提前向你发出补充保证金通知单。如果你不能按时补充保证金,交易所(通常为经纪商)就会在你账户资金接近于零时,强制平仓。当这种情况发生时,你的账户资金就发生实际性亏损。

在相当长的时间里,这种衍生品交易为商品生产者提供了较好的套期保值功能,因此,几十年来金融衍生品市场获得快速发展。然而,由于近年来社会经济发生了两大变化:一是资源性产品如原油、有色金属、农产品供给日显瓶颈;二是国际上投资货币严重过剩。当过剩的投资资本形成金融垄断优势时,就会利用资源性产品的短缺,通过在期货市场上做霸盘获取利润。

期货市场上的霸盘与商品市场上的垄断性"霸盘"稍有不同,这完全是一种垄断资金的游戏。国际垄断金融财团的银行控股公司,旗下往往同时有储蓄信贷银行、投资银行、期货公司、对冲基金、证券公司、经纪公司等,如图 9—

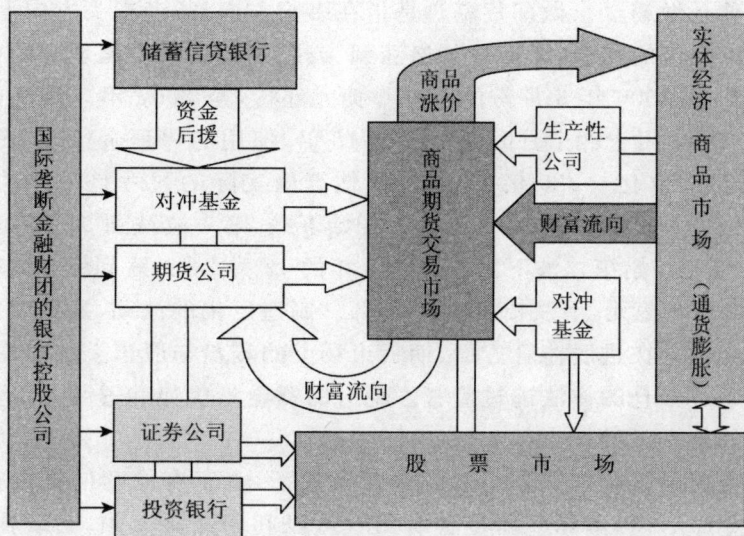

图 9—2 国际垄断金融财团在货币垄断优势条件下的期货市场财富流向

2 所示,对期货市场除了具有透明性的信息优势外,更具有天量的资金支持。内部的各公司可调度的资金流量,已经远非一般的国际生产性集团公司可比。对付这些国际生产性的集团公司的套期保值、投机投资,垄断财团控股公司下属的任一家公司,都有对这些生产性公司"猎杀"的能力。如果遇到国家级的资金入场,国际垄断金融财团有来自储蓄信贷银行的资金流作后盾,仍可做到百战百胜。通过对储蓄信贷银行的资金流向控制,可以在短期内形成巨大的资金流,保证期货市场上任意逼多、逼空的能力。通常情况下有两种运用方式:

第一种是猎杀。当有机构大户资金在其旗下任一家公司开户投资时,你的资金实力、仓位情况对国际垄断金融财团来说是完全透明的。在引诱你巨额资金入市以后,不管你是做多还是做空,也不管当时市场情况是有利多还是有利空,只要你有足够的巨量资金入市,往往就会成为其选中猎杀的目标。其实猎杀的方法很简单,当捕捉到场内某机构大户有足够的仓位时,猎杀就开始了,只要对方资金量比你大,就可以与你反向对赌,当你持仓亏损,不断地被迫补仓时,因为对手的资金量比你大,你无法变盘,直到所有资金耗尽,被斩仓出局为止。我国已有多家国字号的机构在国际期货市场上被猎杀。例如,1997年的"株冶事件"中,当时的湖南株洲冶炼厂在 LME 上有大量卖空锌期货合约,被国外金融机构盯住并发生逼仓,造成近 15 亿元人民币巨亏。2004 年"中航油事件"中陈久霖在原油期货交易中亏损 5.5 亿美元。2005 年的"国储局期铜事件"中,刘其兵在 LME 铜上亏损 6.06 亿美元,等等。

第二种是做霸盘。做期货霸盘是指在多头方向,或者空头方向上,通过洗盘获得足以控盘的持仓,然后将价格涨到、或跌到人们所不能承受的极限。例如 LME 镍,从 2006 年 3 月份的 15000 美元起价,至 2007 年 5 月 9 日涨到天价 51 800 美元,用十四个月时间涨了 3.45 倍,使用的保证金仅 10 多亿美元,获利空间却在 80 亿～120 亿美元之间(估算值实际的盈亏是个浮动值,无法准确计算)。LME 镍价从 51 800 美元开始下跌,第一波跌到 34 000 美元。从 2008 年 3 月又开始第二波下跌,至 2008 年的 12 月 24 日跌到所有镍矿的成本价之下的 8 838 美元,下跌幅度高达 75%。制造巨幅的波动,是做期货霸盘的基本手法之一。在逃脱监管方面,期货市场上的霸盘与股市上的坐庄差不多,也是可以通过分仓的方法逃过监管。绝对的资金量优势和透明的市场信息是决定胜负的基本条件。

在当今美国银行控股公司混业经营模式下,由于有储蓄信贷银行所控制的巨量资金做后援,国际垄断金融财团就可以利用资源瓶颈、紧缺题材,在原油、有色金属、农产品等大宗商品上做霸盘。我国是原油、有色金属中的镍、铜进口大户,这几年形成了凡我国进口产品就大涨价的规律。而生产性企业在套期保值业务中,这几年来也形成了凡做套保必亏损的规律。例如,从 2008 年至 2009 年上半年,产铜大户江西铜业继 2007 年套保巨亏后,再度巨亏 13.6 亿元人民币;用油大户国航、东航、南航 2008 年巨亏数竟高达 279.06 亿元人民币;用镍大户宝钢竟然也在 LME 镍上亏损 9.9 亿元人民币。生产性企业即使是大企业集团,能调度用于套期保值的资金也是有限的,不要说几十亿元人民币,就是几十亿美元、几百亿美元,也经不起国际金融垄断财团在资金与信息绝对优势条件下的猎杀。在这一点上国人必须清醒。

　　图 9—2 反映商品期货市场与实体经济的关系。通过图 9—2 可以看到,国际垄断金融财团是通过银行控股公司的形式掌控着储蓄信贷银行、投资银行、证券公司、保险公司、对冲基金、期货公司等,由此对金融业形成两大最基础的垄断优势:资金优势与信息优势。

　　(1)资金优势

　　银行控股公司下的各子公司资金调度支持。当期货市场需要做猎杀或做霸盘时,在极端情况下就可启动储蓄信贷银行的资金后援支持,保证对任何对手的战无不胜。即使是任何一个国家的主权基金,也无法望其项背。

　　(2)信息优势

　　银行控股公司下的各子公司相互之间共享客户信息,任何客户只要进入到其系统中的任一家子公司做业务,其信息对控股公司下的任何其他子公司来说,都是透明的。这对做对赌性质的衍生品交易来说,完全是不对称战争。对生产性公司的任何套期保值来说都是噩梦。

　　由于商业银行混业经营为国际垄断金融财团提供了垄断货币流的优势,商品期货交易所已经实质性地演变为国际垄断财团获取超额利润的工具。生产性公司已完全失去对期货市场中的大宗商品的定价权。凡是在期货市场中的产品,包括原油、有色金属、农产品等,都已失去了商品流通的属性而成为金融产品,价格需要服从国际垄断金融资本炒作的需要。原油可以炒到 149 美元一桶,电解镍可以炒到 51 800 美元一吨。大宗的基础商品如此涨价,给实体经济带来严重的、无法化解的通货膨胀。图 9—2 中由商品期货市场指向实体经济的"商品涨价"箭头就反映这种输入性通货膨胀的发生关系。与这种通货膨胀发生相对应的就是"财富流向"从实体经济流向商品期货市场,再流向国际垄断金融财团的银行控股公司。

　　银行控股公司中的储蓄信贷银行,在一般情况下并不一定需要调动它的资金。表面上对储蓄信贷银行的资金使用也是有监管的。但是,由于是银行控股公司下属的公司,所提供的后援支持可以是有形的,也可以是无形的。在这种构架下,垄断金融财团就可以有十足的底气猎杀来自任何方向上的大资金。生产性国家从生产中所获得的利润由于激烈的竞争关系本来就十分微薄,通过如此垄断金融手段,财富和国民福利就这样被不断地吸走。

由于国际垄断金融财团的作用,商品期货市场最少已发生如下几个方面的质变:

第一,商品的均衡价格形成规律在期货市场中已不起作用。供求关系虽然在这些商品中仍还有一定的影响,但是决定的因素已完成取决于垄断资金的炒作。而资源性商品都是基础性的产品,对其疯狂的炒作已成为通货膨胀的源头。有一些人将期货市场上的大宗商品涨价也看成货币发行过多所造成的,这是大错而特错。期货市场上价格决定于国际垄断金融财团的炒作,与商品本身的价格、参与货币数量的多少无关。

第二,期货市场已经变质,原来的套期保值功能已不复存在。任何生产性企业的大户资金,由于不敌国际垄断财团的资金优势,不管是投资、投机,还是套期保值,只要资金量大到使国际金融财团有兴趣,随时都有被猎杀、被围歼的可能。由于逼多逼空机制,只要将一个波段的涨跌做大到套保企业的资金所能承受的范围,不管是在多空的哪个方向上做套保,都会因资金量不足而被迫斩仓出局。曾经为生产性企业套期保值而发展起来的期货市场现在已经演化为一种对生产性企业吸血的工具、异己的力量。

第三,巨量的过剩的投资货币,日益向国际垄断金融财团集中,已形成一股不需要投资生产获利,专依靠垄断金融衍生品交易就可获取巨额利润的腐朽力量。金融衍生产品也随之自我膨胀。生产性大国的生产条件日益恶化,利润被挤压,国民福利被输出,国际上的资本与劳动的贫富差距有继续扩大的趋向。原来一国内的劳动与资本矛盾,现在已日益演化为生产性国家与垄断金融大国之间的矛盾。在这种国际金融环境已发生巨变的情况下,继续沿用出口导向理论显然已经过时,没有强国金融必定难以强国。

第四,银行混业经营、金融衍生品交易,这些形成金融危机的因子,由于是国际垄断金融财团得以生存并获取暴利的主要手段,即使是美国政府可能也很难对其作出实际性的变革。因此,危机过后,国际垄断金融的势力可能将变得更集中、更强悍,社会总体的投资货币与消费货币的配置失衡可能会更加严重。

不用生产,却可以利用货币垄断优势操控市场,通过对基础性、资源性产品的涨价来获取暴利输出通胀,生产性企业的利润空间被挤压,生产企业的生产积极性受挫伤,任其发展,必将削弱全球竞争动力和经济活力,导致世界性的经济滞胀。当货币流向不均衡积累到一定程度时,也可能在新的方向上引

发新的更大的规模金融危机。因此,我国必须加强对国际垄断金融财团的研究,以谋求新环境下的新对策,并谋求如下措施的实现:

第一,敦促国际社会,改革国际期货市场期货品种的保证金交易方式。或者是以全额现货市场应对,以使利用资金优势逼多逼空、猎杀生产商的行为失去可能;或者是对投资性交易设置头寸限制,减少利用紧缺商品进行投机的空间。

据新华网华盛顿 2009 年 7 月 28 日电,"美国商品期货交易委员会 28 日召开听证会,拟限制能源期货交易市场的投机行为,避免石油等重要资源价格大起大落。同时,将要求国会授予美国商品期货交易委员会新的权力,以全面管理所有商品期货交易。据悉,按照美国法律规定,美国商品期货交易委员会可以对大豆、小麦等农产品期货交易设置头寸限制,而石油、燃料油、天然气等能源商品期货交易的头寸限制则由期货交易所自己设定。然而,近些年来,对冲基金、投资银行等大型非商业交易者投身石油期货市场,并将期货交易转变为一个对赌资源价格的场所,这导致国际油价大幅波动。国际油价去年 7 月最高时曾超过每桶 147 美元,而金融危机暴发后一度跌至每桶 30 多美元。传统意义上的主要服务于商业交易者的石油期货市场并没有起到很好的对冲能源价格波动带来的风险以及价格发现的作用。据美国商品期货交易委员会主席加里·亨斯勒表示,对能源期货投机性交易设置严格限制措施,如对投机性交易设置头寸限制,加强对投机交易的监管并非要消除投机,而仅仅是抑制过度投机,旨在避免市场权力过度集中在少数强大的金融机构手中,美国商品期货交易委员会充分理解投机商对期货市场的积极作用,对于究竟如何限制投机,正通过一系列听证会征求消费者、商业机构、交易商和大型金融机构的意见。"

第二,利用国际社会对银行业的监管协议,以美元国际货币地位必须接受来自国际社会监管为理由,敦促美国放弃银行业混业经营,以减轻垄断金融财团利用垄断资金优势操纵基础商品价格对生产性国家的杀伤力。银行业分业经营,涉及金融体系的安全,限制金融衍生品交易也是消除金融危机的最有力手段。但是,现实的改革进程却不容乐观。

据 2009 年 6 月 17 日开利综合报道"奥巴马近日在白宫宣布了酝酿已久的金融改革计划。但是在这一计划公布不久后,各大银行、对冲基金及期货交易商就纷纷表达了对该计划的不满。美国证券论坛表示,奥巴马致力于整顿按揭市场的计划很难有效执行,目前,高盛、摩根大通均是该论坛的成员。而各大金融机构则表示,美国政府的改革措施不应该对整个金融业造成更多的负担。金融机构希望能够有效控制成本,从而避免利润被侵蚀或者市场份额被竞争对手抢占。另外,美国国会也对奥巴马的计划表示了担忧。美国众议院金融服务委员会主席 Barney Frank 表示,奥巴马此次公布的计划与最初的版本相去甚远。而即便如此,美国国会内部对于奥巴马金融改革计划的核心内容也存在分歧。"

"事实上,在奥巴马的竞选过程中,金融业、保险业及房地产业相关公司共为其提供了 3 970 万美元的资助,这一数字远高于其竞争对手麦凯恩所获得的 2 890 万美元。因此奥巴马此次提出的金融改革计划,势必需要考虑这些相关方面的利益。对于奥巴马金融改革计划中所提到的建立新的代理机构对银行贷款活动进行监管的方案,美国银行家协会仍然表示了不满。该团体声明表示,将全力反对这一提议。另外,对于奥巴马所提出的提高大银行资本充足率要求、加强证券经纪人业务监管等内容,各方也表示了强烈的反对。"

金融改革既是华盛顿与华尔街的角力,亦涉美国的全球利益,利益盘根错节而影响深远,各不同利益势必尽出其力,左右法案的最终结果。

第三,从国际垄断金融财团在大宗商品方面制造通货膨胀的角度上说,本国货币升值,也是减少由此造成的输入性通货膨胀对本国经济损害的一种方法。当然货币的升值、贬值需要综合考虑,但通过本国货币升值,也确有一定的阻隔作用。

第四,建立强大的本国金融业与之抗衡。这包括人民币国际化、强大的股票市场和国有金融机构的强大。当股指期货上市后,股市中资产价格的定价权必将也会成为国际金融资本争夺与控制的对象,切勿掉以轻心。

9.8 关于财富的新定义

对财富的定义也就是对财富本质的认识。最早的经济学实际上就是从研究财富开始的。我们知道,古典经济学家亚当·斯密的经济学研究的题目就是《国民财富的性质和原因的研究》,或简称《国富论》。因此,财富起源、本质以及如何获取财富,可以说是经济学的核心。从某种意义上说,经济学理论的进步就是伴随着我们对财富认识的提高而提高的。

我国正处于经济"内需驱动"转型的新时代,需要有新的经济学理论支持这种转型,我们也就需要有新的财富观,新的对财富的哲学思考。如果没有对财富观的突破,没有对财富规律的破解,就难有我国的真正的富民强国战略。

人类对财富的认识也有个发展过程。

马克思将财富定义为使用价值,来源于劳动,劳动创造价值与使用价值。同时,劳动者也是商品,也有价值与使用价值。因此,劳动是财富的源泉,劳动者是财富的载体。马克思对财富的定义反映了财富的本质。这是一种有时间尺度的财富观,因为劳动可以引申为过去的固化劳动产品、正在进行中的劳动和劳动者未来的劳动潜力,不仅仅指当期的消费。因此劳动价值论是包含有时间尺度的。但是,马克思的财富定义也有缺陷,它不包括非劳动产品的自然资源。

西方古典经济学将财富定义为个人效用,财富是用于满足个人主观偏好的手段、方法。这种财富观也反映了财富的部分本质。财富不仅包括了劳动的产品,也包括了非劳动产品。如自然资源等在人类需要的时候对人都是有效用的,因此也是人类的财富。但此定义也有其缺陷:因为效用论有即时性,是个当期的概念,没有时间尺度,不反映过去与未来。一切暂时不需要的东西,既使包括资源、稀缺资源等都不能被看做财富。

当代经济学对财富的定义已有了长足的进步。广义的财富定义已经综合了马克思主义和西方古典经济学对财富的定义,可表述为:一切对人类现在和将来具有使用价值的东西,包括物质方面的与精神方面的。英国著名经济学家戴维·W·皮尔斯在其主编的《现代经济词典》中,将财富定义为:"任何有市场价值并且可用来交换货币或商品的东西都可被看做是财富。它包括实物与实物资产、金融资产,以及可以产生收入的个人技能。当这些东西可以在市场上换取商品或货币时,它们被认为是财富。财富可以分成两种主要类型:有形财富,指资本或非人力财富;无形财富,即人力资本。"

这种财富观应该是比较系统而全面的。但在我看来,仍有缺陷。虽然这个定义已说明了凡有交换价值的都是财富,但股市在被定义为虚拟经济的条件下,这个定义就很难说清虚拟经济中的财富源,因此,对虚拟经济条件下的财富问题认识是比较混乱的。在实际工作中也有这种混乱认识的反映,例如,央行的货币政策就不包括对股市中的货币调控。股市通常只当作圈钱的场所(美其名曰为资源配置的工具),没有将其作为财富产生的源泉地。

笔者在此将财富定义为:虚拟经济条件下的财富就是有市场需求的生产能力。这个财富定义不是否认当前已有的财富定义,而是对当代财富定义的延伸。该定义所要表明的内容有三点:

(1)要有虚拟经济这个环境,虚拟经济实际并不虚拟,它所产生的交换价值是实体的。

(2)虚拟经济使市场需求这种与财富无关联的东西,也参与了财富的形成过程,是财富产生的要素之一。马克思在论述商品的本质时指出,使用价值只有通过交换完成价值实现的过程才成为商品。而货币具有一般的商品的特质。生产能力、潜能也只有与市场需求的能力、潜能结合,未来收益流才能实现,也只有将生产能力与市场需求结合起来才具有商品一般的特质,在资本市场的环境条件下才形成交换价值。

（3）仅有生产能力并不是财富，包括劳动者的生产潜能也不是财富。因此皮尔斯定义的"无形财富，即人力资本"并不存在。生产的过剩甚至会带来经济危机导致财富的湮灭，人力资本的过剩也是同样的后果。因此，生产的能力必须是与市场需求两者的结合，通过虚拟经济的资本市场才能产生交换价值。因此笔者补充的财富定义是市场需求、生产能力，具有点金术的股市，这三者的结合，缺一不可。

新财富观是我们理解虚拟经济条件下一些经济现象的钥匙。例如，为什么我国在 2008 年股市危机中的经济发展失速这么快，因为在紧缩的货币政策下，股市的 73％ 的下跌，使货币总量从高点一下子湮灭 25 万亿之巨，这是一年GDP 的总值，怎能不引起投资与消费急速减少并且发生连锁反应？为什么国际金融危机中美国经济衰退，美元反而走强？因为美元在本次金融危机中所湮灭的数量估计有 20 万亿之巨，导致现实中美元流动性严重短缺。

资本市场已经产生出了越来越大的交换价值。目前，全球 50 个主要股市的总市值在 60 万亿美元上下波动，2007 年全世界的 GDP 总量才在 54 万亿美元左右。股市的交换价值与 GDP 的比值已达到 1∶1 强。我国股市市值与GDP 的比值在去年股指高峰时已达 1∶1.33。股市已成为一个巨大的财富源，可惜我们对它的认识还停留在传统的实体经济阶段。

"虚拟经济条件下的财富就是有市场需求的生产能力"这个补充财富新定义的理论，告诉我们的是：第一，股市能产生大量的交换价值，这种交换价值中的货币不是虚拟的，而是真实的、实体的货币；宏观调控必须要包括对股市的调控。第二，在世界发达资本市场的条件下，内需也能通过与生产潜能的结合转换成财富。此为笔者提出的"以中国内需引领世界经济发展"以及强国金融的发展战略提供了理论上支持。第三，只有在股市的条件下"人力资本"才能完成由潜能到财富的转换。因此，股市是劳动者分配条件改善、劳动与资本差距缩小的重要手段，必须引起战略重视。

第十章 战略转型
中国的民富国强之路

　　经济制度问题不仅仅是经济问题,需要有政治制度来保障。内需不足的本质是在经济体内广大劳动者的消费权益不足。在实行社会主义的市场经济条件下,只有建立劳动与资本共享经济体,才能谈得上真正实现上述的发展战略转型。因此,建立劳动与资本共享经济体,才是实现中国人民富国强的基本保证。

　　当代经济有着不同于以注的三个显著的特点:一是在生产力空前发展的今天,我国内需不足的矛盾十分突出,已成为影响经济可持续发展的主要障碍。二是在凯恩斯主义后,虚拟经济发挥社会的代偿机制的作用,用特定的惠及普通民众的财富效应方式解决内需不足的矛盾,已经发展成为当代世界解决发达国家内需不足矛盾的主要手段。但在我国,股市主要成为"圈钱"的手段。三是资源已成为经济发展的瓶颈,在国际上为垄断金融财团所利用,通过金融衍生品市场炒高价格,已构成输入性通胀的主要来源。

　　根据国际的、国内的这些特点,国家在制定经济发展战略时必须要首先要明确地认识当代"资源经济"的特点,制定控制资源的可持续发展战略;人民币国际货币化是建立强国金融的基础;而在当代经济"双轮驱动"的条件下,"比较优势"的贸易立国已不能适应新的国际环境和我国实际,国家应建立金融强国的发展新战略;只有在这种发展新战略的基础上才能真正实现内需驱动的发展转型。

　　笔者依据本书所阐述的理论,从当代世界经济特点和我国实际,提出本章的建议。

10.1 "资源经济"论

10.1.1 资源经济概念定义

这里提出"资源经济"概念,有特定的含义,需要作如下解释:

(1)"资源经济"不是指传统意义的"资源经济"学概念,此"资源经济"是指世界经济发展的一个阶段特征。是对应于"知识经济"的一个概念。不过笔者认为,世界"知识经济"阶段已即将过去,现世界已开始进入"资源经济"阶段,也就是说"资源经济"是建立在"知识经济"之上的,并由于"知识经济"的高度发展,并产生"知识"相对过剩,而资源成为制约世界经济发展瓶颈的一个后续阶段。

(2)在"知识经济"阶段,知识、科技成为社会财富增长的主要手段,包括资源在内的其他方面对社会财富增长重不重要?重要!但不是最主要的。而在"资源经济"阶段,科技已越来越普及,社会生产力已发展到了足够的高度,以致产生相对"科技过剩",而"资源"越来越成为社会财富增长的最主要"瓶颈",资源开发成为社会财富增长的最主要手段。国家人均对资源占有的多寡,成为国家是否富强,民众是否富裕的主要标志。

当然,并不是说在"资源经济"阶段,科技的发展不重要,"资源经济"必须是建立在科技高度发展的基础上,只有科技高度发展才会产生人类对资源的大规模的、深度的、充分的运用,"资源经济"社会才会来临。再者,世界各国处于不同的科技发展阶段,对"资源经济"来临的时间、或者对"资源经济"的感受度亦有不同,越是科技高度发展,则越对"资源经济"的来临感受越深,来得越早。

(3)在"资源经济"阶段,世界各主要国家、主要经济体都为争夺和开发资源而动用政治、外交、军事力量。由于地球资源对人类占用的有限性,对资源的有效利用将成为人类科技活动的最主要内容。

(4)既然"资源经济"阶段的起因在于地球资源对人类占用的有限性,那么,不难看出,世界"资源经济"阶段的触发因素,就在于中国、印度两个超级人口大国开始现代化进程之时。中国、印度两个超级人口大国现代化过程摊薄了人类对已有的地球资源的占有,从而使世界社会经济的本质特征发生了质的飞跃,世界才会由"知识经济"社会跃变为"资源经济"社会。

10.1.2 资源的可替代与不可替代

据历史以往经验,不少人认为人类不用担心地球资源的紧缺,因为科学技术的发展将不断发现、开发出替代资源。此是狭隘的经验论者。对此问题应从两个方面来考察:

10.1.2.1　人类生存的资源最终不可替代

应该说，到目前为止，在现实生活中部分资源是可替代的，但是对人类生存来说，有许多资源是不可替代的。例如，水资源就不能被任何别的资源所替代。有色金属相互之间有一定的替代性，但可替代性较差（影响性能），即使有一定的可替代性，但不管哪种资源，在地球上的储量都是有限的，因此终归不可替代。矿物燃料中的石油能部分由煤所替代（例如，煤变油），但是，煤在地球中的储量也是有限的。地上跑的汽车可以不用油而改用电动力，但天上的飞机永远都需要液体或固体燃料。

10.1.2.2　人类社会发展也是有限与无限的统一

社会发展的初期，只有少数人或少数国家掌握当代科技，当少数人享有现代科技和现代生活时，资源并不显紧张，而当代科技为全人类所享用时，全人类都向高生活水平看齐时，人们就会发现，地球上原来人均占有的资源是如此的少。在国内我们可以看到，当农村人向城里人生活看齐，或城市化时，才发现原来人们生存所需要的基本的水资源也是如此的短缺。在国际上，当中国、印度这两个人口大国向发达国家的生活水准看齐时，石油、有色金属等立即彰显紧张。当全地球人都向发达国家的生活水准看齐时，石油、有色金属等可能已经是有价无市了。因此，我们所说的资源的紧缺，是社会科技生产力发展到一定的阶段，地球人均占有的地球资源的有限性所决定的，从这个意义上说资源没有可替代性。

10.1.3　对"资源经济"社会认识和研究的重要性

当今世界，各主要发达国家都已自觉不自觉地将国家的政治、经济、外交、军事力量服从于对资源的争夺。美国为争夺的控制石油，不仅建立了世界最大的石油储存，而且已在中东打了几十年的仗了。日本人深深地认识到资源的紧要，从几十年前就开始并至今仍然继续从中国进口大量的煤、有色金属、稀土等并建立战略储备。俄罗斯近几年来，动用控制向周边国家输送石油、天然气，影响周边国家的政治经济，并由于有着充溢的石油资源，国家的财政经济迅速恢复。因此，从理论上认识"资源经济"，有助于我们认清社会经济发展的本质特征，看清当代纷繁国际关系的本质，有利于我们及时调整国家发展战略和社会关系。

"资源经济"社会是一种不可抵抗的社会历史趋势和发展阶段，被动地感受到它的存在，恐怕将使我们在由"资源经济"所提供的世界性的社会新的发展机遇中失之交臂。后起的中国在已有的世界资源格局中，已经不占主动。只有提前把握"资源经济"，及早作出国家发展战略安排，在这场即将到来的世界性的资源争夺战中才能获得主动。

10.1.4 "资源经济"的基本特征

对"资源经济"的基本特征,笔者在此做一些分析:

(1)在"知识经济"阶段,知识的"发现"是不能穷尽的,传播是无限的,因此社会更需要、并依靠竞争机制。在"资源经济"阶段,资源是有限的、紧缺的,紧缺的垄断属性不太适用竞争机制。在资源的争夺、保护和开发中,统一的国家行为已证明比竞争的自由经济更为有效。由此,"资源经济"可能会引发一系列社会制度的变迁。

(2)社会的发展指标将发生变化。社会的财富,国民的幸福将最终将取决于各国人均所能获得的资源占有比例和资源使用效率。由此,世界为资源大国的崛起提供新的发展机遇。世界的格局将必然地发生变化,可能根据资源和争夺资源的力量,划分为:美国、中国(人口资源和钨及稀土等矿产资源)、俄罗斯(国土资源和矿产资源大国)。

(3)与"知识经济"的信息共享机制不一样,资源的有限性,资源紧缺的争夺属性必然使国际关际更为紧张。争夺资源将成为国际冲突的主要根源,和平与发展将面临更大的挑战。

(4)"资源经济"对资本市场影响巨大。与"知识经济"一样,"资源经济"将产生一批新豪富。

10.1.5 因应"资源经济"之对策

我国是国土大国,同时又是人口大国,人口资源丰富,但人均占有的资源极为有限。在矿产资源方面,仅有少量几个矿种如钨、煤、稀土等有些优势。大宗应用矿产如石油、天然气、铁矿、铜、锌等人均占有比例极低。国土人均宜居地有限,北方水资源匮乏。因应"资源经济"的到来,必须及早采取对策。

(1)必须因应"资源经济"作出国家新的发展战略,并建立和完善更严格的对资源的保护、开发的相应法规。

我们当前的国家发展战略,仍然是因应"知识经济"的需要而提出的建立"创新国家"发展战略。建立"创新国家"的发展战略对于后起发展的我国来说当然仍是十分重要的,因为我国科技发展与发达国家还有较大差距,远还未进入到"过剩"阶段。但在世界已进入"资源经济"时代的情况下,我们必须要在国家发展战略方面做出调整,兼顾到"知识经济"与"资源经济"两个阶段,迎头抓住"资源经济"这个新的发展机遇。

(2)在经济领域,由于资源的稀缺性,在涉及资源的相关领域必然产生垄断。例如,当前北京、上海的房地产市场,由于城区土地的稀缺性,在居民住房问题上依靠市场调节必然失灵。又如,我国是煤炭大国,但近几年允许个体私营的开采,造成遍地开花的滥采,不仅造成极大的资源浪费,其资源的垄断暴利也都进了少数人腰包，未能为多数人造福。国家对资源的开发利用必须要坚持用"看得见的手"进行调控，或者直接由国家垄断，垄断暴利由全民享有，同时计划性分配和保护性开采才能实现。

（3）用计划和许可证方式，统一矿产资源的出口。市场经济后我国对企业全面开放出口权，矿产资源的出口也变成了低价竞争最严重的领域。像我国独占鳌头的稀土，其出口的价格就像卖裤子一样在世界自相杀价被贱买。日本、美国、韩国等生产的液晶、各种传感器，都离不开中国的稀土，但中国的稀土价格贱得可怜，当生产成产品后，中国却要花高价进口；日本进口中国的煤炭用来"填海"，并建立大量的有色金属、稀土的战略储备。这些说明什么，说明我们至今仍未认识到稀缺资源的宝贵价值，不重视资源的保护，盲目强调"市场经济"调节。因此必须尽快建立稀缺资源的国家垄断，矿业资源统一实行保护性开采和出口垄断。

（4）我国虽是资源大国，但人均资源占有量不到世界的平均水平。特别是经济建设中所需要的大宗资源如石油、天然气、铁矿、铜、锌等缺口很大，在世界范围里获取较大资源份额，将决定中国的发展水平，因此，国家的外交、军事，应以获取资源为首要目标。

（5）国家的产业布局要应因"资源经济"早作调整。要以资源来规划产业的发展。例如，在规划钢铁、汽车、航空、石油化工工业发展时，就必须要考虑到石油资源的制约。一味追求眼前利益，巨大的重化工业生产能力，可能就会造成极大的浪费。

10.2　强国金融：人民币国际货币化

国际金融危机的暴发，标志以美元为轴心的国际货币体系已开始产生不利于世界经济发展的消极因素，也标志我国原有的以低价劳动力为基础的出口导向战略走到尽头。我国要进行以内需为主要特征的经济发展战略转型，世界经济格局的变化也需要重构国际金融新秩序。在这个重构的关口，有机会建立人民币的国际货币化。

10.2.1　国际货币本位币中的利益与争夺

国际货币本位币享有从他国获得的巨大的货币发行价值收入。以美元为例，如果我们将美国国债视为美国境外所持有的储藏美元，至 2008 年止，美国发行的国债总额为 9.6 万亿美元，欧洲美元约 4 万亿美元以上，从 1940 年至 2007 年，美国累计财政赤字 4.8 万亿美元，仅这三项统计，美元国际货币本位币地位使美国获得的国际货币发行价值收入最少超过 18.4 万亿美元。此外还有部分美国境内的外国存款、境外流通的美元，以及境外所持有的约 12 万亿美元的企业债券,这些由于无法准确区分货币属性,也缺乏准确的统计数字,这里暂不计。这其中,尚处贫穷阶段的中国就为其贡献了价值的十分之一。

国际货币本位币的这种巨大的货币发行价值收益,必将促使美国和欧盟都努力去扩大自己的势力范围。对世界各国来说,重构国际金融新秩序最好的方案应该是建立一体化的世界元体系,但在目前的国际关系条件下这种可能性极小。以我国利益最大化而也是国内经济转型需要的又比较现实的方案,应该是加速推出人民币国际货币化,以构建美元、欧元、人民币的多元化国际货币体系,以适应 21 世纪世界经济发展的机遇与挑战。

10.2.2　当前是人民币进入国际货币体系的好时机

在美元正遭受严重信任危机的当口,正是人民币进军国际货币体系的极好时机:

在正常情况下推出人民币国际货币化,必然会遭受美国政府的打压。当年欧元出台,美国就不惜动用了政治、经济的一切手段,甚至包括战争手段。现在中国已成为美国的第一遏制目标,而人民币国际货币化则可能比欧元更能威胁到美元霸权。因为欧元是建立在欧盟松散的政治体上,而中国是一个宏观的、经济处于高速发展阶段的国家。而目前处于国际金融危机之中的美国,如果因货币问题打压中国,不管是从政治上还是从经济上,都会力不从心。而一旦危机缓解就不好说了。估计美国从危机中复苏的时间不会太长,机会转瞬即逝。

危机中的美元,已失去美元持有国对它的信心。为防美元危机转借和传导,多国政府都在谋求更安全的币种和储藏货币多元化。人民币国际货币化适时推出,正是国际社会有强劲需求之时。

本次国际金融危机已明确标示我国以低价劳动力"赚美元"的一个时代的结束。美国以增发美元救市,今后美元贬值也将是个常态,继续美元依附经济对我国经济发展很不利。我国内需驱动型经济转型必须要有人民币国际货币化与之相配合。

我国已为人民币成为国际货币化打下了坚实的物质基础。按照世界银行估算,以购买力平价计算,中国已跃居全球第二大经济体;2008 年进出口贸易总额占世界贸易总额的比重已为 7.7%,居世界位次第三位,我国已经是名副其实的对外贸易大国;而且,这种贸易在亚洲地区已有较强的人民币贸易结算要求;我国巨大的外汇储备也为抵御大规模的国际热钱冲击提供条件。

10.2.3　美元依附经济已成为国民财富输出的巨大瘘管

我国改革开放的前三十年,由于国力尚弱,缺乏资本金,选择"赚美元"战略是一种必然。但是,至 2007 年中国 GDP 总值已在世界排名第四,以当前的发展速度计,GDP 排名 2012 年将超日本,2023 年左右将超越美国。如果继续无视货币体系中的财富漏出,中国向国外输出的货币发行价值将会超过现在的 5 倍。成为不争的事实是,在美元作为国际储备货币的情况下,近年来美国一直以年财政赤字 4200 亿美元的速度贬值美元,国际金融危机后美元贬值趋势有加快的可能。如果中国占其货币发行价值的十分之一,那么每年就要为美国财政赤字买单十分之一。中国日益增长的外汇储备已经成为国民福利损失的巨大黑洞。这种损失实际上不仅仅是表面的美元贬值所造成的币值损失,更主要的是 2.1 节中所述的内需缺口损失和货币发行价值损失。只有当人民币也成为国际货币体系中的一员并与之竞争,这种巨大的财富损失才可能中止。

近年来的发展实践也已表明,受制于美元的中国经济继续发展已经十分艰难。在美元体系下的中国经济,不可能有本国独立的货币政策,货币政策受制于美元的外汇储备。国家发展战略必须向内需驱动型经济转型,而实现人民币国际货币化正是与这种发展战略转型相辅相成。

10.2.4　人民币国际货币化中的利益

人民币国际货币化也能使我们获得一份货币发行价值收益。这个数量的大小主要取决于人民币与美元、欧元等其他国际化货币的竞争能力。人民币国际化的初期,可能先在亚洲地区形成一个人民币需求市场。当人民币成为国际货币后,由于对美元的需求减少,会引起美元的进一步贬值,人民币相对升值;人民币成为自由兑换货币后,其币值会渐向购买力平价靠近,进而引起人民币升值。这两种升值因素的叠加,升值潜力不小,可使用赤字财政的办法来调低人民币币值,使之保持与其他国际化货币汇价上的稳定。如果人民币币值稳定,所获得的国际储备货币的份额可能就加大,以中国的发展潜力所支持的人民币必将成为国际主要储备货币。货币发行价值收入的增加,足以使我国经济迅速上一个台阶,并由此为内需的扩张加注新的动力。

10.3　金融强国:虚拟经济条件下国家发展新战略

分析考察当代经济新特点,离不开马克思主义分析资本主义经济的两条主线索。一是资本运行的利润原则,由此而窥探资本的运行方向。二是资本主义必然存在的无限扩大的社会生产力与有限消费之间的矛盾,考察此矛盾的演进发展,从而透过现象看本质。资本主义为解决生产与消费之间的矛盾,凯恩斯主义曾经被反复使用。但凯恩斯主义的使用是解决当期的矛盾,由于劳动与资本分配比例并没有发生变化,在消费需求扩大的同时,资本的积累也同比例地扩大了,基本矛盾仍然没有解决。但从 20 世纪中期以来,各发达国家的股票市场逐渐发育成熟。这对资本主义来讲,又是一个里程碑式的发展。因为股票市场的作用,并不仅仅是我们通常的从表面上理解的资源配置的作用。它对经济所产生的深刻影响有如下五个方面:

10.3.1　股票市场通过预期收益这个渠道,能将劳动、劳动者的未来转化为资本

我们知道,劳动者没有生产资料,在分配过程中与资本比较处于弱势,但是劳动者有未来,股票市场的伟大贡献就在于将劳动者的未来也作价进入分配。这在一定程度上提高了劳动在与资本分配上的比例,一定程度上缓解了资本主义的基本矛盾,可以说是比之凯恩斯主义,在更深的层次上第二次延续了资本主义的生命。

10.3.2　股票市场改变了资本的运行方向,资本循环有捷径可走

当 $G-G'$ 获利高于 $G-W\cdots P\cdots W'-G'$ 获利时,资本将优先进入股票市场,而增量资本进入股票市场后,引起资产价格提高,从而使劳动资本的收入也获得比例提高,由此必将引起消费需求量的提高,进而引起实体经济的效益提高。只有当从事实体经济的资本收益高于从事虚拟经济的资本的收益后,资本的投资才转向效益高的实体经济。如果股票市场资产价格低廉,遵循上述路径的传导,消费市场随之萎缩,实体经济也会随之衰退。因此,股市价格成为经济发展的晴雨表,经济要获得增长,必须首先是股价上涨。货币政策的第一要务就是保持和提高股票市场的资产价格,并由此渠道给实体经济注入发展的动力。

10.3.3　股票市场彻底颠覆了传统的货币概念

传统的货币概念是,货币是对实物的标价,实物的价值总量等于实物的货币总量。自从有了股票市场后,货币总量概念发生了根本的变化:货币总量等于商品实物货币总量加上资产价格总量。由此又引起三个巨大的变化:

(1)货币的主要价值源发生变化,由资产价格所产生的货币量已经远大于实体经济所需要的货币量。

(2)财富的概念发生了变化。股票的价值属性说明,有市场需求的生产能力就是财富。由于股票市场资产价格支持靠的是经济社会的信心指数这种虚拟的东西,因此财富已经失去绝对价值,它只能在流通中产生,在静止中消失。由此对应着的劳动价值论表明,劳动者要在劳动中才产生价值,停止劳动,劳动力的价值消失。由此再推导,国家只要满足如下两个条件:①有相应过剩的产能,闲置的劳动力;②项目有市场需求,其投资效益能抵偿投资额,国家就可以凭信用投资,印钞票消费。因此说,财富也好、货币量也好,都是在流通中产

生,在停止流通中消失的。有市场需求的生产能力只是潜在财富,国家使用积极的相应增加投资或增加消费政策,就是挖掘这种财富。

（3）贸易概念的变化。国际贸易中除了产品贸易外,增加了产权贸易。传统的商品贸易是低层次的贸易,股票市场上的股权交换才是高层次上的贸易。我们应该采用强国金融战略,变仅出口产品的低层贸易战略,为出口产品与出口产权并举,以出口产权为主的高层贸易战略。以较高的价格卖出非控股的股票远比出口产品合算。

10.3.4　股票市场使货币的价值机制和容量发生了根本性的变化

货币不仅仅是产生于央行的发行,股市也创生价值。当股市创生的价值流出股票市场后,也就由股市价值转变成货币。因此股市的市值对货币的数量也产生重大的影响。在商品交换中,货币仅仅是交换的媒介,它的量通常不超过交换媒介对货币的需要,而在股票市场中,股票的交易形成货币的敞口,大量的投资货币可以以金融资本的形式滞留于股票市场,或者是说,股票市场可以容纳大量的过剩货币,而使货币发行量即使过量,也不一定就产生通货膨胀。对于实体经济来说,股票市场已成为过剩资本的储水池。

10.3.5　股票市场使内需的潜力成为国家竞争的潜力

由于股票市场资产价值表达为有市场需求的生产能力,因此对于国家来说,内需潜力就是发展潜力。股票市场成为国家发展潜力最后的竞争地。21世纪以来,为吸引更多国际资本的流入,各国都在大力发展资本市场,国际金融资本流动规模也在迅速扩大,已经远远超出了国际贸易的规模。美国的内需潜力很有限,但格林斯潘深通这一窍门,用次级债的办法扩展内需,虽然酿成了金融危机,但从另一个角度上看,也说明虚拟经济使内需的潜力成为国家竞争的潜力,在一定的范围内,确有点石成金的作用。

必须要彻底转变我们的财富观念和对股市不正确的货币政策,深刻洞悉虚拟经济中的经济增长秘密,确立我国在虚拟经济条件下的发展新战略。在世界虚拟经济已充分发展了的条件下,我国后30年经济发展战略,必须明确是强国金融新战略。这一战略的要点是,建立由国家信用支持、严刑峻法基础上的强大股市,通过股市将中国的内需潜力转变为巨大财富的源,开放资本管制,不要惧怕热钱,实现以卖出非控股股票（向外国资本）为主的产品、产权双出口。由此中国潜在的内需必将引领世界经济发展,世界的资源也能为我之所用。

10.4　实现内需驱动经济转型

第七章通过设置各种条件用宏观经济模型进行演进和均衡分析,得出结论是,社会再生产只有在投资与消费比例均衡的条件下,才能获得由生产率增长所带来的最好的增长速度。在生产力过剩的情况下,只有有消费需求的商品才会被生产出来,财富来源于投资与消费的均衡,不管是投资过盛的偏离均衡,还是消费过盛的偏离均衡,都会发生社会生产率的损失、资本的闲置与产能的浪费。

但是,直接在社会再生产的层面上对投资与消费的比例进行宏观的分配与调控,虽然是最底层、最科学、最有效率的宏观调控,但因为资本主义的投资是以利润为纽带,只能是通过价格、利率这些市场手段间接调控,对企业劳动工资的分配比例,国家无法直接干涉,所以生产过剩、消费需求不足成为市场经济社会的常态。社会总是通过过剩的经济危机发作,包括产能性的过剩危机、资本性的过剩危机来失灭产能和资本。由此,发达资本主义的各国也逐渐发展出一些通过财政税收的二次分配手段来直接提高社会再生产中消费比例。即使是发达的资本主义国家,其政府所掌控的财力也是十分有限的,但是,由于能抓住社会缺乏的是消费这个主要矛盾,因此,通过各种有限的手段致力于解决这个矛盾,居民的消费比率都能稳定在 75% 左右。社会总供需矛盾没有我国现在这么大。

我国是社会主义市场经济。定性为市场经济,是因为我国的生产过程也是以资本利润为纽带,由资本主义的利润原则主导社会的生产、交换、分配等一切过程。但同时,我国经济整体仍是社会主义的性质。之所以说仍是社会主义,是因为在我国,国有经济仍占主导地位,国民经济的主导产业、关系国计民生的主要资源实际都掌控在国家手中,而且,由于国有企业的垄断优势,每年在生产过程中所能实现的利润大头,也主要由国有企业所分享。国家仍掌控着对社会主要利润收入的投资与消费分配的权力。我国政府手中所握有的能直接均衡投资与消费的资源,是有相当大的能力在再生产层面直接地进行调控的。这本来是我国比较欧美发达国家的制度优势。

例如,2007 年我国 GDP 总值 24.7 万亿元人民币,年度财政总收入 5.13 万亿元人民币,占 GDP 比例为 20.77%;国有企业利润 1.62 万亿元人民币,占 GDP 比例为 6.56,仅这两者合计占 GDP 比例为 27.3%。国家还掌控着城市土地开发资金、50% 以上的上市公司国有股权市值资金。这些数据表明,政府手中掌控有足够的在再生产层面均衡投资与消费的资源。

但是,正是由于政府掌控有巨大的资源,政府在这些资源的调配中,一直以来都是只重扩大投资,不重扩大消费,致使经济体近十几年来一直为内需不足所困,虽然大的危机没有,但小的周期危机也没间断过。例如,我国出现改革开放后的第一个生产过剩的危机是 1989 年到 1992 年。通过邓小平同志发表南巡讲话,开发深圳特区的发动来带动全国的开发区热、房地产热,才使过剩的投资资金暂时找到了出路。但从 1992 年到 1994 年只经过短短的三年时间,我国经济就走完一个上升周期。开发区热中迅猛的房地产投资,实际上是投资资金的自我循环,背后并没有扩大的社会消费能力的支持。到了 1994 上半年,开发区的房地产投资过热已经明显,中央政府又作出紧急刹车的决定。由此,大量的银行贷款积存在房地产的投资中,产生大量的资本金失灭,特别是海南的房地产烂尾楼直到 10 年后才清理完毕。1994 年,我国央行采用严厉的货币紧缩政策,国内的巨大的投资资金没有出路。这时,管理层大幅下调汇率,以廉价劳动力开拓海外市场,以化解国内消费需求的严重不足。为利润而生产,而不是为国民福利而生产的指导思想不仅是私人企业主的思想,甚至也是主流经济学家要向经济管理者灌输的指导思想。

从此开始了美国人用印钞来创造需求,中国人为赚纸币而进行生产的新历程。1997 年的亚洲金融危机爆发,我国遭遇了第一次外需疲软,迎来了国内第二次过剩危机,中央政府提出"保八"的增长目标,用发行国债的办法加大对基础设施的投资,这一时期的特点是大建高速公路、机场,重新启动房地产。1998 年到 2008 年这 10 年,虽然 GDP 年年增长,外汇储备年年增长,但是劳动者报酬占 GDP 的比例则从 1990 的 53.4% 降至 2007 年的 35.4%,只有发达国家的一半。所反映的经济现实仍然是,社会可用的投资资金在更大的规模上积存着过剩,随着金融危机的到来,大量产能被闲置。2008 年大量中小企业的倒闭说明,过剩的产能最终会发生失灭。真正的社会经济发展速度并没有 GDP 统计数据那么乐观。

我国不应该在仍属于欠发达的时候频频被资本主义所固有的消费需求不足所困。因为我国毕竟搞的是社会主义的市场经济,国家拥有足够资源调配投资与消费分配比例,拥有在再生产领域中均衡投资与消费的能力。

从再生产投资与消费的比例均衡的过程可以看出,所谓比例均衡并不是单纯的投资或单纯的消费这样一种单方面进程,比例均衡是一个投资与消费的配比过程,有多大的投资资金投入再生产过程,宏观管理部门也要配合以相应的消费资金投入,不是每年只重作投资计划而不作同等比例的消费需求增长计划。投资与消费比例均衡增长是再生产实现的基本条件和铁的规律,不尊重这个规律,仅重投资的过程变成了:投资 → 产能过剩 → 产能失灭 → 再投资的过程,只有 GDP 的数字堆累,没有实际的国民福利的增长。

必须打破一个观念,就是认为只有增加投资才是增加发展速度,这种观念是十分错误的。本理论证明,增加消费也是间接在增加投资,增加消费资金的投入使已投入的生产资金实现产能效益也同样是增加发展速度。我国在当前投资过剩、消费需求严重不足的情况下,不仅是财政资金不能用于投资,国企利润也应全部拿出来补充社会消费需求不足。国企投资不能再用国企的利润进行,国企投资应该采用银行贷款,用负债的方式进行投资,这样才能使国企投资有所束缚,提高国企投资的投资效益。在社会投资货币极为充裕的情况下,包括基础建设投资都可采用负债的方式进行投资。占 GDP 比 6% 的国企利润,如果全部用于补充社会消费,就会新增 6% 的消费需求,就能使处于过剩状态的投资多产出 6% 的效益,由于乘数作用,对 GDP 增长的贡献会远大于 6%。巨大的国企利润主要是依靠垄断优势获得,取之于民,用之于民,政府也不能违背经济规律。如果我国政府能充分运用已掌控的资源,按照客观规律实现再生产中的投资与消费的均衡,那么,我国民福利倍增就能很快实现。

10.5　宏观调控体系新思路

近年来,我国宏观层面最大的变化是股市规模高速扩张,沪深股票总市值 2005 年末为 3.2 万亿元,至 2007 年股市 6124 最高点时,曾达到 34.29 万亿人民币。股市规模两年增长 10 倍,总市值也一度达到当年 GDP 总值的 1.33 倍。这一比值已经远超过欧盟、日、韩、印等国家,与最高比值的美国相当。但尔后的一年跌幅度高达 73%,经济的增长也在这种股市波动中呈现同比的波动,这些数据说明,我国经济已明显具有实体经济与虚拟经济双驱动的特点,股市的兴衰已开始对实体经济发展产生重大影响。

除在股市规模上已基本与发达国家接轨外,在其他方面我国经济与发达国家比较也有很大的不同:一是我国的国有资产量在 GDP 的比重中占 35%;二是产能过剩、内需不足、贫富差距问题比之更为突出。三是人均 GDP 低,只有发达国家的约 1/20,这同时也说明我国的潜在内需大。上述这些特点就决定了我们不能照搬西方国家的宏观调控模式,必须要切合实际,建立一套我国独具特色的科学宏观调控体系。

10.5.1　宏观调控目标选择

近年来我国的宏观调控目标总是在增长与控制通胀之间选择,这是存在严重问题的。宏观调控解决的是经济发展中的主要矛盾,那么我国经济发展的主要矛盾是什么? 是产能过剩与消费需求严重不足。在当今虚拟经济与实体经济双驱动的条件下,通胀的发生机制已经产生了变化。当前的通胀原因往往是因为国际垄断金融财团通过衍生品工具将资源性产品价格炒高,另外,在我国持有大量外汇储备的情况下通过美元贬值而产生输入性通胀。在没有资源瓶颈的一般性产品中,由于产能过剩消费需求总是不足,产品的涨价并不容易形成。

在国际市场上,全球化造成了发展中国家竞次,资源性产品之外的其他一般性产品价格甚至会逐渐走低。至于投资货币过剩,由于有股市对过量货币的储水池作用,仅仅是货币数量的多少一般也不会引起通货膨胀。因此,国家的宏观调控目标不能仅在增长与控制通胀之间选择,通胀通常是个假命题。一国内的货币紧缩政策对输入性通胀不仅没有正面的作用,相反,负面作用极大,此已为 2007 年的"两防"调控实践所证实。

相反,我国的实际情况是政府具有强大的投资和资源调度能力,最大的矛盾并不在生产方面而是在消费方面,特别是终端消费需求每每跟不上产能发展,这才是近年来困扰我国宏观经济的主要矛盾。在总需求短腿的情况下,主要是如何扩展内需,特别是终端消费需求。宏观调控应该用总供需动态平衡为目标,在总供需动态平衡中求发展。

10.5.2　宏观调控手段的运用

货币政策的作用是整体经济面,在虚拟经济条件下的货币政策通常直接作用的是股市资产的价格而不是实体经济中的商品物价。因此,货币政策的直接调控应以股市为主,通过股市的正负财富效应才作用到实体经济的增长。由税收、国企利润、国债、赤字所构成的财政,通过分配可以调度到经济的任一方向。市场经济条件下劳动与资本的分配比例是属于绝对的不平衡,总需求永远是个短腿。只有运用财政收入进行二次分配才能补这个短腿。因此财政政策才是调控总供需平衡的手段。

我国政府开支以外的财政政策运用,一直以来以保 GDP 的增长为重,刺激经济方案主要是基础设施的投资。这种宏观调控方式,对于我国国民经济基础设施有欠缺的情况下仍有必要性,但是这种投资仍是加大总供需不平衡方法,而且会有投资效益递减。财政投向高效益的方法当然是服务于调节总供需的平衡。

10.5.3　各调控的资源与作用

这里所讨论的调控资源,主要是我们过去所忽略的宏观调控可用资源,以及已有资源所忽略的作用。我国经济是社会主义市场经济,国有经济仍占 GDP 比重的 35%[①],仅国有经济这一块就使我们有较之西方资本主义国家更多的调控资源。

10.5.3.1　资本市场的调节与在宏观调控中的意义

股市是宏观调控最重要的资源,它不仅可以调控生产,还可以调控分配。

---

① 数据来自中华全国工商业联合会主持编纂的《中国民营经济发展报告(2005—2006)》。

在股市规模已超过 GDP 比值的情况下,股市的正负财富效应已经直接与经济的发展速度相联系。调高资产的价格,实体经济就可通过正财富效应获得投资与消费的增量。同时,证券市场又是一架财富折现的机器,它能将企业的未来收益流变成现金流,掌握在国家手中巨大资源,今后仍然可以源源不断地转变为垄断资产。这就是说因为股市的作用,国家仍然掌控着巨大的财富源。

正确的宏观调控方法,首先是要将股票市场纳入宏观调控。调控手法主要包括在五个方面:一是建立能综合调控股票市场的规划性管理机构,改变现在部门利益局限的证监会自监自管的局面。二是通过增加国家的信用资源以实现资产价格的提高,例如,建立辩方举证的证券市场严刑峻法,建立与健全符合证券市场长远利益的各种规章制度,加强上市公司管理层的信托责任。三是改革对市场资源(注:公司上市发行是一种资源)的管理权限,股市扩容要有规划,特别是当前股市总容量已经超过 GDP 总量的情况下,已经到了需要做容量控制的阶段,防止资源被滥用。四是不能忽略金融资产对传统货币的替代作用,货币政策要将资本市场价格的波动纳入调控范围,货币供应量也应考虑金融资产总量的变动。五是建立股市平衡基金,基金来源可用在股市过热时减持的国有股所获得的资金组建,在股市危机期间,用于回购股份。还可利用国有股本的数量优势、国有股占上市公司控股地位优势,由上市公司回购股份,以实现对股市容量的控制。

要实现对股票市场正确的调控,必须批判市场万能论和股民局部利益论,这两种论调已严重阻碍了国家对股票市场正确调控政策的实施,已经造成了对股市以至整体经济发展的巨大损害。股市是信用经济,在信心高涨和信心崩溃时,都不存在一般的量价均衡关系。在国有股占控股地位和总股本数量优势的情况下,股价的提高首先表现的是国有金融资产数量的提高,通过股市正财富效应的恢复所获得的也是国民经济的增长,这些都是全民利益而不单单是股民利益。

10.5.3.2　国企与国企收入在宏观调控中的运用

国企概念包括现有的独资、国有控股上市公司,也包括国家在建的将要形成的投资。国家所掌控的国有资源和持续不断的投资能力,说明国企潜在资源仍是强大而丰富的。国企收入包括两个部分:一是国企利润收入,2007 年国企利润总额 1.62 万亿元(包括地方国企);二是股权收入,国有股份在二级市场上减持也是一份大收入。

由于国企更靠近权力,信贷上有优先权,再加上国企的管理机制决定国企比之民营企业更有扩展冲动,因此,投资过热首先会表现在国企上,而货币政策的面上调控投资过热,对国企来说没有效果。实际上对国企规模的调节,更适合用计划经济的手段。国企利润向国家分配的比例不应该规定死，国企利润、股权减持收入都应纳入国家财政用于宏观调节，这样，解决内需不足、平衡总供需矛盾时，财政政策就有足够的使用空间。国企利润只能用于社会福利开支而不能用于国企自我扩张的经济学含义是，由国企利润所代表的这一块商品价值蛋糕，必须要成为有效需求，国企的这一块利润所代表的商品的价值才能实现。国家在调节私营企业的劳资分配比例上往往是有心无力的，但正好有国企利润用作二次分配以填补劳动者在一次分配上的不足。市场经济对生产力的激发与社会主义制度分配上的公平，两方面的优越性通过这种方式就都能发挥。

10.5.3.3　消费国债的运用

消费债是透支未来收益，从本质上说它并不能解决总供需之间的矛盾。当代的经济危机往往产生于有效需求不足，当由经济危机引起失业，引发生活资料的产能过剩时，国家使用生产性的国债就不如使用消费性国债有效。我们过去只注重用生产性国债，在消费国债、赤字消费上存在着巨大的认识上的障碍。其实，当生产与消费失衡、内需不足时，表现的是生产企业的产能浪费，企业与社会生产总效益都同时降低，国家的总税收也会降低。当通过消费国债增加对生活资料的消费时，生产与消费的平衡得以保持甚至向上寻求均衡，企业效益和社会总效益均获得提高，国家总税收增加。一个时间周期后，国家的增量税收和社会总效益往往远抵过消费国债数。

10.5.3.4　赤字财政的运用

赤字财政与消费国债有相类似的功效，但也有不同的地方。例如，它具有调节币值的功能。当经济危机突发大量的失业，消费需求短期快速萎缩时，也可用赤字财政来增加失业补贴，加大社会保障方面的开支。因为，社会已有的生活消费品的生产能力不能因需求减少而放任其萎缩，否则会引起上游产业链的连锁反应，整个财政收入也会因连锁反应而成倍数地减少。在生活消费品方面内需严重不足的情况下，使用赤字财政用于增加最终消费品的需求，远会比使用国债投资上游产业链的效果好。因为，投资上游产业链会进一步加深长周期生产与消费的矛盾，而直接提高生活消费品的需求，则会提高整个产业链内生性的经济效益，赤字的部分可以通过以后的效益提高，财政增收而补回，如果是在"印钱消费"范围，则不需要补回。

赤字财政不一定表明 CPI 值升高，除资源约束外，如果发生供大于求的不平衡也只是短期的。因为我国目前对消费资料的生产已不存在科学技术或基础设施方面的制约，当一个投资周期后，不平衡的供需会很快恢复平衡。在内需严重不足的情况下如果把握好度，每年有意识地使用一定量的赤字财政用于增加社会公共的福利开支,不仅能提高社会整体的生产效益,还有保发展之功效。

10.5.3.5　税收的调控与使用

税收的来源与投向是调节生产与消费最基本的工具,也是当前社会批评政府最多的话题。在我国内需矛盾日益突出的今天,应建立公共财政,约束政府开支,拿出更多的钱用于社会福利以支持民生。国家税收部分的钱不能用于投资,其经济学原理是,税收这一块是现有生产能力已生产的商品,必须要在原有的消费结构中消费了,生产商才能实现资本的循环。各地投资在资本金不够时如果挪用财政税收资金应被禁止。

各个口的税收政策的制定应归于国家宏观调控的综合部门,以利于从生产与消费综合平衡上作整体的考虑,不能放权给各部门制订以免造成部门利益不能切除,增加宏观调控综合平衡的难度。各税种的增减、税收幅度的调节都要给宏观调控部门以调节生产与消费比例的空间。

10.5.3.6　货币政策运用

货币政策的调控目标比较多,一般情况下货币政策不能直接解决内需不足问题。在虚拟经济的条件下,由于有股市作为货币进入实体经济的缓冲器,货币的传导规律已经发生了变化,紧缩的货币政策应慎用。为保持资本市场活力,一般情况下都应以宽松的货币政策应对。资本市场稳定发展应纳入货币政策调控的优先目标。在判断货币是先流入资本市场还是先进入实体经济时,可依据这两者的资本利润率指标。

我国经济多年困扰于内需不足而无能为力,已经到了严重影响经济可持续发展的地步,而如此丰富的调控资源却没有得到很好的运用,这既有理论上和认识上的不足,也有制度改革上的不到位。应该建立一个统率央行、证监会、财政、税收、国有资产管理等权威的综合宏观调控部门,才有可能调动这些部门的宏调资源为实现国民经济的综合平衡服务。若仍处各部门利益主导决策的情况下,经济距平衡协调发展势必会越来越远。

10.6　建立劳动与资本共享经济体

中国改革开放三十多年来,一方面,生产了占美国30%的消费品,但工资水平仅为美国的5%。另一方面,中国经济多年困于生产过剩,内需不足。我国最终消费占GDP的比重已从20世纪80年代超过62%下降到2007年的51.1%。居民消费率也从1991年的48.8%下降到2005年的38.2%,储蓄率则从2001年的38.9%上升到2005年的47.9%,这些数据表明,我国的劳动与资本的分配比例严重失衡,生产过剩、消费不足已经到了十分严重的地步。

发达国家居民消费率一般在 78% 左右，而我国的居民消费率已下降到 38%，连发达国家的一半都达不到。近年来的经济增长越来越依赖于投资与出口的增长。一旦出口受阻，为出口而生产的企业立即陷入困境。不为消费的生产，何能持续？当生产能力过剩时，消费就是生产力。

马克思早就告诉我们，生产过剩，消费不足，是资本主义社会的基本矛盾作用的结果。早期资本主义的基本矛盾就是"日益扩大的社会生产力与不断萎缩的社会消费之间矛盾"。资本的利益机制就在于以最小的劳动成本获取最大的利润。劳动者的工资被不断压缩，消费市场相对缩小。西方国家在第二次世界大战后都认识到，没有劳动者利益与资本利益的共同增长，社会生产发展是不可持续的。是选择经济危机，还是选择劳动者与资本利益共享？民主国家劳动者依靠多数人的选票的强制作用，使现代发达国家选择了后者。劳动者的工资增长和社会福利保障都通过法律法令固定下来，劳工维权组织都具有法律地位，从而保证了全社会的消费水平与生产力发展相适应，因此才形成当今发达国家的群体。当今的经济发达国家，早已走出早期血腥资本主义，贫富两极分化的状态。

资本出于本性，不可能自动地与劳动者共享生产成果。民主制度，即劳动者多数人的选票，是国家建立起一套有效的劳动者与资本抗衡制度的根本保障。民主的真谛，就在于劳动者可以获得与资本在分配中基本同等的地位，在于能够建立起一套劳动与资本共享生产成果的经济体系。凡发达国家都是民主制度较健全的国家，都是劳动与资本利益共享关系解决较好的国家。

我国经过 30 年来的改革实践，不可否认在经济层的改革方面获得了较大的成功，但是，在政治层面的改革方面却止步不前。例如，劳动者利益保障机制、劳动者利益表达机制都是缺失的。甚至那些早期资本主义的血汗工厂在当今中国仍时有出现，经济社会的发展，普通劳动者分享的并不多。

建立劳动与资本共享的经济体，是跨进发达国家的门槛，没有同步的国民消费增长，不可能有高速的经济增长。如果劳动者工资不提高，国内自身的消费市场不可能扩大，产品只有出口和改为投资消费。但没有市场支持的投资过多，必然引发经济危机。用"竞次"的方式出口，也是牺牲资源、牺牲国民福利，反而使劳动者分配条件进一步恶化。

解决我国当前严重存在的生产能力过剩、内需不足的办法。是要在制度上采取劳动与资本兼顾中劳动优先的安排，劳动者在企业中要有受保障的法律地位，劳工权利、维权组织要能有效地代表劳工与资本博弈。

要实行国民收入倍增计划。我国现实的产能已经为国民收入倍增提供了坚实的物质基础。只有实行国民收入倍增，特别是倍增产业工人的收入，才能迅速解决我国经济中内需不足、产能过剩的问题。

提升产业结构,保护环境、资源。环境、资源已经构成了增加国家财富和人民福祉的瓶颈。应在提升产业结构的前提下果断结束有损国家资源的"竞次"的出口行为,确实地保护环境、资源。

调整房地产业的发展方式。应借鉴发达国家的由政府主导公房开发的成功经验,80%的居民住房通过政府公房开发公司用成本房价解决。这并不需要国家财政掏一分钱;由此却可以产生巨大的生产与消费能力。

《金融刺客——金融战役史系列丛书》

（一）　《水城的泡沫——威尼斯金融战役史》

（二）　《海上马车夫——荷兰金融战役史》

（三）　《古老的刺客——法国金融战役史》

（四）　《铁血骑士团——德国金融战役史》

（五）　《雾锁伦敦城——英国金融战役史》

（六）　《开国的苦斗——美国金融战役史》

（七）　《财阀的魔杖——日本金融战役史》

（八）　《班驳的铜锈——中国金融战役史》

（九）　《飘散的烟云——世界金融战役史》